中学教科書ワーク　学習カード

ポケットスタディ

日本国憲法

社会公民

Pocket Study

JN096433

前文

日本国民は，（中略）政府の行為によつて再び ［ A ］ の惨禍が起ることのないやうにすることを決意し，ここに ［ B ］ が国民に存することを宣言し，この憲法を確定する。（後略）

この部分では，「平和主義」と「国民主権」の原則が述べられているよ。

日本国憲法

1

第1条

天皇は，日本国の ［ A ］ であり日本国民統合の ［ A ］ であつて，この地位は，［ B ］ の存する日本国民の総意に基く。

象徴

大日本帝国憲法では，天皇は「主権者」とされたよ。

2

第3条

天皇の ［ A ］ に関するすべての行為には，内閣の ［ B ］ を必要とし，内閣が，その責任を負ふ。

内閣の助言と承認

天皇

国事行為

内閣の助言と承認に基づいて行われる，天皇の「国事行為」について述べられているよ。

3

第9条

①日本国民は，（中略） ［ A ］ の発動たる戦争と，武力による威嚇又は武力の行使は，国際紛争を解決する手段としては，永久にこれを ［ B ］ する。

戦争

憲法の三大原則の1つ，「平和主義」をうたった条文だよ。

4

第9条

②前項の目的を達するため，陸海空軍その他の ［ A ］ は，これを保持しない。国の ［ B ］ は，これを認めない。

「戦争の放棄」のために戦力の不保持と交戦権の否定を明記しているよ。

5

第11条

（前略）この憲法が国民に保障する ［ A ］ は，侵すことのできない ［ B ］ の権利として，現在及び将来の国民に与へられる。

基本的人権

大日本帝国憲法では，「臣民ノ権利」として制限されたよ。

6

第12条

この憲法が国民に保障する自由及び権利は，（中略）又，国民は，これを ［ A ］ してはならないのであつて，常に ［ B ］ のためにこれを利用する責任を負ふ。

公共の福祉

「社会全体の利益」のために，人権が制限されることがあると述べられているよ。

7

第13条

すべて国民は，［ A ］ として尊重される。生命，自由及び ［ B ］ 追求に対する国民の権利については，（中略）最大の尊重を必要とする。

幸福

幸福追求権は，「新しい人権」の根拠として明記されているよ。

8

第14条

①すべて国民は，法の下に ［ A ］ であって，人種，信条，性別，社会的身分又は門地により，政治的，経済的又は社会的関係において，［ B ］ されない。

みんな平等

基本的人権の1つである「平等権」について述べられているよ。

9

第何条？

日本国民は，（中略）政府の行為によつて再び戦争（せんか）の惨禍（おこ）が起ることのないやうにすることを決意し，ここに主権が国民に存することを宣言し，この憲法を確定する。（後略）

Q 憲法の三大原則のうち，2つが述べられているけど，何と何？

使い方

音声も聞けるよ！

◎ ミシン目で切り取り，穴をあけてリングなどを通して使いましょう。
◎ カードの表面の条文の空らん A B の答えは，裏面の条文中に，それぞれ青字・赤字で示してあります。
◎ 裏面の「第何条？」の答えは表面の見出しに，「Q」の答えは表面の下段の解説中にあります。

第何条？

天皇の国事に関するすべての行為には，内閣の助言と承認を必要とし，内閣が，その責任を負ふ。

Q ここで述べられている象徴天皇の大切な仕事は何？

第何条？

天皇は，日本国の象徴（しょうちょう）であり日本国民統合の象徴であつて，この地位は，主権の存する日本国民の総意に基く。

Q 天皇は，大日本帝国憲法では，どのような存在とされた？

第何条？

② 前項（ぜんこう）の目的を達するため，陸海空軍その他の戦力は，これを保持しない。国の交戦権は，これを認めない。

Q 下線部の前項の目的って何の事？

第何条？

① 日本国民は，（中略）国権の発動たる戦争と，武力による威嚇（いかくまた）又は武力の行使は，国際紛争を解決する手段としては，永久にこれを放棄（ほうき）する。

Q この条文では，憲法の三大原則のうち何がうたわれている？

第何条？

この憲法が国民に保障する自由及（およ）び権利は，（中略）又（また），国民は，これを濫用（らんよう）してはならないのであつて，常に公共の福祉（ふくし）のためにこれを利用する責任を負ふ。

Q 下線部の公共の福祉ってどういう意味？

第何条？

（前略）この憲法が国民に保障する基本的人権は，侵（おか）すことのできない永久の権利として，現在及（およ）び将来の国民に与へられる。

Q 人権は，大日本帝国憲法では，どのように表現された？

第何条？

① すべて国民は，法の下（もと）に平等であって，人種，信条，性別，社会的身分又（また）は門地（もんち）により，政治的，経済的又は社会的関係において，差別されない。

Q 基本的人権のうちのどのような権利について述べられている？

第何条？

すべて国民は，個人として尊重される。生命，自由及（およ）び幸福追求に対する国民の権利については，（中略）最大の尊重を必要とする。

Q 下線部の「幸福追求権」は，どんな権利の根拠となっている？

第15条
① ▢A▢ を選定し，及びこれを罷免することは，国民固有の権利である。
②すべて ▢A▢ は，全体の ▢B▢ であつて，一部の ▢B▢ ではない。

全体の奉仕者

公務員が「一部の人々のためではなく，全国民のために働くべきこと」が述べられているよ。

10

第18条
何人も，いかなる奴隷的 ▢A▢ も受けない。又，犯罪に因る処罰の場合を除いては，その意に反する ▢B▢ に服させられない。

身体の自由

自由権の1つである「身体の自由」について述べられているよ。

11

第20条
① ▢A▢ の自由は，何人に対してもこれを保障する。いかなる宗教団体も，国から特権を受け，又は ▢B▢ 上の権力を行使してはならない。

信教の自由と「政教分離」について述べられているよ。

12

第22条
①何人も，公共の福祉に反しない限り， ▢A▢ ，移転及び ▢B▢ の自由を有する。

パティシエになりたい

自然の中で暮らしたい

自由権の中の「経済活動の自由」について述べられているよ。

13

第25条
①すべて国民は，健康で ▢A▢ 的な ▢B▢ の生活を営む権利を有する。

大丈夫！　失業・貧困・病気

生活費

生存権

こまった…

社会権の中の「生存権」について述べられているよ。

14

第26条
①すべて国民は，（中略）その能力に応じて，ひとしく ▢A▢ を受ける権利を有する。
②すべて国民は，法律の定めるところにより，その保護する子女に普通教育を受けさせる ▢B▢ を負ふ。（後略）

教育を受ける権利と「義務教育」について述べられているよ。

15

第27条
①すべて国民は，勤労の権利を有し， ▢A▢ を負ふ。（中略）
③ ▢B▢ は，これを酷使してはならない。

勤労の権利・義務

でも…

「勤労の権利」と勤労の義務，また，子どもを厳しく働かせることを禁止しているよ。

16

第33条
何人も， ▢A▢ として逮捕される場合を除いては，（中略）犯罪を明示する ▢B▢ によらなければ，逮捕されない。

逮捕する！　　令状は？

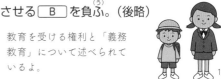

「身体の自由」の中の1つで，正当な理由がなければ逮捕されないとしているよ。

17

第37条
①すべて ▢A▢ 事件においては，被告人は，公平な裁判所の迅速な ▢B▢ 裁判を受ける権利を有する。

裁判は公開される

「罪を犯した疑いで，検察官によって起訴された」被告人の権利について述べられているよ。

18

第37条
③刑事被告人は，いかなる場合にも，資格を有する ▢A▢ を依頼することができる。被告人が自らこれを依頼することができないときは， ▢B▢ でこれを附する。（後略）

まかせて下さい！　　やってません…

「刑事裁判」では被告人に弁護人を依頼する権利があることが述べられているよ。

19

第何条？

何人も，いかなる奴隷的拘束も受けない。又，犯罪に因る処罰の場合を除いては，その意に反する苦役に服させられない。

Q　自由権の中の，何の自由について述べられている？

第何条？

①公務員を選定し，及びこれを罷免することは，国民固有の権利である。
②すべて公務員は，全体の奉仕者であつて，一部の奉仕者ではない。

Q　下線部の「全体の奉仕者」ってどういう意味？

第何条？

①何人も，公共の福祉に反しない限り，居住，移転及び職業選択の自由を有する。

Q　自由権の中の，何の自由について述べられている？

第何条？

①信教の自由は，何人に対してもこれを保障する。いかなる宗教団体も，国から特権を受け，又は政治上の権力を行使してはならない。

Q　下線部の原則を，漢字4字で何という？

第何条？

①すべて国民は，（中略）その能力に応じて，ひとしく教育を受ける権利を有する。
②すべて国民は，法律の定めるところにより，その保護する子女に普通教育を受けさせる義務を負ふ。（後略）

Q　下線部のような教育の制度を何という？

第何条？

①すべて国民は，健康で文化的な最低限度の生活を営む権利を有する。

Q　社会権の中の，何という権利について述べられている？

第何条？

何人も，現行犯として逮捕される場合を除いては，（中略）犯罪を明示する令状によらなければ，逮捕されない。

Q　自由権の中の，何の自由について述べられている？

第何条？

①すべて国民は，勤労の権利を有し，義務を負ふ。（中略）
③児童は，これを酷使してはならない。

Q　勤労は，義務であると同時に何であると述べられている？

第何条？

③刑事被告人は，いかなる場合にも，資格を有する弁護人を依頼することができる。被告人が自らこれを依頼することができないときは，国でこれを附する。

Q　被告人が弁護人を依頼する権利を認められているのは，民事裁判，刑事裁判のどっち？

第何条？

①すべて刑事事件においては，被告人は，公平な裁判所の迅速な公開裁判を受ける権利を有する。

Q　下線部の被告人ってどんな人？

第38条

①何人も，自己に [A] な供述を強要されない。

②強制，拷問若しくは脅迫による [B]（中略）は，これを証拠とすることができない。

「自白しなさい！」「黙秘」

刑事事件の被告人の権利で，①は「黙秘権」。②では自白の強要を禁止しているよ。 20

第40条

何人も，抑留又は拘禁された後， [A] の裁判を受けたときは，法律の定めるところにより，国にその [B] を求めることができる。

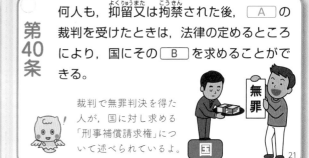

「無罪」「国」

裁判で無罪判決を得た人が，国に対し求める「刑事補償請求権」について述べられているよ。 21

第41条

国会は，国権の [A] であつて，国の唯一の [B] である。

最高機関　立法機関

国会は国の政治の中心で，唯一「法律をつくることができる機関」であるとしているよ。 22

第42条

国会は， [A] 及び [B] の両議院でこれを構成する。

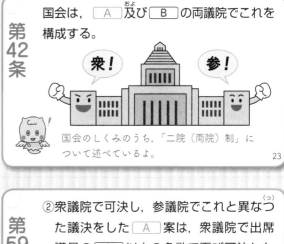

衆！　参！

国会のしくみのうち，「二院（両院）制」について述べているよ。 23

第54条

①衆議院が解散されたときは，解散の日から [A] 日以内に，衆議院議員の [B] を行ひ，その選挙の日から30日以内に，国会を召集しなければならない。

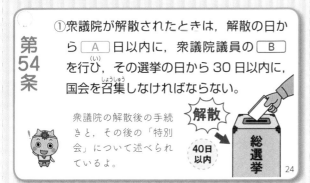

解散　40日以内　総選挙

衆議院の解散後の手続きと，その後の「特別会」について述べられているよ。 24

第59条

②衆議院で可決し，参議院でこれと異なつた議決をした [A] 案は，衆議院で出席議員の [B] 以上の多数で再び可決したときは， [A] となる。

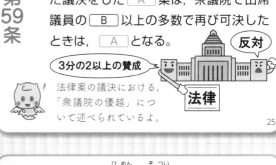

3分の2以上の賛成　反対　法律

法律案の議決における，「衆議院の優越」について述べられているよ。 25

第60条

①予算は，さきに [A] に提出しなければならない。

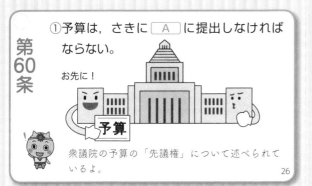

お先に！　予算

衆議院の予算の「先議権」について述べられているよ。 26

第64条

① [A] は，罷免の訴追を受けた裁判官を裁判するため，両議院の議員で組織する [B] 裁判所を設ける。

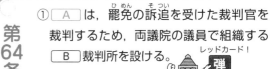

レッドカード！　弾劾

カカッ

「裁判官をやめさせることができる裁判」によって，立法権が司法権を抑制することついて述べられているよ。 27

第66条

①内閣は，法律の定めるところにより，その首長たる [A] 及びその他の [B] でこれを組織する。

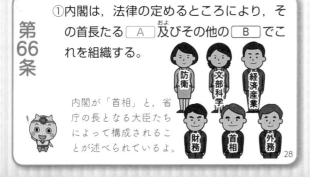

防衛　文部科学　経済産業　財務　首相　外務

内閣が「首相」と，省庁の長となる大臣たちによって構成されることが述べられているよ。 28

第66条

②内閣総理大臣その他の国務大臣は， [A] でなければならない。

③内閣は，行政権の行使について， [B] に対し連帯して責任を負ふ。

国会　内閣　連帯責任

現役の軍人（自衛官）が内閣に入れないことや，「議院内閣制」について述べられているよ。 29

第何条？

何人も，抑留又は拘禁された後，無罪の裁判を受けたときは，法律の定めるところにより，国にその補償を求めることができる。

Q 請求権の中の，何という権利について述べられている？

第何条？

①何人も，自己に不利益な供述を強要されない。
②強制，拷問若しくは脅迫による自白（中略）は，これを証拠とすることができない。

（後略）

Q ①で刑事事件の被告人に認められている権利を何という？

第何条？

国会は，衆議院及び参議院の両議院でこれを構成する。

Q 下線部のように国会が2つの議院から成ることを何という？

第何条？

国会は，国権の最高機関であつて，国の唯一の立法機関である。

Q 下線部の立法機関ってどういう機関？

第何条？

②衆議院で可決し，参議院でこれと異なつた議決をした法律案は，衆議院で出席議員の3分の2以上の多数で再び可決したときは，法律となる。

Q このように，衆議院の議決が優先されることを何という？

第何条？

①衆議院が解散されたときは，解散の日から40日以内に，衆議院議員の総選挙を行ひ，その選挙の日から30日以内に，国会を召集しなければならない。

Q 下線部の国会は，漢字3字で何とよばれている？

第何条？

①国会は，罷免の訴追を受けた裁判官を裁判するため，両議院の議員で組織する弾劾裁判所を設ける。

Q 弾劾裁判所って，どんな裁判を行うところ？

第何条？

①予算は，さきに衆議院に提出しなければならない。

Q このように予算を衆議院が先に審議することを，漢字3字で何という？

第何条？

②内閣総理大臣その他の国務大臣は，文民でなければならない。
③内閣は，行政権の行使について，国会に対し連帯して責任を負ふ。

Q 下線部のような内閣のしくみを何という？

第何条？

①内閣は，法律の定めるところにより，その首長たる内閣総理大臣及びその他の国務大臣でこれを組織する。

Q 下線部の内閣総理大臣は，漢字2字で書くと何という？

第67条

①内閣総理大臣は， A の中から国会の議決で，これを B する。この B は，他のすべての案件に先だつて，これを行ふ。

指名！

首相

ビシッ

国会による内閣総理大臣の指名について述べられているよ。内閣総理大臣の任命は「天皇」が行うよ。

30

第68条

①内閣総理大臣は，国務大臣を A する。但し，その B は，国会議員の中から選ばれなければならない。

多くが「府省の責任者」となる国務大臣の選ばれ方や，条件が述べられているよ。

国会議員　民間

31

第69条

内閣は，衆議院で A の決議案を可決し，又は信任の決議案を否決したときは，10日以内に衆議院が B されない限り，総辞職をしなければならない。

不信任！

国会の立法権と内閣の行政権がたがいに「抑制」し合う，内閣不信任の決議と衆議院の解散について述べられているよ。

解散

32

第76条

①すべて A は，最高裁判所及び法律の定めるところにより設置する B に属する。

最高裁判所　　　下級裁判所

高等裁判所　地方裁判所

家庭裁判所　簡易裁判所

裁判をする権限が，最高裁判所と上記の4つの裁判所に属することが述べられているよ。

33

第76条

③すべて裁判官は，その A に従ひ独立してその職権を行ひ，この B 及び法律にのみ拘束される。

憲法・法律

良心

裁判官が公正中立であるための原則である，「司法権の独立」について述べられているよ。

34

第79条

② A の裁判官の任命は，その任命後初めて行はれる衆議院議員総選挙の際国民の B に付し，（中略）その後も同様とする。

やめさせたい裁判官に×をつける

あわわ・・

「直接民主制」の考え方を取り入れた，最高裁判所裁判官の国民審査について述べられているよ。

35

第81条

最高裁判所は，一切の A ，命令，規則又は処分が B に適合するかしないかを決定する権限を有する終審裁判所である。

憲法

最高裁

憲法の番人

違憲審査権と，最高裁判所が「憲法の番人」とよばれる理由について述べられているよ。

36

第94条

地方公共団体は，その財産を管理し，事務を処理し，及び A を執行する権能を有し，法律の範囲内で B を制定することができる。

地方の決まりだよ

条例

「都道府県」や「市（区）町村」など，地方公共団体の機能について述べられているよ。

37

第96条

①この憲法の改正は，各議院の総議員の A 以上の賛成で，国会が，これを発議し，（中略）この承認には，特別の B （中略）において，その過半数の賛成を必要とする。

憲法改正は，国会の発議後，国民投票による賛成が必要だけど，2007年に「有効投票の過半数の賛成」と定められたよ。

38

第98条

①この憲法は，国の A であつて，その条規に反する法律，命令，詔勅及び国務に関するその他の行為の全部又は一部は，その B を有しない。

憲法

法律

規則・命令

憲法によつて政治権力を制限する「立憲主義」のため，憲法を法の最高位に位置づけた条文だよ。

39

第何条？

①内閣総理大臣は，国務大臣を任命する。但し，その過半数は，国会議員の中から選ばれなければならない。

Q 下線部について，国務大臣の多くは，どのような役職につく？

第何条？

①内閣総理大臣は，国会議員の中から国会の議決で，これを指名する。この指名は，他のすべての案件に先だつて，これを行ふ。

Q 下線部について，内閣総理大臣を任命するのは，だれ？

第何条？

①すべて司法権は，最高裁判所及び法律の定めるところにより設置する下級裁判所に属する。

Q 下線部について，下級裁判所にはどんなものがある？

第何条？

内閣は，衆議院で不信任の決議案を可決し，又は信任の決議案を否決したときは，10日以内に衆議院が解散されない限り，総辞職をしなければならない。

Q 立法権と行政権が，おたがいにおさえあうことを，漢字2字で何という？

第何条？

②最高裁判所の裁判官の任命は，その任命後初めて行はれる衆議院議員総選挙の際国民の審査に付し，(中略) その後も同様とする。

Q 国民審査のように，国民が直接政治に参加する考え方を何という？

第何条？

③すべて裁判官は，その良心に従ひ独立してその職権を行ひ，この憲法及び法律にのみ拘束される。

Q この条文で述べられている，司法権についての原則を何という？

第何条？

地方公共団体は，その財産を管理し，事務を処理し，及び行政を執行する権能を有し，法律の範囲内で条例を制定することができる。

Q 下線部の地方公共団体には，どんなものがある？

第何条？

最高裁判所は，一切の法律，命令，規則又は処分が憲法に適合するかしないかを決定する権限を有する終審裁判所である。

Q 法律などが合憲か違憲かの最終決定権をもっている最高裁判所は何とよばれる？

第何条？

①この憲法は，国の最高法規であつて，その条規に反する法律，命令，詔勅及び国務に関するその他の行為の全部又は一部は，その効力を有しない。

Q 最高法規の憲法によって，政治権力を制限する考え方を何という？

第何条？

①この憲法の改正は，各議院の総議員の3分の2以上の賛成で，国会が，これを発議し，(中略) この承認には，特別の国民投票 (中略) において，その過半数の賛成を必要とする。

Q 下線部の過半数の賛成とは，具体的にどのように定められた？

日本文教版 社会公民 もくじ

カード音声

ステージ1　ステージ2　ステージ3

写真提供：アフロ，（公社）臓器移植ネットワーク，読売新聞，Bridgeman Images，Heritage Image，New Picture Library，U.S. Army/The New York Times（敬称略・五十音順）
ポケットスタディイラスト：(資)イラストメーカーズ／池和子　ポケットスタディ音声：那波一寿

予習・復習　こつこつ　解答 p.1

1　私たちが生きる現代社会の特色

教科書の 要点 （　　）にあてはまる語句を答えよう。

① 少子高齢化の社会で生きる私たち 教 p.8〜9

● **少子高齢化とは/少子高齢化と私たちの社会**

◆（①　　　　　　　　　　）▶子どもが減り高齢者が増える。
　　　　　　　　　　　　　　　　└65歳以上の人口

◆**日本**▶少子高齢化が進んだ（②　　　　　　　）社会。

■ 未婚率の上昇などで，**合計特殊出生率**が低下。
　　　　　　　　　　　　　　└女性が一生のうちに生む子どもの数の平均

■ **平均寿命**がのび，長生きする人が増える。

◆少子高齢化の影響▶働き手の不足や，**医療・介護・**
（③　　　　　　　　　）などに使うお金の増加など。

● **少子高齢化への挑戦**

◆出産・（④　　　　　　　　　）のしやすい環境を整備する。

◆高齢者の介護などを支えるしくみを改善し，充実させる。

② 情報化で変わる社会と私たち 教 p.10〜11

● **情報化とは/情報化によって変わる社会**

◆**情報化**▶コンピューターやスマートフォン，インターネット
などの（⑤　　　　　　　　）（ICT）が発達。

◆**人工知能（AI）**▶大量の**デジタルデータ**を処理・活用する。
　　　　　　　　　　　　　　　　　└ビッグデータ
私たちの生活を豊かにし，人間の仕事を変える可能性。

● **情報化を生かすために/情報化を生かした防災への取り組み**

◆（⑥　　　　　　　　　）▶情報を正しく判断し活用する力。

◆**情報モラル**▶情報を使う考え方・態度。

◆情報化を生かす▶災害予測や災害対応への活用に期待。

③ グローバル化する社会で生きる私たち 教 p.12〜13

● **グローバル化/結びつく世界/多文化共生社会と国際協力**

◆（⑦　　　　　）化▶人，もの，お金，情報などが国境
をこえて自由にゆききし，世界の一体化が進む。

◆国際貿易▶国際的な（⑧　　　　　　　）が進む。
　　　　　　　　　　　　　　└それぞれの国が得意な分野の生産をする

◆多様性を大切にする**多文化共生社会**が求められる。

◆国際的な問題の解決に（⑨　　　　　　　）が必要。
　└環境問題，感染症，大災害，経済格差など

④ 持続可能な社会と私たち 教 p.14〜15

● **持続可能な社会とは/大量生産の社会**

◆（⑩　　　　　　　　）▶現代の世代と将来の世代の幸福
をみたす社会。21世紀の世界の課題。
　　　└SDGsは国際社会共通の目標

◆社会の一員として一人一人の**社会参画**が大切。

↓各国の高齢化率の推移と将来推計

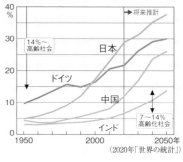

(2020年「世界の統計」)

↓年金の負担

(国立社会保障・人口問題研究所資料)

↓インターネット普及率と主な情報通信機器の世帯保有率の推移

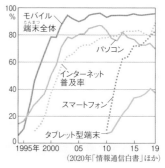

(2020年「情報通信白書」ほか)

↓国籍・地域別在留外国人数の推移

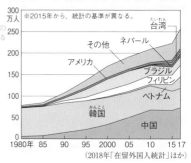

(2018年「在留外国人統計」ほか)

3

まるごと暗記 ☺年少人口 0〜14歳　☺生産年齢人口 15〜64歳　☺高齢者人口 65歳以上

教科書の 資料 次の問いに答えよう。

第1編

(1) 右のグラフは，日本の年齢別人口の推移と将来推計を示しています。将来割合が最も増えるのはどの年代ですか。

（　　　　　　　）

(2) このグラフに見られるような人口の変化を何といいますか。

（　　　　　　　）

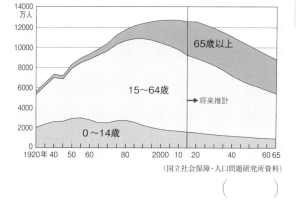

（国立社会保障・人口問題研究所資料）

(3) (2)のような社会の説明にあてはまらないものを，次から1つ選びなさい。

（　　　　）

ア　働き手が少なくなる。　　イ　廃校になる学校が出てくる。
ウ　人口が増える。　　　　　エ　医療や介護を受ける人が増える。

教科書 チェック 一問一答 次の問いに答えよう。

/10問中

★は教科書の太字の語句

1 少子高齢化の社会で生きる私たち

①一般に，65歳以上の人を何といいますか。

□① ＿＿＿＿＿＿＿

②女性が子どもを生むことを何といいますか。

□★② ＿＿＿＿＿＿＿

2 情報化で変わる社会と私たち

③世界じゅうのネットワークが接続されたコンピューターネットワークを何といいますか。

□③ ＿＿＿＿＿＿＿

④情報通信技術のことをアルファベット3字で何といいますか。

□★④ ＿＿＿＿＿＿＿

⑤情報通信技術により，社会のなかで情報が大きなはたらきをもつようになることを何といいますか。

□★⑤ ＿＿＿＿＿＿＿

⑥ビッグデータを処理・活用し，自ら学習することができる，AIとよばれる技術を何といいますか。

□★⑥ ＿＿＿＿＿＿＿

⑦社会で責任をもって情報をあつかうことのできる態度を何といいますか。

□★⑦ ＿＿＿＿＿＿＿

3 グローバル化する社会で生きる私たち

⑧世界が一体化する傾向のことを何といいますか。

□★⑧ ＿＿＿＿＿＿＿

⑨たがいの個性，地域の文化，国の特徴を大切にする社会を何といいますか。

□⑨ ＿＿＿＿＿＿＿

4 ⑩よりよい社会をつくるため，社会の一員であることを自覚して社会の形成にかかわることを何といいますか。

□★⑩ ＿＿＿＿＿＿＿

 知識の泉　1人の女性が一生のうちに生む子どもの数の平均を合計特殊出生率といいます。戦後の日本で最も高かったのは1947年で，約4.5人でした。その後人口は増え続け，1967年に1億人を超えました。

予習・復習　こつこつ　解答 p.1

2　現代社会の文化と私たち

教科書の **要点**　（　　）にあてはまる語句を答えよう。

❶ 現代社会における文化　教 p.18〜19

● 文化とは何だろう

◆（① 　　　　　　）▶生活のしかたや社会のしくみ，ものごとの感じ方や思いの伝え方のすべて。

● 私たちの生活と科学・芸術・宗教（しゅうきょう）

◆（② 　　　　　　）▶石器の加工，農業・土木技術，医療（いりょう）の進歩など。人間の活動領域を広げる。

◆（③ 　　　　　　）▶絵画，音楽，文学，映画（えいが），演劇（えんげき）など。感受性を高め，生活や人生を豊かにする。

◆（④ 　　　　　　）▶人間の生活のなやみや将来への不安に対して安心と精神的豊かさをあたえる。

● 現代における文化の課題

◆科学技術（かく）▶核兵器の開発，環境（かんきょう）問題の発生。バイオテクノロジーの人体や環境（えいきょう）への影響など，未知の問題もかかえる。

◆宗教▶争いの原因にもなっている。

❷ 日本の伝統文化の特徴と多様性　教 p.20〜21

● 日本の伝統文化

◆日本は多くが（⑤ 　　　　　　）の気候に属し，山地が多く，四季の変化に富む→自然とともに生き，他人を思いやる。

◆（⑥ 　　　　　　）▶歴史のなかで受けつがれてきた文化。

　■（⑦ 　　　　　　）▶毎年同じ時期に行われる行事。

　■衣食住▶更衣（ころもがえ），（⑧ 　　　　　　　　　　）日本料理，日本家屋，能など。

◆文化の発展▶外国との交流と独自の発展を繰り返し形成。
仏教文化，欧米の近代文明など　平仮名や片仮名，鎖国時の文化など

● 地域（ちいき）文化の多様性／私たちと文化の創造

◆地域文化▶地域の気候や風土，歴史により多様性をもつ。
家のつくり，料理，行事，方言，伝統工芸など

◆伝統文化と現代社会▶日常生活に受けつがれている。

❸ 世界のなかの日本の文化　教 p.22〜23

● グローバル化と日本の文化／文化の多様性への共感と理解

◆世界に広がる日本の文化▶料理や柔道（じゅうどう），アニメ・漫画（まんが）など。

◆世界に評価される日本の文化▶**世界文化遺産（いさん）**や**無形文化遺産**
白川郷，富士山など　　　　　　　　　和食など
他者への思いやり，ものを大切にする美意識など。

◆文化の（⑨ 　　　　　　）性（せい）▶国・地域や民族により多様（そんざい）な文化が存在。たがいに尊重（そんちょう）する態度が大切。

↓宗教に関する意識のちがい

宗教が日々のくらしのなかで心の支えや態度・行動のよりどころになるか　（2018年度）
※調査対象：13〜29歳の男女

	そう思う	そう思わない	わからない
日本	25.9%	55.1	19.0
フランス	35.2	59.4	5.4
韓国	35.4	51.5	13.1
イギリス	42.2	47.2	10.6
アメリカ	62.3	29.5	8.2

0 20 40 60 80 100 ％
（2018年度「我が国と諸外国の若者の意識に関する調査」）

神社は神道の施設，寺は仏教の施設だよ。宗教は，日本の年中行事ともかかわりがあるね。

↓日本の年中行事

1月	初詣（はつもうで）
2月	節分
3月	ひな祭り，彼岸（ひがん）
4月	花祭り（灌仏会）（かんぶつえ）
5月	端午の節句（たんご）
6月	更衣
7月	七夕（たなばた）
8月	お盆（ぼん）
9月	お月見，彼岸
10月	更衣，秋祭り
11月	七五三
12月	大みそか

七五三のように一定の年齢になると行う伝統行事を通過儀礼というよ。

第1編

📖教科書の 資料　次の問いに答えよう。

(1) 右の表の**A～D**にあてはまる年中行事を, □□□か
らそれぞれ書きなさい。

A (　　　　　　　　)　　B (　　　　　　　　)

C (　　　　　　　　)　　D (　　　　　　　　)

> 秋祭り　　ひな祭り　　七夕　　初詣

(2) 次の文中の□にあてはまる語句を, それぞれ書
きなさい。

① (　　　　　　　　)　　② (　　　　　　　　)

> 日本は温帯に属し, ①の変化に富むため, ②
> とともに生きるくらしが育った。

	二十四節気	年中行事
1月	大寒	A
2月	立春	節分
3月	春分	B ・彼岸
4月		花祭り
5月	立夏	端午の節句
6月	夏至	更衣
7月	大暑	C
8月	立秋	お盆
9月	秋分	お月見・彼岸
10月		更衣・ D
11月	立冬	七五三
12月	冬至	大みそか

📖教科書 一問一答　(チェック)　次の問いに答えよう。

/10問中

★は教科書の太字の語句

①
現代社会における文化

①科学・芸術・宗教など, 人間がつくりあげた生活のし
かた, 社会のしくみなどのことを何といいますか。
☐★①＿＿＿＿＿＿＿＿＿＿

②医療や農業, エネルギー開発などにも応用されている,
生物のはたらきを役立てる科学技術は何ですか。
☐②＿＿＿＿＿＿＿＿＿＿

③科学技術の進歩によって引き起こされた, 地球温暖化
や酸性雨などの問題を何といいますか。
☐③＿＿＿＿＿＿＿＿＿＿

②
日本の伝統文化の特徴と多様性

④初詣や節分, 大みそかなど, 毎年同じ時期に行われる
行事を何といいますか。
☐★④＿＿＿＿＿＿＿＿＿＿

⑤日本の能や歌舞伎, 和太鼓など, 歴史のなかで受けつ
がれてきた文化を何といいますか。
☐★⑤＿＿＿＿＿＿＿＿＿＿

⑥6世紀ごろに日本に伝わり, 日本の文化の形成に影響
をあたえた宗教は何ですか。
☐⑥＿＿＿＿＿＿＿＿＿＿

⑦担い手が減り継承が危ぶまれている, 技法などが古く
から受けつがれている美術や工芸を何といいますか。
☐⑦＿＿＿＿＿＿＿＿＿＿

⑧日本の各地域の県民性など, 気候や風土にあった文化
をまとめて何といいますか。
☐⑧＿＿＿＿＿＿＿＿＿＿

③
世界のなかの日本の文化

⑨後世に残す価値のあるものとしてUNESCOにより
登録される, 形のない文化のことを何といいますか。
☐⑨＿＿＿＿＿＿＿＿＿＿

⑩日本で生まれて世界じゅうに広まった, オリンピック
競技にもなっている武道は何ですか。
☐⑩＿＿＿＿＿＿＿＿＿＿

 知識の泉　ユネスコの無形文化遺産には, 歌舞伎や能, 人形浄瑠璃のような伝統芸能, 祇園祭の山鉾など
の祭りなどが登録されています。2014年には和紙が登録されました。

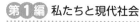

予習・復習　こつこつ　解答 p.1

確認のワーク　ステージ1　3 現代社会の見方・考え方

教科書の要点　（　）にあてはまる語句を答えよう。

① 社会における私たちときまりの意義　教 p.24〜25

● **社会的存在としての人間**

◆人間は社会的存在▶人間は，（①　　　　　　　）

と関係しながら生きている。

<small>家族・地域社会・学校・職場・国家など</small>

● **家族と社会**

◆**家族**▶人間が最初に所属する最小の社会集団。

■**核家族**が増え，**高齢社会**となる。

◆**家族生活の根本**▶（②　　　　　　　）の**尊厳**と

両性の本質的平等。

<small>日本国憲法で規定。婚姻は両性の合意のみに基づき，夫婦は同等</small>

● **社会生活ときまり**

◆（③　　　　　　　）（**ルール**）▶社会集団のなかでの個人

の意見や利害のちがいを調整する**慣習・道徳・法**など。

◆**個人の尊重**▶日本国憲法に定められた政治のあり方の根本。

② 「対立」と「合意」―見方・考え方その1―　教 p.26〜27

● **対立と合意とは**

◆（④　　　　　　　）▶意見や利害のちがいから問題や争い

が起こる状態。

◆（⑤　　　　　　　）▶解決策を納得して受け入れること。

● **合意する方法**

◆（⑥　　　　　　　）をし，**全員一致**や**多数決**などで決定。

<small>他人の意見をよく聞き，自分の意見を述べる</small>

■大きな集団では，選挙で選ばれた代表が話し合う。

③ 「効率」と「公正」―見方・考え方その2―　教 p.28〜29

● **効率と公正とは/公正な社会をつくるために**

◆**効率と公正**▶合意のための判断基準。

■（⑦　　　　　　　）▶費用や労力が見合っているか。

■（⑧　　　　　　　）▶不当なあつかいになっていないか。

④ きまりを守る責任とその評価　教 p.30〜31

● **きまりを守る責任/きまりの評価と変更**

◆私たちは合意したきまりを守る（⑨　　　　　　　）がある。

◆状況が変われば，きまりの目的や手段，公正さを評価して，

必要に応じてきまりの（⑩　　　　　　　）を行う。

◆**契約**▶たがいの権利や利益を保障してきまりをつくること。

<small>契約は自由な判断で結べれば，結ばない自由もある。契約のルールをまとめた法律を民法という</small>

■**社会契約**▶国家は国民の契約により成立するという考え方。

↓**家族構成の変化**

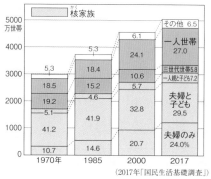

	1970年	1985	2000	2017
その他	5.3	5.3	6.1	6.5
一人世帯	18.5	18.4	24.1	27.0
三世代世帯	19.2	15.2	10.6	5.8
一人親と子ども	5.1	4.6	5.7	7.2
夫婦と子ども	41.2	41.9	32.8	29.5
夫婦のみ	10.7	14.6	20.7	24.0

<small>核家族</small>

（2017年「国民生活基礎調査」）

夫婦と未婚の子ども，夫婦だけ，一人親と子どもの家族を核家族というんだね。

↓**合意する方法**

・全員一致

・多数決

・先生や年長者が決める

・じゃんけん

・くじ

・話し合い　など

↓**効率と公正**

効率	みんなの労力・時間・費用・ものがむだなく使われているか。
公正	●**手続きの公正** みんなが参加して決めているか。
	●**機会の公正** 差別的なあつかいをしていないか。
	●**結果の公正** 立場が変わっても受け入れられるか。

 まるごと暗記　核家族 夫婦と未婚の子ども，あるいは夫婦だけ，一人親と子どもからなる家族

教科書の 資料　次の問いに答えよう。

(1) 右の図は，家族関係を示した図で，親等図といいます。「私」からみて，2親等の血族はだれですか。図からすべて書きなさい。

（　　　　　　　　　　　　　　　）

(2) Aのように夫婦と未婚（みこん）の子どもからなる家族を何といいますか。

（　　　　　　　　　　　　　　　）

(3) 民法では，遺産（いさん）は亡くなった人の配偶者が2分の1，残りの2分の1を子が平等に分けることになっています。「父」の遺産が1000万円あったとき，「母」と「私」の相続額はそれぞれいくらになりますか。　母（　　　　　　　　　）円　私（　　　　　　　　　）円

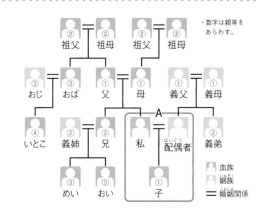

・数字は親等をあらわす。

血族 / 姻族 / ＝ 婚姻関係

教科書 一問一答（チェック）　次の問いに答えよう。　/10問中

★は教科書の太字の語句

1 社会における私たちときまりの意義

①人間は，さまざまな社会集団と関係をもちながら生きていることから，何と呼ばれますか。
★①＿＿＿＿＿＿＿＿＿＿

②社会集団のうち，私たちが最初に所属する，最も小さな集団は何ですか。
★②＿＿＿＿＿＿＿＿＿＿

③日本国憲法に定められた家族生活の根本は，個人の尊厳ともう1つは何ですか。
★③＿＿＿＿＿＿＿＿＿＿

④きまりのうち，人々が善悪（ぜんあく）・正邪（せいじゃ）を判断し，正しい行いをするための規範（きはん）となるものは何ですか。
④＿＿＿＿＿＿＿＿＿＿

⑤憲法で政治のあり方の根本とされた，一人一人が等しくかけがえのないものという考えを何といいますか。
★⑤＿＿＿＿＿＿＿＿＿＿

2 ［対立］と［合意］

⑥話し合いに参加した全員の賛成で合意する方法を何といいますか。
⑥＿＿＿＿＿＿＿＿＿＿

⑦話し合いに参加した人のうち，賛成する人が多い意見で合意する方法を何といいますか。
★⑦＿＿＿＿＿＿＿＿＿＿

3 ［効率］と［公正］

⑧公正の観点のうち，みんなが参加して決めているかという観点を，何の公正といいますか。
⑧＿＿＿＿＿＿＿＿＿＿

⑨公正の観点のうち，立場が変わっても受け入れられるかという観点を，何の公正といいますか。
⑨＿＿＿＿＿＿＿＿＿＿

4

⑩たがいの権利や利益を尊重し，それが保障されているきまりをつくることを何といいますか。
★⑩＿＿＿＿＿＿＿＿＿＿

知識の泉　全員一致の場合はみんなが納得しますが，決定まで時間がかかる場合があります。多数決だと，一定の時間内で決定できますが，賛成しなかった人もきまりに従わなければなりません。

こつこつ　テスト直前　解答 p.2

第1編　私たちと現代社会

1 現代社会の特色　右の資料を見て，次の問いに答えなさい。

(1) 資料1を見て，次の問いに答えなさい。

① 人口構成がAからBに進むことを何といいますか。（　　　　　　　）

② ①のような現象が進む理由を，次から2つ選びなさい。（　　）（　　）

　ア　女性が生む子どもの数が減ったから。

　イ　女性が生む子どもの数が増えたから。

　ウ　平均寿命が短くなったから。

　エ　平均寿命が長くなったから。

③ Bのような社会ではどんな状況になりますか。次の文中のa・bにあてはまる語句を，□□□からそれぞれ書きなさい。　a（　　　　　）　b（　　　　　　）

　働き手の数が（　a　）して社会の活力が弱まり，（　b　）や介護を受ける高齢者の数が多くなる。

> 増加　教育　減少　医療

資料1　日本の人口ピラミッド

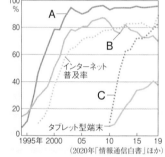

（国立社会保障・人口問題研究所）

(2) 資料2を見て，次の問いに答えなさい。

① A〜Cにあてはまる情報通信機器を，□□□からそれぞれ書きなさい。

　A（　　　　　　）　B（　　　　　　）
　C（　　　　　　）

> パソコン　スマートフォン　モバイル端末全体

② 2019年のインターネットの普及率はどれくらいですか。
　　　　　　　　　　　　約（　　　　）%

③ 情報通信技術が発達し，社会のなかで情報が大きなはたらきをもつようになることを何といいますか。
　　　　　　　　　　　（　　　　　　　　　　　）

資料2　インターネット普及率と主な情報通信機器の世帯保有率の推移

（2020年「情報通信白書」ほか）

(3) 資料3を見て，次の問いに答えなさい。

① 2017年現在，日本に住む外国人で最も多いのはどこの国籍の人ですか。（　　　　　　　）

② 日本に住む外国人や外国に住む日本人が増えたのは，世界が一体化する動きが進んだからです。この動きを何といいますか。（　　　　　　　）

③ 身のまわりにさまざまな国の文化が共存する社会を何といいますか。（　　　　　　　）

資料3　国籍・地域別の在留外国人数の推移

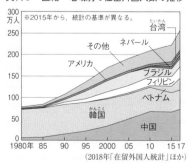

（2018年「在留外国人統計」ほか）

ヒントの森

(2)①近年はパソコンよりスマートフォンの方が普及しています。

全部できたら，➡に✔をかいて😊にしよう！ 😐 😐 😊

②　現代社会の文化　次の文を読んで，あとの問いに答えなさい。

　　文化には，衣食住をはじめ，ａ科学，ｂ芸術，ｃ宗教などがある。ｄ世界の国や地域には<u>それぞれ異なる文化があり，私たちはたがいにそれを尊重</u>していかなければならない。

(1)　下線部ａについて，次の問いに答えなさい。
　①　筋肉，神経，臓器などの別の組織や器官の細胞になることができる細胞を何といいますか。　　　　　　　　　　　　　　　　　　　（　　　　　　　　　　）
　②　①の作製など，医療，農業，エネルギー開発に応用されている科学技術を何といいますか。　　　　　　　　　　　　　　　　　　（　　　　　　　　　　）

(2)　下線部ｂにあてはまらないものを，次から１つ選びなさい。　　　（　　　　）
　　ア　絵画　　イ　漁業　　ウ　音楽

(3)　下線部ｃについて日本にある次の①・②の施設と関係の深い宗教を，それぞれ書きなさい。　　　①　神社（　　　　　　　　　　）
　　　　　　　　　　　　　　　　　　　②　寺院（　　　　　　　　　　）

(4)　下線部ｄについて，このことを何の尊重といいますか。
　　　　　　　　　　　　　　　　　　　（　　　　　　　　　　）の尊重

> **ヒントの森**
> (1)①日本の研究者が世界で初めて作製に成功し，ノーベル賞を受賞しました。

③　現代社会ときまり　次の文を読んで，あとの問いに答えなさい。

　　私たちは，さまざまなａ<u>社会集団</u>のなかで生きている。集団のなかでは，意見や（　Ａ　）のちがいから（　Ｂ　）が起こることがある。その場合は，みんなで話し合いを行い，（　Ｃ　）策を受け入れて（　Ｄ　）に達することが必要である。そのさい，ｂ<u>労力や時間，お金がむだになっていないか</u>，また，みんなが参加して決めているか，ｃ<u>差別的なあつかいをしていないか</u>，立場が変わっても受け入れられるかという観点をもつことが大切である。前もってｄ<u>きまり（ルール）</u>をつくり共有することで，トラブルを未然に防ぐことができる。

(1)　Ａ～Ｄにあてはまる語句を，それぞれ書きなさい。　　Ａ（　　　　　　　　　）
　　　　　　　Ｂ（　　　　　　　　　）　Ｃ（　　　　　　　　　）　Ｄ（　　　　　　　　　）

(2)　下線部ａのうち，町内会などの近所の集まりを何といいますか。（　　　　　　　　）

(3)　下線部ｂの見方・考え方を何といいますか。　　　　　　　　　（　　　　　　　　）

(4)　下線部ｃを何の公正といいますか。　　　　　　　　（　　　　　　　　）の公正

(5)　下線部ｄのうち，次の①～③を何といいますか。□□□からそれぞれ書きなさい。
　　　　　①（　　　　　　　　　）　②（　　　　　　　　　）　③（　　　　　　　　　）
　①　長いあいだに認められるようになったならわしやしきたり。
　②　人々が善悪・正邪を判断し，正しい行いをするための規範。
　③　強制力をもつ憲法・法律・条例など。

> **ヒントの森**
> (2)漢字４字。
> (4)ほかは手続きの公正と結果の公正です。

　　　　　　道徳　　　責任　　　法　　　慣習

総合問題編

ステージ 3 第1編　私たちと現代社会

30 分 　　/100

1 次の問いに答えなさい。　　　　　　　　　　　　　　　　　　　　　5点×8（40点）

(1) 次の文を読んで，グローバル化に関係することにはア，情報化に関係することにはイ，少子高齢化に関係することにはウを書きなさい。

① インターネットを使って，必要なときに世界の情報を得ている。

② 日本に来る外国人が増え，外国でくらす日本人が増えている。

③ 国際競争がはげしくなり，国際的な分業が加速している。

④ 将来働き手の数が減り，社会の活力が弱くなるおそれがある。

(2) 次の文を読んで，グローバル化への対応にはア，情報化への対応にはイ，少子高齢化への対応にはウを書きなさい。

① 情報を正しく判断して活用する力を身につける。

② 仕事と家庭を両立しやすい環境を整える。

③ 周囲の外国人と，おたがいの文化を尊重して生活する。

④ 情報を使う考え方や態度を身につける。

(1)	①		②		③		④	
(2)	①		②		③		④	

2 次の文を読んで，あとの問いに答えなさい。　　　　　　　　　　　　5点×4（20点）

　　　a 日本の文化は，b 外国との交流と独自の発展を繰り返してきた。c 日本文化のなかには，世界の人々に広く受け入れられるようになったものも多い。

(1) 下線部 a の特徴を，次から1つ選びなさい。

ア 四季の変化に合わせ，自然を大切にしている。

イ 日本国内では多様性はなく，どの地域も同じ文化をもつ。

ウ 現代の生活には，伝統文化は受けつがれていない。

(2) 下線部 b について，次の文化を①外国との交流で生まれた文化，②独自の発展をとげた文化に分けなさい。

ア ユニークな土偶をつくった縄文文化　　イ 稲作を取り入れた弥生文化

ウ 平安時代の国風文化　　　　　　　　　エ 安土桃山時代の南蛮文化

オ 鎖国中の江戸時代の文化　　　　　　　カ 明治時代以降の近代文化

(3) 下線部 c にあてはまらないものを，次から1つ選びなさい。

ア アニメ・漫画　　イ 仏教　　ウ 寿司　　エ 柔道

(1)		(2) ①		②		(3)	

□ 現代の日本社会の特色をおさえる
□ 文化の影響と変化をおさえる
□ 対立と合意，効率と公正をおさえる

自分の得点まで色をぬろう!

😣がんばろう　😐もう一歩　😊合格!

0　　　　　　　　60　　80　　100点

3 右のグラフを見て，次の問いに答えなさい。

5点×4（20点）

(1) 2017年のグラフのうち，核家族を示すものを赤い色でぬりなさい。

(2) 家族のようにたがいに協力し合って集団生活を営み，生きていく人の集まりを何といいますか。

(3) 日本国憲法で，家族生活の根本として定められているものを，次から2つ選びなさい。

ア　個人の尊厳
イ　社会契約
ウ　家制度
エ　両性の本質的平等

家族構成の変化

(2017年「国民生活基礎調査」)

| (1) | グラフ中に記入 | (2) | | (3) | |

4 次の問いに答えなさい。

4点×5（20点）

(1) 次のうち，クラスでの多数決で決めてもよいものを2つ選びなさい。

ア　学級委員になる人　　　イ　個人の放課後のすごし方
ウ　文化祭でのクラスのだしもの　　エ　有志で見に行く映画の種類

(2) きまりについて述べた文として，あやまっているものを，次から1つ選びなさい。

ア　きまりは，集団のなかでの個人個人の意見や利害のちがいを解消する解決策になる。
イ　きまりをつくるときには，個人の尊重の考えが大切である。
ウ　私たちは，受け入れたきまりを守る責任がある。
エ　一度決めたきまりは，何があっても変更してはいけない。

(3) 右の図は，あるお店でのレジのならび方です。Aに比べてBのならび方のよい点について述べた次の文中の①・②にあてはまる言葉を，それぞれ10字程度で簡単に書きなさい。

（ ① ）ので効率がよく，
（ ② ）ので公正である。

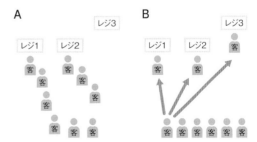

| (1) | | (2) | | |
| (3) ① | | ② | | |

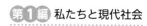

資料活用・思考力問題編

ステージ3　第1編　私たちと現代社会

30分　/100

1 右の資料を見て，次の問いに答えなさい。

10点×3（30点）

(1) 右の資料は災害の際の緊急避難場所に指定されているしょうごさんの中学校にあるものです。この看板が近年のグローバル化を反映している点を1つ書きなさい。

(2) あなたの中学校では，情報化の影響でどのような変化が見られますか。簡単に書きなさい。

(3) あなたの住んでいる地域で少子高齢化が進んだとき，地域の中学校にはどのような変化が起こる可能性がありますか。簡単に書きなさい。

(1)	
(2)	
(3)	

2 次の表を見て，あとの問いに答えなさい。

10点×3（30点）

	科学	宗教
私たちの生活への影響	A	B
負の側面	C	異なる宗教の対立を原因とするテロや紛争が起こっている。

(1) 表中のA・Bにあてはまるものを次からすべて選びなさい。

ア　人工知能（AI）の進化
イ　お盆やクリスマスなどの行事
ウ　五重塔や教会などの建築
エ　新素材を用いた建築技術

(2) 右の資料は2011年3月の新聞記事です。これを参考に，表中のCに入る文を30字程度で書きなさい。

(1)	A		B	
(2)				

3 次の事例について，あとの問いに答えなさい。　10点×3（30点）

- みずきさんは家族3人で遊園地に行き，人気のアトラクションの列にならびました。
- そのアトラクションは4人乗りで，行列の途中から，2人以上のグループと，1人乗り用の列に分かれました。1人乗り用の列には，ほかのグループの空いた席に乗るのでもかまわない人がならびます。
- みずきさんの家族がアトラクションの乗り場に近づいたとき，さっきまでみずきさんの後ろにならんでいた人が，1人乗り用の列からアトラクションに乗るのが見えました。みずきさんの家族はその2回後に乗ることができました。みずきさんは「ちょっとズルくないかな？」と思いました。

(1) このアトラクションのならび方は，「効率」「公正」のどちらの考え方に基づくものですか。次の文中の◯◯にあてはまる語句を書きなさい。

アトラクションの空席をなるべくつくらない◯◯の考え方。

(2) みずきさんは後ろにならんでいた人に先を越されて不満でしたが，このならび方でみずきさんも得をしています。その理由として正しいものを次から選びなさい。

ア　家族3人が別々の回に乗らずにすんだから。

イ　列が速く進んでならぶ時間が短くなっているから。

ウ　1人乗り用の列はおそく進むことが多いから。

(3) この例のほかに「効率」や「公正」の考えから列のならび方のくふうの例としてはどんなものがありますか。1つ書きなさい。

(1)		(2)			
(3)					

4 各学年2クラスずつの中学校で，すべてのクラス代表が参加して，土曜日に行われる球技大会に向けた練習の割り当てを決めました。球技大会はグラウンドで行われますが，練習場所は体育館とグラウンド，また練習時間は水曜日から金曜日までの5・6時間目に限られています。話し合いの結果つくられたのが次の練習割り当て表です。この割り当ての決定の手続きや内容について，「公正」が成立している点を1つ書きなさい。　10点×1（10点）

場所	水曜日		木曜日		金曜日		土曜日
	5時間目	6時間目	5時間目	6時間目	5時間目	6時間目	
グラウンド	1年2組	2年2組	2年1組	1年1組	3年1組	3年2組	球技大会
体育館	3年2組	1年1組	3年1組	1年2組	2年1組	2年2組	

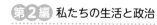

予習・復習　こつこつ　解答 p.3

確認のワーク　ステージ1　第1章　個人の尊重と日本国憲法
1　法に基づく政治と日本国憲法①

📖 **教科書の要点**　（　）にあてはまる語句を答えよう。

1 私たちにとっての政治と民主主義　教 p.36〜37

↓リンカーンの演説

人民の，人民による，人民のための政治。

●**私たちと政治**

◆**政治**▶対立を調整し，秩序を守り，生活をよりよくする。

◆（① 　　　　　）▶政治を行うためにきまり（ルール）を定め，命令を強制する力。

●**民主主義とは／よりよい民主政治のために**

◆（② 　　　　　）**政治**▶かつて国王や貴族が行った，少数の人の意見や利益を優先する政治。
　　　　フランスの絶対王政など

◆（③ 　　　　　）**政治**▶民主主義に基づく政治。

■**民主主義**▶みんなのことはみんなで決める。

■**国民主権**▶国民が政治のあり方を最終的に決める。

■国民が選んだ代表者が議会で議論し決定する。

・全員の意見が一致しない場合，（④ 　　　　　）の原理で決定。
　　　　より多くの人の意見を採用する

・少数意見の（⑤ 　　　　　）も必要。

↓日本国憲法前文（一部）

そもそも国政は，国民の厳粛な信託によるものであって，その権威は国民に由来し，その権力は国民の代表者がこれを行使し，その福利は国民がこれを享受する。

↓立憲主義の憲法

2 法に基づく政治と憲法　教 p.38〜39

●**憲法とは**

◆（⑥ 　　　　　）▶国の基本的なあり方を定めた法。

◆（⑦ 　　　　　）**主義**▶憲法に基づいて政府をつくり，政治を行うことで，権力の濫用を防ぐという考え方。

■**立憲主義の憲法**▶人権の保障や権力の分立を定めた憲法。

◆憲法は国の（⑧ 　　　　　）
　　　最も上位の法

■憲法の改正には慎重な手続きが定められている。

■憲法に違反する**法律**や**命令**は効力をもたない。
　国会が制定　内閣が定める政令や大臣が定める省令

●**個人の尊重と人権の保障**

◆**民主政治の原理**▶個人の尊重と**基本的人権**の保障。

■**個人の尊重**▶一人一人が等しく配慮され，個性を尊重される。

■（⑨ 　　　　　）▶人間として自分らしく生きる権利。

●**法の支配と権力分立**

◆**人の支配から法の支配へ**

■**人の支配**▶権力者が法を制定。

■（⑩ 　　　　　）▶権力者も法に従う。

◆**権力分立**▶権力を分割し，たがいに抑制と均衡をはかる。
　モンテスキューが『法の精神』で主張

↓人の支配と法の支配

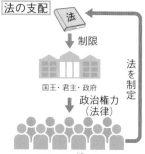

 まるごと暗記　😊立憲主義 憲法に基づいて政治を行う　😊法の支配 権力者も法に従う

📖教科書の 資料 次の問いに答えよう。

(1) 右の図は，法の構成を示しており，上位の法になる
ほど強い効力をもちます。A～Cにあてはまる法を，
⋮⋮からそれぞれ書きなさい。

A（　　　　　　　　　）
B（　　　　　　　　　）
C（　　　　　　　　　）

┌─────────────────┐
│　法律　　　意見　│
│　命令　　　憲法　│
└─────────────────┘

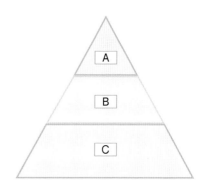

(2) 次の文中の□にあてはまる語句を書きなさい。

①（　　　　　　　　）　②（　　　　　　　　）

憲法に基づいて政治を行うため，憲法は国の ① と
されている。よって，憲法の ② には慎重な手続き
が定められている。

📖教科書 チェック 一問一答 次の問いに答えよう。

/10問中

★は教科書の太字の語句

私たちにとっての政治と民主主義

❶

①人々の意見や利害の対立を調整し，秩序を守り，生活
をよくするはたらきを何といいますか。

☐★①＿＿＿＿＿＿＿＿＿＿

②①を行うために，きまり（ルール）を定め，命令を強
制する力を何といいますか。

☐★②＿＿＿＿＿＿＿＿＿＿

③みんなのことはみんなで決めるという考えを何といい
ますか。

☐★③＿＿＿＿＿＿＿＿＿＿

④③に基づく政治を，「人民の，人民による，人民のた
めの政治」と表現したのはだれですか。

☐④＿＿＿＿＿＿＿＿＿＿

⑤日本国憲法では，政治のあり方を最終的に決めるのは
だれとされていますか。

☐⑤＿＿＿＿＿＿＿＿＿＿

⑥話し合いの際，多数決（たすうけつ）で決定する場合でも尊重しなけ
ればならないものは何ですか。

☐★⑥＿＿＿＿＿＿＿＿＿＿

❷

法に基づく政治と憲法

⑦一人一人が尊厳（そんげん）のある人間として等しく配慮され，個
性を尊重するという原理を何といいますか。

☐★⑦＿＿＿＿＿＿＿＿＿＿

⑧憲法によって保障される，人間として自分らしく生き
るために必要な権利を何といいますか。

☐★⑧＿＿＿＿＿＿＿＿＿＿

⑨法の支配に対し，国王や独裁者が法を定めて人々を支
配することを何といいますか。

☐⑨＿＿＿＿＿＿＿＿＿＿

⑩権力を分割し，互いに抑制と均衡をはかることを何と
いいますか。

☐★⑩＿＿＿＿＿＿＿＿＿＿

知識の泉 中世のヨーロッパでは，王の権力は神から授けられたものという王権神授説が唱えられていま
した。立憲主義の成立は，近代の市民革命など多くの人々の長年にわたる努力の結果です。

予習・復習　こつこつ　解答　p.3

第1章　個人の尊重と日本国憲法
1　法に基づく政治と日本国憲法②

教科書の **要点**（　）にあてはまる語句を答えよう。

❶ 日本国憲法の制定と三つの基本原則　教 p.40〜41

●大日本帝国憲法

◆（①　　　　　　　　　）▶1889年制定。
　　　　　明治憲法
■ 日本初の立憲主義の憲法。

■ **天皇主権**。
　てんのう

■「臣民の権利」は法律の範囲内で保障。
　天皇が国民にあたえる　ほうりつ　はんい　ほしょう

●日本国憲法の制定/三つの基本原則

◆日本国憲法 ▶ 1946年11月3日**公布**，1947年5月3日**施行**。
　にほんこくけんぽう　　　　　　　　　　　しこう

■（②　　　　　　　）宣言に基づく民
　　せんげん
主化政策の一環。

■（③　　　　　　　）の草案をもとに
　　GHQしんぎ
改正案作成→帝国議会で審議・可決。

◆日本国憲法の三つの基本原則

■（④　　　　　　　）**主権**
　　　　　　　しゅけん

■（⑤　　　　　　　）**の尊重**
　　　　　　　そんちょう

■（⑥　　　　　　　）**主義**
　　　　　　　しゅぎ

大日本帝国憲法 1889年2月11日発布		日本国憲法 1946年11月3日公布
欽定憲法	性格	民定憲法
天皇主権	主権	国民主権
法律の範囲内で権利を認める	国民の権利	基本的人権の尊重
兵役・納税・（教育）	国民の義務	普通教育を受けさせる義務・勤労・納税
天皇の協賛機関	議会・国会	国民の代表機関 国権の最高機関，唯一の立法機関
天皇を助けて政治を行う	内閣	議院内閣制（国会に対して責任を負う）
司法権の独立（天皇の名において司法権の行使）	裁判所	司法権の独立
天皇に統帥権，徴兵制	軍隊	もたない（平和主義）

↓日本国憲法の三つの基本原則

❷ 日本国憲法と国民主権　教 p.42〜43

●国民主権

◆国民（⑦　　　　　　　）▶国の政治のあり方を最
　こくみん
終的に決める力は国民にある。

●国民主権と政治参加

◆**議会制民主主義**▶国民が国会を通じて政治に参加。
　ぎかいせいみんしゅしゅぎ

◆政治参加 ▶ 選挙・**国民投票**・**裁判員制度**・**国民審査**
　　　　　　　　　　　憲法改正　国民が裁判に参加　最高裁判所裁判官が適任か判断

●憲法改正

◆憲法は国の最高法規のため，**憲法改正**には厳密な手続き。
　　　　　　　　　　　けんぽうかいせい　　げんみつ

■ **改正の発議**…衆議院・参議院それぞれの総議員の**3分の2**
　　しゅうぎいん
以上の賛成で，**国会**が憲法改正案を発議する。

■（⑧　　　　　　　）▶**過半数**の賛成で改正。
　　　　　　　　　　　　2007年国民投票法が制定。18歳以上の国民に投票権

●象徴としての天皇

◆（⑨　　　　　　　）**の地位**▶日本国と日本国民統合の**象徴**。
　　　　　　　　　　　　　　　　　国政に関する権能をもたない

■ **内閣の助言と承認**により（⑩　　　　　　　）を行う。
　ないかく　　じょげん　しょうにん　　　　　　　　　　　憲法に定められた形式的・儀礼的な行為

↓天皇の国事行為

● 内閣総理大臣の任命
● 最高裁判所長官の任命
● 国会の召集
● 衆議院の解散
● 法律・条約の公布　など

天皇はほかに儀式に出席したり，外国を親善訪問したりするね！

まるごと暗記 国民主権・基本的人権の尊重・平和主義 日本国憲法の三つの基本原則

教科書の 資料 次の問いに答えよう。

(1) 右の図は，日本国憲法改正の手続きを示したものです。**A**にあてはまる国の機関を何といいますか。（　　　　　　　　）

(2) **B・C**にあてはまる語句を，□□□から書きなさい。

B（　　　　　　　　）

C（　　　　　　　　）

3分の1	過半数
3分の2	4分の3

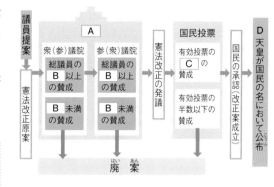

第2編
第1章

(3) **D**は，日本国憲法に定められている天皇が行う形式的・儀礼的行為の1つです。これを何といいますか。（　　　　　　　　　　　）

教科書 チェック 一問一答 次の問いに答えよう。 /10問中

★は教科書の太字の語句

1 日本国憲法の制定と三つの基本原則

①1889年に制定された，日本初の立憲主義の憲法を何といいますか。

□★① _____

②①の憲法で主権をもち，統治権を行使したのはだれですか。

□② _____

③①の憲法で，国民の権利は何の権利として天皇からあたえられましたか。

□③ _____

④第二次世界大戦後に公布された新しい憲法を何といいますか。

□★④ _____

⑤④が公布された年月日はいつですか。

□⑤ _____

2 日本国憲法と国民主権

⑥国の政治のあり方を最終的に決める権利は国民にあるという，④の基本原則の1つは何ですか。

□★⑥ _____

⑦国民が国会を通じて政治に参加するしくみを何といいますか。

□★⑦ _____

⑧国民が国民投票を行うのは何について賛否を示すためですか。

□★⑧ _____

⑨日本国憲法で，天皇は日本国と日本国民統合の何とされましたか。

□⑨ _____

⑩天皇が行う国事行為に助言と承認をあたえる機関を何といいますか。

□⑩ _____

 知識の泉 日本国憲法公布の11月3日は文化の日，施行の5月3日は憲法記念日という国民の祝日。大日本帝国憲法が発布された2月11日は紀元節という記念日（現在は建国記念の日）でした。

こつこつ　テスト直前　解答 p.4

第1章　個人の尊重と日本国憲法
1　法に基づく政治と日本国憲法

1 **民主主義**　次の文を読んで，あとの問いに答えなさい。

　　16〜18世紀のヨーロッパでは，<u>a国王が大きな政治権力をもち，一部の人の利益を優先する政治</u>を行っていた。しかし，<u>b政治は国民の手で国民のために行われるべき</u>で，<u>c政治権力も法に従わなければならないという主張</u>が生まれた。現在は，少数意見を尊重しながらも，（　A　）の原理に基づいて政治的な決定を行うことが一般的である。

(1)　下線部 a のような政治を何といいますか。　　　　　　　（　　　　　　　　　）

(2)　下線部 b の考えに基づき行われる政治を何といいますか。（　　　　　　　　　）

(3)　下線部 c を何といいますか。次から選びなさい。　　　（　　　　　）

　　ア　人の支配　　　イ　神の支配
　　ウ　法の支配　　　エ　形の支配

(4)　A にあてはまる語句を書きなさい。

　　　　　　　　　　　　　　　　　　　（　　　　　　　　　）

> **ヒントの森**
> (1)○○政治といいます。
> (4)全会一致で決めるのは時間がかかり，効率的ではありません。

2 **立憲主義**　右の図を見て，次の問いに答えなさい。

(1)　A にあてはまる語句を書きなさい。

　　　　　　　（　　　　　　　　　）

(2)　下線部 a について，次の文中の　　にあてはまる語句を，それぞれ書きなさい。

　　①（　　　　　　　）　②（　　　　　　　）

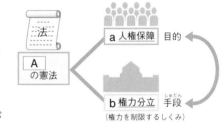

　　民主政治を実現するためには，私たち一人一人が ① として尊重され，人間として自分らしく生きるために必要な ② 的人権を保障されなければならない。

(3)　下線部 b について，次の文中の①〜③にあてはまる語句を，　　からそれぞれ書きなさい。

　　①（　　　　　　　）　②（　　　　　　　）　③（　　　　　　　）

　　権力が集中して強大になると，① されて私たちの自由がおびやかされる危険があるので，権力を分割することで，たがいに ② し合い，③ をはかることができる。

> 濫用　抑制　調整　均衡

(4)　憲法に違反する法律や命令は無効です。これは，憲法が国の何とされているからですか。

　　　　　　　　　　　　　　　　　　　（　　　　　　　　　）

> **ヒントの森**
> (1)憲法に基づいて政治を行う考え方。
> (2)いずれも漢字2字。

❸ 大日本帝国憲法と日本国憲法　右の表を見て，次の問いに答えなさい。

(1)　A〜Fにあてはまる語句を，◻︎からそれぞれ書きなさい。

A（　　　　　）
B（　　　　　）
C（　　　　　）
D（　　　　　）
E（　　　　　）
F（　　　　　）

◻︎
天皇（てんのう）　国民
法律（ほうりつ）　尊重
欽定（きんてい）　民定

	大日本帝国憲法		日本国憲法
性　格	（ A ）憲法（君主が定める）		（ B ）憲法（国民が定める）
主権者	（ C ）主権		（ D ）主権
権　利	（ E ）の範囲内で権利を認める	国民の	基本的人権の（ F ）

(2)　次の文中の◻︎にあてはまる語句を，それぞれ書きなさい。

①（　　　　　）　②（　　　　　）

日本国憲法は，1946年11月3日に①され，1947年5月3日に②された。

ヒントの森
(2)①成立した法律を広く国民に知らせること。②法律を実施すること。
(4)国際協調と戦争放棄の考え。

(3)　天皇は日本国憲法では，日本国と日本国民統合の何となりましたか。（　　　　　）

(4)　表には，日本国憲法の3つの基本原則のうちの2つまでが示されています。あと1つは何ですか。（　　　　　）

❹ 国民の政治参加　次の文を読んで，あとの問いに答えなさい。

　日本では，国民は，（ A ）権を行使して国会議員を選び，a国会を通じて政治のあり方を決めている。また，b憲法改正の際の（ B ），裁判員制度，国民審査などによっても政治に参加することができる。

(1)　A・Bにあてはまる語句を，それぞれ書きなさい。

A（　　　　　）　B（　　　　　）

(2)　下線部aを何といいますか。（　　　　　）

(3)　下線部bについて，次の文中の◻︎から正しいものをそれぞれ選びなさい。

①（　　　　）　②（　　　　）　③（　　　　）

憲法改正の発議は，両議院の①｛総議員　出席議員｝の②｛過半数　3分の2以上｝の賛成で，③｛国会　裁判所｝が発議する。

(4)　下線部bについて，憲法を公布するのは天皇の国事行為です。このほかに，国事行為にあてはまることを，次から3つ選びなさい。（　　　）（　　　）（　　　）

ア　内閣総理大臣を任命する。　　イ　条約を結ぶ。
ウ　最高裁判所長官を選ぶ。　　エ　国会を召集する。
オ　地方自治体の首長を選ぶ。　　カ　衆議院を解散する。

ヒントの森
(1)A投票すること。
(3)憲法改正の手続きは法律改正よりきびしくなっています。
(4)天皇は形式的・儀礼的な行為のみ行います。何かを選ぶことは権力の行使です。

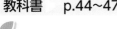

第1章　個人の尊重と日本国憲法
2　日本国憲法と基本的人権①

教科書の 要点 （　）にあてはまる語句を答えよう。

1 人権思想のあゆみと日本国憲法　教 p.44〜45

人権思想の誕生

◆基本的人権（人権）▶人が生まれながらにもつ権利。

　■個人の尊重の原理に基づく。

　■アメリカ独立宣言やフランス人権宣言に導入。

人権思想の発展

◆（①　　　　　）権

　■19世紀までは，財産権や信教の自由を求める。

◆（①　　　　　）権

　■（③　　　　　　　　　　）経済の発展で貧富の差が広がり，国
　に人間らしい生活の保障を求める。
　（保障　産業革命で発達）

　■ドイツの（④　　　　　　　　　　）で確立。

日本国憲法の人権保障

◆個人の尊重▶基本的人権として，自由権・平等権・社会権・
　参政権などを保障。

◆生まれながらの権利▶子どもにも人権がある。
　（児童（子ども）の権利条約を採択）

2 自由に生きる権利　教 p.46〜47

自由権とは/精神の自由/生命・身体の自由/経済活動の自由

◆自由権▶国から不当な干渉や妨害を受けない権利。

　■精神の自由，生命・身体の自由，経済活動の自由がある。

◆（⑤　　　　　　）▶自由に考え，自由
　に生きる権利。

　■（⑥　　　　　　）の自由は，他の人
　権を守るためにも重要。検閲は禁止。
　（政府が内容を審査・判断すること）
　（自分が正しいと思ったことを言える）

◆（⑦　　　　　　）▶正当な理由なく捕
　らえられたり拘束されたりしない権利。

　■逮捕には裁判官の令状（逮捕状）が必要。

◆（⑧　　　　　　）▶職業や居住地を自
　由に選ぶことができ，財産を勝手に取り上
　げられない。国の規制を受けることがある。

　■（⑨　　　　　　）の原則。
　（自分の意思で契約を結べる）

　■（⑩　　　　　　）制度。
　（自分の財産を所有できる）

　■知的財産権。
　（著作権や特許権など）

↓人権思想のあゆみ

1215	マグナ＝カルタ（イギリス）
1689	権利の章典（イギリス）
1776	アメリカ独立宣言（アメリカ）
1789	フランス人権宣言（フランス）
1889	大日本帝国憲法（日本）
1919	ワイマール憲法（ドイツ）
1946	日本国憲法（日本）
1948	世界人権宣言（国際連合）

人権を獲得するまでには長い歴史があったんだね。

↓基本的人権

自由権	社会権	参政権など
人間が自由に生きるための権利	人間らしい生活を求める権利	人権の保障を実現するための権利
平等権		
個人の尊重		

↓自由権

●精神の自由
・思想・良心の自由（第19条）
・信教の自由（第20条）
・集会・結社・表現の自由など（第21条）
・学問の自由（第23条）
●生命・身体の自由
・奴隷的拘束・苦役からの自由（第18条）
・法定の手続きの保障（第31条）
・逮捕・拘禁などに対する保障（第33〜35条）
・拷問・残虐な刑罰の禁止（第36条）
・刑事手続きの保障（第37〜39条）
●経済活動の自由
・居住・移転と職業選択の自由（第22条）
・財産権（第29条）

😊 まるごと暗記 　😐 基本的人権　人が生まれながらにもつ権利　　😊 自由権　精神，生命・身体，経済活動の自由

📖 教科書の 資料　次の問いに答えよう。

(1) A～Cの人物名を，それぞれ書きなさい。

A （　　　　　　　　）

B （　　　　　　　　）

C （　　　　　　　　）

(2) 下線部a～cにあてはまる語句を，　　　からそれぞれ書きなさい。

a （　　　　　　　　）

b （　　　　　　　　）

c （　　　　　　　　）

A 	B	C 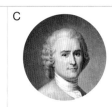
イギリスの思想家 (1632～1704)	フランスの思想家 (1689～1755)	フランスの思想家 (1712～1778)
『統治二論』で，a政府は国民の契約で成り立つと説く。	『法の精神』で，b権力を分割して濫用を防ぐ考えを説く。	『社会契約論』で，c政治は人民の手で行うべきであると説く。

人民主権　　資本主義　　権力分立　　社会契約説

📖 教科書 チェック 一問一答　次の問いに答えよう。　/10問中

★は教科書の太字の語句

1 人権思想のあゆみと日本国憲法

① 人が生まれながらにもっている権利を何といいますか。

★①_____

② 1215年にイギリスで制定された，国王の権利を制限する文書を何といいますか。

②_____

③ 1689年にイギリス議会が国王に認めさせた，国王と議会の権利を明らかにした文書を何といいますか。

③_____

④ 1919年にワイマール憲法が制定された国はどこですか。

④_____

⑤ 1948年に国際連合で採択された人権に関する宣言を何といいますか。

⑤_____

2 自由に生きる権利

⑥ 自由権のうち，信教の自由や表現の自由などを何といいますか。

★⑥_____

⑦ 出版物や映画などの内容を審査し，不適当と判断した場合，その発表を禁止する行為を何といいますか。

⑦_____

⑧ 自由権のうち，奴隷的拘束・苦役からの自由などを何といいますか。

★⑧_____

⑨ 逮捕に必要な令状を発行するのはだれですか。

⑨_____

⑩ 自由権のうち，居住・移転と職業選択の自由や財産権などを何といいますか。

★⑩_____

📖 知識の泉　表現の自由は認められていますが，ほかの人の文章や音楽を勝手にコピーしてはいけません。ほかの人の著作権を侵すことになるからです。

第1章　個人の尊重と日本国憲法
2　日本国憲法と基本的人権②

教科書の **要点** （　　）にあてはまる語句を答えよう。

❶ 等しく生きる権利
教 p.48〜49

●平等権とは/男女共同参画社会をめざして

◆平等権▶だれもが平等にあつかわれる権利。

■日本国憲法は法の下の平等を掲げる。

◆男女（①　　　　　）均等法
女子差別撤廃条約を受けて制定

◆男女共同参画社会基本法▶男女共同参画社会をつくる。

●障がいのある人とともに生きる社会/日本に住んでいる外国人

◆障害者差別解消法▶不当な差別の禁止。合理的配慮の提供。

◆ともに生活するためバリアフリー化，ユニバーサルデザイン。

❷ 差別のない社会へ
教 p.52〜53

●部落差別/アイヌ民族への差別/在日韓国・朝鮮人差別

◆（②　　　　　　　　）差別▶被差別部落出身者への差別。

◆先住民族への差別▶（③　　　　　　）民族への差別。

■アイヌ施策推進法を制定し，アイヌ民族を先住民族と明記。
北海道などに住む

◆在日（④　　　　　　）人への差別
日本の植民地時代に移住してきた朝鮮の人とその子孫で、日本国籍をもたない

❸ 人間らしい生活を営む権利
教 p.54〜55

●社会権とは/生存権/教育を受ける権利/勤労の権利と労働基本権

◆社会権▶国に人間らしい生活を求める権利。

◆生存権▶健康で文化的な最低限度の生活を営む権利。
社会保障の充実

◆（⑤　　　　　　　）を受ける権利▶義務教育は無償。

◆（⑥　　　　　　　）の権利▶労働基準法・最低賃金法。

◆（⑦　　　　　　　）権（労働三権）▶労働者の権利。

■団結権…労働組合をつくる。

■団体交渉権…使用者と対等の立場で交渉。

■団体行動権（争議権）…ストライキをする。

❹ 人権の保障を確実にするために
教 p.56〜57

●参政権/法による救済を求める権利（請求権）

◆参政権▶政治に参加する権利。

■選挙権・被選挙権▶議員などを選び，立候補する。

■（⑧　　　　　　）権▶国や地方公共団体に，苦情や希望を述べる。

◆（⑨　　　　　　）権▶人権侵害の救済を求める。

■（⑩　　　　　　）を受ける権利
権利を侵害されたとき

↓日本国憲法の平等に関する条文

● 法の下の平等（第14条）
● 選挙の平等
　（第15条③，第44条）
● 家族生活における平等
　（第24条）
● 教育の機会均等（第26条）

↓差別をなくすための取り組み

● 部落差別
・全国水平社
・同和対策審議会
・同和対策事業特別措置法
・人権教育・啓発推進法
・部落差別解消推進法
● アイヌ民族への差別
・アイヌ文化振興法
・アイヌ民族を先住民族と
　することを求める決議
・アイヌ施策推進法
● 在日韓国・朝鮮人差別
・差別的言動解消推進法

↓日本国憲法の参政権と請求権

● 参政権
・公務員の選定・罷免権
　（第15条①）
・選挙権
　（第15条③, 43条, 44条, 93条）
・被選挙権（第44条）
・最高裁判所裁判官の国民審査
　（第79条）
・地方自治特別法の住民投票
　（第95条）
・憲法改正の国民投票（第96条）
・請願権（第16条）
● 請求権
・国家賠償請求権（第17条）
・裁判を受ける権利（第32条）
・刑事補償請求権（第40条）

まるごと暗記 ・生存権 憲法第25条で保障 ・労働基本権 団結権・団体交渉権・団体行動権（争議権）

教科書の 資料 次の問いに答えよう。

(1) 資料1のように障がいのある人や高齢者にとっての障壁（しょうへき）を（こうれい）なくすことを何といいますか。（　　　　　　　　）

(2) 資料2のようにだれでも使いやすいデザインを何といいますか。（　　　　　　　　）

(3) 資料1・2は，だれでも等しく生きる権利を保障（ほしょう）する取り組みです。この権利を何といいますか。

（　　　　　　　　）

(4) 障がいのあるなしにかかわらずともに生きる社会の実現に向け，障がいを理由とした差別を禁止している法律を何といいますか。（　　　　　　　　）

資料1

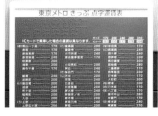

第2編 第1章

資料2

教科書 一問一答 チェック 次の問いに答えよう。 /10問中

★は教科書の太字の語句

1 等しく生きる権利

①日本国憲法第14条（けんぽう）には，日本国民はすべて何の下に平等であると規定していますか。

□★① ＿＿＿＿＿＿

②男女がともに，社会や家族生活を含めた（ふく）あらゆる分野で責任を担い（にな）協力する社会を何といいますか。

□★② ＿＿＿＿＿＿

3 人間らしい生活を営む権利

③国に人間らしい生活を求める権利を何といいますか。

□★③ ＿＿＿＿＿＿

④健康で文化的な最低限度の生活を営む権利を何といいますか。

□★④ ＿＿＿＿＿＿

⑤賃金や労働時間などの最低基準を定めた法律（ほうりつ）を何といいますか。

□★⑤ ＿＿＿＿＿＿

⑥労働者が労働組合をつくる権利を何といいますか。

□★⑥ ＿＿＿＿＿＿

⑦労働者が使用者と対等な立場で，賃金などの労働条件について交渉する権利を何といいますか。

□★⑦ ＿＿＿＿＿＿

⑧労働者がストライキなどを行う権利を何といいますか。

□★⑧ ＿＿＿＿＿＿

4 人権の保障を確実にするために

⑨政治に参加する権利を何といいますか。

□★⑨ ＿＿＿＿＿＿

⑩国会議員や地方議会議員，知事や市町村長を選ぶ権利を何といいますか。

□★⑩ ＿＿＿＿＿＿

知識の泉 「身体障害者補助犬法」で対象になっている補助犬とは，「盲導犬（もうどう）」，「聴導犬（ちょうどう）」，「介助犬（かいじょ）」の3種類の犬のことです。

予習・復習 こつこつ 解答 p.5

確認のワーク ステージ1

第1章 個人の尊重と日本国憲法
2 日本国憲法と基本的人権③

教科書の 要点 （ ）にあてはまる語句を答えよう。

① 社会の変化と人権保障−情報化と人権− 教 p.58〜59

● **新しい人権**▶社会の変化にともなって生まれる。
　◆**幸福追求権**などを根拠に保障される。
● **知る権利**▶国民が国や地方公共団体の活動を知る権利。
　◆（① 　　　　　　　）制度が整備される。
● **プライバシーの権利**▶私生活を干渉されない権利。
　◆**自己情報コントロール権**を含む。
　◆（② 　　　　　　　）制度が整備される。

② 社会の変化と人権保障−科学技術と人権− 教 p.62〜63

● **環境権**▶人間らしく生活できる環境を求める権利。
　◆**環境基本法**の制定。**環境**（③ 　　　　　　　）**の実
　施**▶開発にあたり，事前に自然への影響を調査。
● （④ 　　　　　　　）▶生き方や生活のスタイルを自分で決め
　る権利。
　◆**インフォームド・コンセント**▶病気について正しい説明を受
　け，治療などの医療行為を自分の責任で選ぶ。
　◆**尊厳死・臓器提供**を望むかどうかの意思表示。
● **科学技術の発展と人権**
　◆（⑤ 　　　　　　　）**診断**▶差別やプライバシーの問題。
　◆**クローン技術**▶人間への応用は法律で禁止。

③ 国際的な人権の保障 教 p.64〜65

● **人権保障の国際的な広がり**
　◆**世界人権宣言**（1948年）▶共通の人権保障の水準を示す。
　◆（⑥ 　　　　　　　）（1966年）▶法的拘束力をもつ。
　◆**児童（子ども）の権利条約**（1989年）。
● **グローバルな人権問題**▶個人が訴える裁判所はない。
　◆（⑦ 　　　　　　　）（非政府組織）などが取り組む。

④ 公共の福祉と国民の義務 教 p.66〜67

● **人権と公共の福祉／国民の義務**
　◆**人権保障の限界**▶（⑧ 　　　　　　　）により制限。
　◆**国民の義務**▶日本国憲法で規定。
　　■**子どもに**（⑨ 　　　　　　　）**を受けさせる義務**。
　　■（⑩ 　　　　　　　）**の義務**。■**納税の義務**。

↓人権に関する主な国際条約

条約（ ）は採択年	日本の批准年
集団殺害防止条約（1948年）	未批准
難民条約（1951年）	1981年
婦人参政権条約（1953年）	1955年
人種差別撤廃条約（1965年）	1995年
国際人権規約（1966年）	1979年
女子差別撤廃条約（1979年）	1985年
拷問禁止条約（1984年）	1999年
児童の権利条約（1989年）	1994年
死刑廃止条約（1989年）	未批准
障害者権利条約（2006年）	2014年

↓公共の福祉による人権制限の例

人権の内容	制限される場合
表現の自由	名誉を傷つける行為の禁止
	選挙運動の制限
集会・結社の自由	デモの規制
居住・移転の自由	感染症による強制入院
営業の自由	資格のない人の営業の禁止
	企業の不公正な取り引きの禁止
	希少動物の取り引きの禁止
労働基本権	公務員のストライキの禁止
財産権の保障	不備のある建築の禁止
	道路や空港建設のための土地の収用

自分の人権だけ主張して，ほかの人の人権を侵害してはいけないよ！

まるごと暗記 公共の福祉 他の人の人権や社会のため，人権が制限される

教科書の 資料 次の問いに答えよう。

(1) 資料1は何に対する意思を表示するカードですか。（　　　　）

(2) 自分のことを自分で決める権利を何といいますか。（　　　　）

(3) 資料2のビルの上の部分が斜面（しゃめん）になっているのは，周りの家の何という権利のための配慮（はいりょ）ですか。（　　　　）

(4) 資料3のように建物の高さや外観，看板（かんばん）のデザインを規制するのは，町の何を守るための配慮ですか。（　　　　）

(5) 人権どうしが対立したときに他の人の人権を守るために人権が制限されることを何といいますか。（　　　　）

資料1

臓器提供意思表示カード

資料2

資料3

第2編
第1章

教科書 一問一答 チェック 次の問いに答えよう。

/10問中

★は教科書の太字の語句

1 社会の変化と人権保障

①日本国憲法（けんぽう）に明記されていないが，社会の変化にともなって認（みと）められるようになった人権を何といいますか。 ★①＿＿＿＿

②国民が，政治について正しい判断を下すために，国や地方公共団体の情報を求める権利を何といいますか。 ★②＿＿＿＿

③私生活を他人から不当に干渉されない権利を何といいますか。 ★③＿＿＿＿

④③のうち，行政機関や民間企業（きぎょう）がもつ自分の情報を自分で管理する権利を何といいますか。 ④＿＿＿＿

⑤③のうち，自分の顔や姿（すがた）を無断で写真やビデオに使われたり，公表されたりしない権利を何といいますか。 ⑤＿＿＿＿

2 ⑥生存権と関係が深い，人間らしく生活できる環境を求める権利を何といいますか。 ★⑥＿＿＿＿

3 人権の国際的な保障 ⑦1948年に国際連合の総会で採択（さいたく）された，達成すべき共通の人権保障の水準を掲（かか）げた宣言を何といいますか。 ★⑦＿＿＿＿

⑧18歳未満（さい）の子どもの生きる権利，育つ権利，守られる権利，参加する権利を保障する条約を何といいますか。 ★⑧＿＿＿＿

4 公共の福祉と国民の義務 ⑨日本国憲法に定められた，国民が国家の一員として果たすべきことがらを何といいますか。 ⑨＿＿＿＿

⑩⑨のうち，税金を納めなければならないことを何といいますか。 ★⑩＿＿＿＿

 知識の泉 世界の人々の人権を守るために「アムネスティ・インターナショナル」や「国境なき医師団」などの団体が活動しています。

定着のワーク　ステージ2　第1章　個人の尊重と日本国憲法
2　日本国憲法と基本的人権

こつこつ　テスト直前　解答 p.5

1 人権思想のあゆみ　右の年表を見て，次の問いに答えなさい。

よく出る (1)　A〜Cにあてはまる人物名を，それぞれ書きなさい。

A（　　　　　　　　）　　B（　　　　　　　　）

C（　　　　　　　　）

(2)　a・bが出された国はどこですか。

（　　　　　　　　　　　）

(3)　c・dで確立した権利を2つ書きなさい。

（　　　　　　　）（　　　　　　　）

よく出る (4)　eで初めて保障された，人間らしい生活を営む権利を何といいますか。

（　　　　　　　　　）

レベルUP (5)　fについて，次の文は日本国憲法の条文です。①〜④にあてはまる語句をそれぞれ書きなさい。

①（　　　　　　　）　　②（　　　　　　　）

③（　　　　　　　）　　④（　　　　　　　）

年	できごと
1215	マグナ＝カルタ……………a
1689	権利の章典………………b
	（ A ）が『統治二論』を出版
1748	（ B ）が『法の精神』を出版
1762	（ C ）が『社会契約論』を出版
1776	アメリカ独立宣言…………c
1789	フランス人権宣言………d
1889	大日本帝国憲法
1919	ワイマール憲法…………e
1946	日本国憲法………………f
1948	世界人権宣言……………g

　　第12条　この憲法が国民に保障する自由及び権利は，国民の不断の（ ① ）によって，これを保持しなければならない。又，国民は，これを（ ② ）してはならないのであって，常に（ ③ ）のためにこれを利用する責任を負ふ。

　　第13条　すべて国民は，（ ④ ）として尊重される。

ヒントの森
(2)bは名誉革命のとき定められました。
(3)財産権や信教の自由，特権の廃止。
(5)②みだりに使う。
　③社会全体の利益。

(6)　gについて，この宣言を採択した国際機関を何といいますか。

（　　　　　　　　　　　　）

2 自由権・平等権　次の問いに答えなさい。

よく出る (1)　次の権利のうち，精神の自由にはア，生命・身体の自由にはイ，経済活動の自由にはウを書きなさい。

①　奴隷的拘束・苦役からの自由（　　　）　　②　学問の自由（　　　）

③　居住・移転と職業選択の自由（　　　）　　④　拷問の禁止（　　　）

⑤　集会・結社・表現の自由　（　　　）　　⑥　財産権（　　　）

(2)　次の①〜③の差別を解消する取り組みについて，（　　）にあてはまる語句を書きなさい。

①（　　　　　　）　　②（　　　　　　）　　③（　　　　　　）

①　男女差別→男女（　　　）社会基本法

②　部落差別→（　　　）対策審議会の答申

③　先住民族への差別→（　　　）施策推進法

ヒントの森
(1)ア・イ・ウは2つずつあります。

全部できたら，➡に✔をかいて😊にしよう！　😐😐😊

③ 社会権・人権の保障を実現するための権利　右の表を見て，次の問いに答えなさい。

(1) A・Bには，国民の権利でもあり，義務でもある語句があてはまります。あてはまる語句を，それぞれ書きなさい。

A（　　　　　　　）
B（　　　　　　　）

社会権
・生存権…………a
・（ A ）を受ける権利
・（ B ）の権利
・労働基本権……b

| 人権の保障を実現する
ための権利 |
| --- |
| ・参政権………c |
| ・請求権………d |

(2) aについて述べた次の日本国憲法第25条の条文中の①～③にあてはまる語句を，それぞれ書きなさい。

①（　　　　　　　）　②（　　　　　　　）　③（　　　　　　　）

すべて国民は，（ ① ）で（ ② ）的な（ ③ ）の生活を営む権利を有する。

(3) aを保障するために国が行っている，公的扶助・社会保険・社会福祉などを何といいますか。
（　　　　　　　　　　）

(4) bのうち，団結権とは，労働者が何を結成する権利ですか。（　　　　　　　　　　）

(5) cのうち，国会議員や知事に立候補する権利を何といいますか。（　　　　　　　　　　）

(6) dについて，ハンセン病患者が国に人権を侵害されたとして賠償金を支払うよう求めたのは，何という権利に基づいた行為ですか。次から1つ選びなさい。　（　　　）

ア　請願権　　　　イ　刑事補償請求権
ウ　国民審査権　　エ　国家賠償請求権

ヒントの森
(1)国民の義務のあと1つは納税の義務。
(5)選挙される権利。
(6)2つは参政権。

④ 新しい人権　次の文を読んで，あとの問いに答えなさい。

A　行政のもつさまざまな情報を手に入れることができる権利
B　個人が自分の生き方や生活のしかたについて自由に決定する権利
C　個人の私的なことがらを他人の干渉から守る権利
D　人間らしい生活環境を求める権利

(1) A～Dの権利をそれぞれ何といいますか。

A（　　　　　　　）　B（　　　　　　　）
C（　　　　　　　）　D（　　　　　　　）

(2) A～Dの権利は，憲法に明記されてはいませんが，憲法第13条で保障されたある権利に基づいて認められるようになりました。この権利を何といいますか。（　　　　　　　　　　）

(3) A～Dに関係の深いことがらを，次からそれぞれ選びなさい。

A（　　）　B（　　）　C（　　）　D（　　）

ア　個人情報保護制度　　イ　尊厳死
ウ　情報公開制度　　　　エ　日照権

ヒントの森
(3)ア個人の情報を守る制度。イ延命治療の拒否を自分で決める。ウ情報の公開を求める制度。エ建物の日当たりを守る権利。

第1章 個人の尊重と日本国憲法
3 日本の平和主義

📖教科書の 要点 （　）にあてはまる語句を答えよう。

❶ 日本国憲法の平和主義　　　　　　　　数 p.70〜71

● 日本国憲法の前文と第9条

◆ **平和主義** ▶ 戦争を放棄して，世界の平和のために貢献するという日本国憲法の基本原則。**前文**と**第9条**に明記。

◆ 第（①　　　　　　）条

■ **戦争の**（②　　　　　　）▶ 二度と戦争をしない。

■（③　　　　　　）の不保持 ▶ 軍隊をもたない。

■（④　　　　　　）の否認 ▶ 戦争をする権利をもたない。

● 自衛隊と自衛権

◆ **自衛隊** ▶ 日本の防衛を主たる任務とする組織。

■ 朝鮮戦争を機に**警察予備隊**を設置。

■ 保安隊をへて，1954年，**自衛隊**となる。

◆ 自衛隊をめぐる意見のちがい

■ 「**戦力**」にあたる ▶ 自衛隊の装備は自衛をこえている。

■ 「**戦力**」にあたらない ▶ 主権国家には**自衛権**があり，自衛隊は（⑤　　　　　　）のための必要最小限の実力。

◆ 日本の防衛の原則

■ **専守防衛** ▶ 攻撃を受けてから防衛力を使う。

■（⑥　　　　　　）▶ 核兵器を「もたず」「つくらず」「もちこませず」。

■（⑦　　　　　　）（シビリアンコントロール）▶ 内閣総理大臣・国務大臣は，現役の軍人以外。国会が法律や予算で自衛隊の組織や行動を決定。

❷ 日米安全保障条約と日本の国際貢献　数 p.72〜73

● 日米安全保障条約と日本の安全保障

◆（⑧　　　　　　）▶ 日本の安全と極東の国際平和を目的に結ぶ。

■ 日本国内にアメリカ軍の駐留。在日アメリカ軍基地は（⑨　　　　　　）県に集中。

● 集団的自衛権と政府の憲法解釈の変更

◆ **集団的自衛権** ▶ 憲法解釈を変更し，限定的に認められる。

● 自衛隊の国際貢献

◆ 国連の（⑩　　　　　　）（PKO）への参加など。

↓日本国憲法前文

……政府の行為によって再び戦争の惨禍が起ることのないやうにすることを決意し……この憲法を確定する。

日中戦争や第一次世界大戦

↓憲法第9条

①日本国民は，正義と秩序を基調とする国際平和を誠実に希求し，国権の発動たる戦争と，武力による威嚇又は武力の行使は，国際紛争を解決する手段としては，永久にこれを放棄する。

②前項の目的を達するため，陸海空軍その他の戦力は，これを保持しない。国の交戦権は，これを認めない。

↓世界の平和主義にかかわる年表

1914〜18	第一次世界大戦
1920	国際連盟設立
1928	不戦条約（国際紛争の解決手段としての戦争の否定）
1939〜45	第二次世界大戦
1945	国際連合設立
1946	・フランス第四共和国憲法制定 ・日本国憲法制定
1947	・イタリア憲法制定
1949	・ドイツ基本法制定

・は戦争放棄について定めた条文をもつ憲法。

😊まるごと暗記　😶集団的自衛権 攻撃された同盟国と共同で防衛行動　😶平和維持活動（ＰＫＯ）自衛隊も参加

📖教科書の 資料　次の問いに答えよう。

(1) 沖縄が戦場となった戦争を何といいますか。

（　　　　　　　　　）

(2) 沖縄が日本に復帰したのは何年のことですか。次から選びな
さい。　　　　　　　　　　　　　　　　　　　　（　　　）

　ア　1951年　　イ　1965年　　ウ　1972年　　エ　1999年

(3) 右の地図のように，アメリカ軍基地が沖縄にあるのは，何と
いう条約に基づいていますか。　　　（　　　　　　　　　）

(4) 沖縄県には，在日アメリカ軍基地の面積のどれくらいがあり
ますか。次から選びなさい。　　　　　　　　　（　　　）

　ア　約15%　　イ　約30%

　ウ　約50%　　エ　約70%

沖縄の軍用地

（沖縄県資料）

📖教科書 一 問 一 答 　次の問いに答えよう。

/10問中

★は教科書の太字の語句

①
日本国憲法の平和主義

①日本国憲法の基本原則の１つで，戦争を放棄し，世界
の平和のために貢献することを何といいますか。

★
□①＿＿＿＿＿＿＿

②①が明記されているのは，日本国憲法の第９条とどこ
ですか。

□②＿＿＿＿＿＿＿

③1954年に発足した，日本の平和と安全を守る組織を何
といいますか。

★
□③＿＿＿＿＿＿＿

④主権国家がもつ，自らを守る権利を何といいますか。

★
□④＿＿＿＿＿＿＿

⑤日本の防衛の原則のうち，相手の攻撃を受けてから初
めて防衛力を使うことを何といいますか。

□⑤＿＿＿＿＿＿＿

⑥核兵器を「もたず」「つくらず」「もちこませず」とい
う原則を何といいますか。

□⑥＿＿＿＿＿＿＿

⑦現役の軍人でない人や国会が自衛隊を統制することを
何といいますか。

□⑦＿＿＿＿＿＿＿

②
日米安全保障条約と日本の国際貢献

⑧テロとの戦いや日本をとりまく安全保障環境の変化の
なか，日本が防衛協力を強化している国はどこですか。

□⑧＿＿＿＿＿＿＿

⑨他国に対する武力攻撃（こうげき）があったとき，その国と共同し
て防衛行動をとる権利を何といいますか。

★
□⑨＿＿＿＿＿＿＿

⑩国連の平和維持活動（へいわいじかつどう）をアルファベット３字で何といい
ますか。

★
□⑩＿＿＿＿＿＿＿

知識の泉　中央アメリカのコスタリカは人口510万人の小さな国ですが，軍隊をもっていません。イタリア・
ドイツ・パナマ・韓国・フィリピンなども憲法で侵略戦争を放棄しています。

こつこつ　テスト直前　解答 p.7

定着のワーク　ステージ2

第1章　個人の尊重と日本国憲法

3　日本の平和主義

1 第二次世界大戦と平和主義　次の文を読んで，あとの問いに答えなさい。

　日本は，（　A　）や第二次世界大戦で，ほかの国に大きな損害をあたえた。国内でも（　B　）が地上戦の舞台となり，（　C　）や（　D　）には原子爆弾を投下されて，多くの犠牲者を出した。現在は，核軍縮や核廃絶を世界に訴えている。

(1)　Aにあてはまる，1937年から8年続いた戦争を何といいますか。

（　　　　　　　　　　　　）

(2)　Bについて，次の問いに答えなさい。

①　Bにあてはまる地域名を書きなさい。　　（　　　　　　　　　　）

②　第二次世界大戦末期にBに上陸し，戦後Bを占領した国はどこですか。

（　　　　　　　　　　　　）

(3)　C・Dの都市は，いずれも1945年8月に原子爆弾が投下されました。右上の写真は，Cの都市の原子爆弾投下直後のものです。C・Dの都市名を書きなさい。

C（　　　　　　　　　）　D（　　　　　　　　　）

ヒントの森
(1)中国との戦争です。
(3)C写っている建物は，世界遺産に登録され今もCに残っています。

2 平和主義の憲法　次の条文を読んで，あとの問いに答えなさい。

①日本国民は，正義と秩序を基調とする国際平和を誠実に希求し，国権の発動たる（　A　）と，（　B　）による威嚇又は（　B　）の行使は，国際（　C　）を解決する手段としては，永久にこれを放棄する。
②前項の目的を達するため，陸海空軍その他の（　D　）は，これを保持しない。国の（　E　）権は，これを認めない。

(1)　A~Eにあてはまる語句を，　　　　からそれぞれ書きなさい。

A（　　　　　　　　　）　B（　　　　　　　　　）
C（　　　　　　　　　）　D（　　　　　　　　　）
E（　　　　　　　　　）

交戦　　武力　　戦力
紛争　　戦争

(2)　上の条文は，日本国憲法の第何条ですか。次から選びなさい。　　（　　　　　）

ア　第1条　　イ　第9条　　ウ　第12条　　エ　第25条

(3)　この条文に示されている，日本国憲法の基本原則を何といいますか。　　（　　　　　　　　　　）

(4)　(3)の原則は，この条文のほかに，憲法のどこに示されていますか。　　（　　　　　　　　　　）

ヒントの森
(4)条文の前に，「再び戦争の惨禍が起ることのないやうに……」と書かれています。

全部できたら，➡に✓をかいて😊にしよう！　😊😊😊

3 **自衛権**　右のグラフを見て，次の問いに答えなさい。なお，問題中の数値や順位は，すべて2017年のものとします。

(1) 世界で最も国防費が多い国はどこですか。
（　　　　　　　　）

各国の国防費

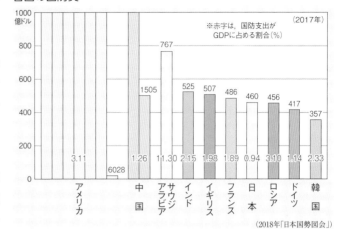

(2018年「日本国勢図会」)

(2) 日本の国防費は，世界で何番目ですか。（　　　　）番目

(3) 日本の防衛の予算を決定している機関はどこですか。
（　　　　　　　　）

(4) 日本の国防費は，ＧＤＰの約何％を占めていますか。小数点以下を四捨五入して整数で書きなさい。　約（　　　）％

(5) 日本の防衛の原則の１つに，相手の攻撃を受けて初めて防衛する，というものがあります，この原則を何といいますか。次から選びなさい。　（　　　　）

ア　専守防衛　　イ　集団的自衛権
ウ　文民統制　　エ　後方支援活動

(3)国民の代表からなる機関。
(4)グラフ中の赤字の数字から読み取れます。

4 **日本の安全保障と国際貢献**　右の年表を見て，次の問いに答えなさい。

(1) Ａ～Ｃにあてはまる語句を，それぞれ書きなさい。
Ａ（　　　　　　　　）
Ｂ（　　　　　　　　）

年	できごと
1950	警察予備隊発足・・・・・・・・a
1951	アメリカと（ Ａ ）条約締結
1954	（ Ｂ ）発足・・・・・・・・・・b
1971	非核三原則決議・・・・・・・・c
1972	沖縄が日本復帰・・・・・・・・d
2015	安全保障関連法成立・・・・e

(2) ａに関係の深い，アジアで起こった戦争を何といいますか。
（　　　　　　　　）

(3) ｂについて，Ｂは国連のＰＫＯに参加しています。ＰＫＯとは何の略称ですか。（　　　　　　　　）

(4) ｃの非核三原則について述べた次の文中の□□□にあてはまる語句を書きなさい。
（　　　　　　　　）

　核兵器を，もたず，□□□，もちこませず。

(5) ｄの沖縄に現在も残る問題を，次から１つ選びなさい。（　　　）

ア　民族紛争　　イ　北方領土問題
ウ　地域紛争　　エ　基地問題

(6) ｅで限定的に認められた，他国に対する武力攻撃に，日本も共同して防衛行動をとる権利を何といいますか。
（　　　　　　　　）

(2)日本の隣国で起こった戦争です。

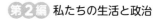
ステージ3　総合問題編　第1章　個人の尊重と日本国憲法

こつこつ　テスト直前　解答 p.7

30分　/100

1 日本国憲法について，次の問いに答えなさい。　　　　　　4点×6（24点）

(1) 日本国憲法は，右の図の3つの基本原則から成り立っています。図中のA〜Cにあてはまる原則をそれぞれ書きなさい。

(2) 日本国憲法改正の手続きについて，次の文中の　　にあてはまる語句を，あとからそれぞれ選びなさい。

日本国憲法を改正するときは，各議院の総議員の ① の賛成で，国会がこれを発議し，国民に提案してその承認を得なければならない。この承認には ② を行い，有効投票の ③ の賛成を必要とする。

ア　過半数　　イ　3分の2以上　　ウ　国民審査　　エ　国民投票

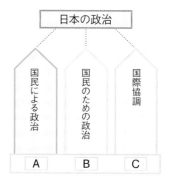

日本の政治

国民による政治　国民のための政治　国際協調

A　B　C

(1)	A		B		C	
(2)	①		②		③	

2 次の資料を見て，あとの問いに答えなさい。　　　　　　3点×8（24点）

Ⅰ　第21条
①集会，結社及び言論，出版その他一切の（ A ）の自由は，これを保障する。
②（ X ）は，これをしてはならない。通信の秘密は，これを侵してはならない。

Ⅱ　第22条
①何人も，公共の福祉に反しない限り，居住，移転及び（ B ）選択の自由を有する。

Ⅲ　第36条
公務員による（ C ）及び残虐な刑罰は，絶対にこれを禁ずる。

(1) A〜Cにあてはまる語句を，それぞれ書きなさい。

(2) 資料Ⅰ〜Ⅲは，基本的人権のなかの自由権のうち，どれにあてはまりますか。次からそれぞれ選びなさい。

ア　生命・身体の自由　　イ　精神の自由　　ウ　経済活動の自由

(3) 資料Ⅰ中のXには，第二次世界大戦中に政府が出版物などの内容を事前に審査し，不都合な内容をけずらせるなどした行為が入ります。Xにあてはまる語句を書きなさい。

(4) 公共の福祉によって制限される行為にあたらないものを次から選びなさい。

ア　名誉を傷つける行為の禁止　　イ　資格のない人の営業の禁止
ウ　道路の建設のための土地の収用　　エ　内閣を批判する記事の禁止

(1)	A	B	C	(2)	Ⅰ	
	Ⅱ	Ⅲ	(3)		(4)	

| 目標 | ☐ 憲法で保障されている人権をおさえる
☐ 人権の保障と制限をおさえる
☐ 社会の変化と人権の保障をおさえる | 自分の得点まで色をぬろう!
😣がんばろう　😊もう一歩　😄合格!
0　　　　　　　　　60　　80　100点 |

3 次の憲法第14条の条文を読んで，あとの問いに答えなさい。　　（5）8点，他4点×5（28点）

①すべて国民は，（　A　）の下に平等であって，人種，信条，性別，社会的（　B　）又は門地により，政治的，経済的又は社会的関係において，差別されない。

(1)　A・Bにあてはまる語句を，それぞれ書きなさい。

(2)　下線部について，障がいを理由にした差別を禁止する法律を何といいますか。次から選びなさい。
　　ア　部落差別解消推進法　　イ　障害者差別解消法
　　ウ　差別的言動解消推進法

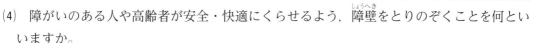

(3)　右の写真のように，どんな人にも使いやすい製品のデザインを何といいますか。

(4)　障がいのある人や高齢者が安全・快適にくらせるよう，障壁をとりのぞくことを何といいますか。

(5)　(4)のために町で見られるくふうを1つ挙げなさい。

(1)	A		B		(2)		(3)	
(4)			(5)					

4 次の表を見て，あとの問いに答えなさい。　　3点×8（24点）

社会権	人権の保障を実現するための権利	新しい人権
●生存権 ●（　A　）を受ける権利 ●勤労の権利 ●労働基本権 ・（　B　）権 ・団体交渉権 ・団体行動権	●参政権 ・選挙権・被選挙権 ・（　C　）権 ●請求権 ・国家賠償請求権……a ・（　D　）を受ける権利 ・（　E　）補償請求権	●知る権利 ●プライバシーの 　権利………b ●自己決定権 ●（　F　）権

(1)　A〜Fにあてはまる語句を，　　からそれぞれ書きなさい。

(2)　aによる賠償が認められた人を，次から選びなさい。
　　ア　裁判で無罪判決が出た人　　イ　ハンセン病元患者
　　ウ　被差別部落出身者

(3)　bは，何を他人の干渉から守る権利ですか。

環境	裁判
団結	刑事
請願	教育

(1)	A		B		C		D	
E		F		(2)		(3)		

実力判定テスト　ステージ3　第1章　個人の尊重と日本国憲法　30分　/100

1 憲法や法について，次の問いに答えなさい。　　　　　　　　　　10点×2（20点）

(1) 国民の人権を守り民主的な政治を行うためには，政治権力を法によって制限する「法の支配」に基づく政治が必要です。右の図から，法の支配を表すものを選びなさい。

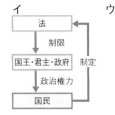
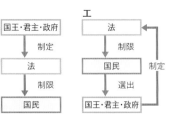

ア
| 国王・君主・政府 |
↓ 政治権力
| 国民 |
↓ 制定
| 法 |

イ
| 法 |
↓ 制限
| 国王・君主・政府 |←制定
↓ 政治権力
| 国民 |

ウ
| 国王・君主・政府 |
↓ 制定
| 法 |
↓ 制限
| 国民 |

エ
| 法 |
↓ 制限
| 国民 |←制定
↓ 選出
| 国王・君主・政府 |

(2) 日本国憲法の改正は，通常の法律とは異なり，国民投票が行われます。この理由を，次の2点をふまえて簡単に書きなさい。
・日本国憲法とほかの法律などが右の図のような位置づけであることに触れること。
・「主権者」の語句を用いること。

（憲法 / 法律 / 命令）

(1)	
(2)	

2 参政権について，次の資料を見て，あとの問いに答えなさい。　　8点×4（32点）

　　参政権は，自由権や社会権を保障するうえで大切な権利である。参政権の中心は選挙権で，かつては年齢や性別によって制限が設けられていたが，現在では満18歳以上の国民に認められている。選挙権を保障するために，期日前投票などの制度が設けられている。

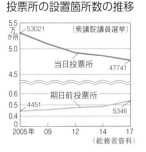

投票所の設置箇所数の推移
（衆議院議員選挙）
53021　当日投票所　47741
期日前投票所　4451　5346
2005年　09　12　14　17
（総務省資料）

(1) 2017年の当日投票所の数は，2005年の何割になっていますか。小数点以下を四捨五入して整数で書きなさい。

(2) 投票所が減ることの問題点を，選挙権の意義をふまえ，簡単に説明しなさい。

(3) 選挙権を保障するために下線部のような制度があります。あなたが次の状況にあるとき，選挙権を行使するためにどのような制度があるとよいと思いますか。それぞれ簡単に書きなさい。
　① 病気で長期入院しているとき　② 仕事で1年間海外に在住しているとき

(1)	割	(2)	
(3) ①			
②			

ここに注目！ 人権が制限を受ける場合は，対立している権利を考えよう。グラフの内容を読み取るには，値の増減や変化の大小を考えよう。

自分の得点まで色をぬろう！

0 　　　　　　　　　　60　　80　　100点

3 次の資料は，タレントの住所などの情報を掲載した本の出版について，賛成と反対の意見をまとめたものです。これを見て，あとの問いに答えなさい。 8点×3（24点）

・芸能人はテレビで私生活を公表しており，住所や電話番号を掲載（けいさい）してよい。

・著者の（　X　）の自由があり，出版は自由である。

・タレントでも，（　Y　）の権利があり，私生活の暴露（ばくろ）から守られるべきである。

・出版社の利益目的で，社会的な意義がない。

⑴　XとYにあてはまる語句を，それぞれ書きなさい。

⑵　次のAとBのタレントの情報は本に掲載してもよいと思いますか。あなたの考えを，ア～エの中から選び，その理由を簡単に書きなさい。

　A　誕生日や血液型　　　B　出身中学やよく行く店

　ア　AとBの両方よい　　イ　Aのみならよい　　ウ　Bのみならよい

　エ　AもBも掲載すべきでない　　オ　どちらともいえない

⑴	X		Y	
⑵	記号	理由		

4 次の資料を見て，あとの問いに答えなさい。 8点×3（24点）

資料1　求人票

正社員募集！
●事務職（男子・大卒）
●事務補助職（女子高卒）
〈年齢〉男子22歳から40歳くらいまで
　　　　女子18歳から30歳くらいまで
〈勤務地〉大阪本社
〈時間〉8：30〜17：30
〈休日〉日曜・祝日
〈待遇〉固定給20万円以上
　　　　（他に資格手当あり）

資料2　ある企業の話

右のグラフから，女性に家事や育児の負担がかかる状況が続いていることがわかります。そのため，女性が家事・育児に専念できるよう配慮（はいりょ）しました。

資料3　子どもをもつ夫婦の家事と育児時間

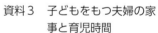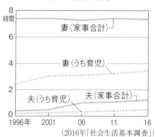

（2016年「社会生活基本調査」）

⑴　資料1の求人票で，制限されている人権を書きなさい。

⑵　男女がともに，家庭生活を含（ふく）めたあらゆる分野で責任を担（にな）い協力する社会のことを何といいますか。

⑶　資料2は，資料3をふまえた企業の話ですが，下線部の配慮は⑵の実現には不十分です。下線部をどのように直すと⑵の実現に近づきますか。簡単に書きなさい。

⑴		⑵	
⑶			

予習・復習 こつこつ 解答 p.9

第2章　国民主権と日本の政治
1　民主政治と政治参加①

教科書の 要点 （　　　）にあてはまる語句を答えよう。

1 民主政治のしくみ 教 p.78〜79

↓三権分立

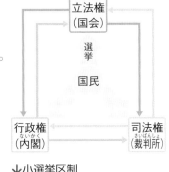

●政治のはたらきと権力分立

◆政治▶社会の対立を調整し，ものごとを決めていく。

◆権力分立▶政治権力をいくつかに分割し，抑制と均衡をとる。

◆権力分立のしくみ

■（①　　　　　）▶権力を国と地方で分割。

■三権分立▶国の権力を3つに分ける。

・（②　　　　　）権▶きまりをつくる。

・（③　　　　　）権▶きまりに基づき政治を行う。

・（④　　　　　）権▶きまりに基づき争いを解決。

●民主主義に基づく政治

◆民主政治▶民主主義に基づき，国民が参加する政治。

◆国民主権▶国民が政治のあり方を決める。

●政治参加のしくみと少数意見の尊重

◆（⑤　　　　　）制▶国民が直接参加して意思を表明。

◆（⑥　　　　　）制▶国民が選んだ代表者が決定。

■議会制民主主義（代議制）　■少数意見の尊重の重要性。

↓小選挙区制

●候補者に投票　●選挙区で1人選ぶ

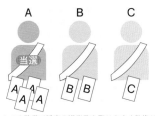

1つの政党で議席の過半数を取りやすく政権が安定。少数意見が反映されにくい

2 選挙の意義としくみ 教 p.80〜81

↓比例代表制

●政党に投票
●政党の得票率に応じ，議席配分
（3人当選の場合）

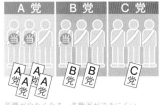

死票が少なくなる。多数派ができにくい

●民主政治と選挙

◆（⑦　　　　　）選挙▶国民が代表者を直接選ぶ。

◆普通選挙▶一定の年齢以上の国民すべてに選挙権・被選挙権。
かつては納税額や性別による制限選挙

◆秘密選挙▶無記名で投票を行う。

◆（⑧　　　　　）選挙▶1人が1票をもつ。

●選挙制度

◆（⑨　　　　　）制▶各選挙区から1人を選ぶ。

◆（⑩　　　　　）制▶各選挙区から2人以上を選ぶ。

◆比例代表制▶政党に投票し，得票率に応じて議席を配分。

◆公職選挙法▶選挙区・選挙運動・投票などを決める。

■衆議院議員選挙▶小選挙区比例代表並立制。
全国を11単位

■参議院議員選挙▶選挙区制と比例代表制。
原則として都道府県を基準　　全国を1区

●日本の選挙制度の問題点

◆一票の格差がある▶議員1人あたりの有権者数が異なる。

◆費用がかかる▶国が政党交付金を助成。
政治家が政治資金を提供する企業と癒着しないよう，国民1人につき250円ずつ負担

↓一票の格差

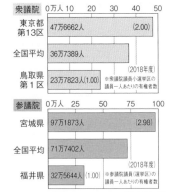

衆議院	0万人 10　20　30　40　50
東京都第13区	47万6662人 (2.00)
全国平均	36万7389人
鳥取県第1区	23万7823人(1.00)

(2018年度)
※衆議院議員小選挙区の議員一人あたりの有権者数

参議院	0万人 25　50　75　100
宮城県	97万1873人 (2.98)
全国平均	71万7402人
福井県	32万5644人 (1.00)

(2018年度)
※参議院議員（選挙区）の議員一人あたりの有権者数

(総務省資料)

📖 教科書の 資料 次の問いに答えよう。

(1) **資料1・2**の選挙制度を，それぞれ何といいますか。

資料1 （　　　　　）

資料2 （　　　　　）

(2) **資料1・2**の選挙制度を組み合わせて行われる衆議院議員の選挙制度を何といいますか。

（　　　　　）

(3) 選挙区や投票などの選挙の方法を定めた法律を何といいますか。 （　　　　　）

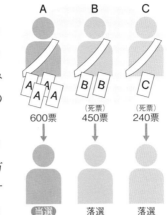

資料1

A　B　C

A A A
600票

（死票）
B B
450票

（死票）
C
240票

当選　落選　落選

資料2

（3人当選の場合）

A党　B党　C党

A党 A党 A党　B党 B党　C党

600票　450票　（死票）240票

当 当 落 当 落 落 落 落 落

第2編
第2章

📖 教科書 チェック 一問一答 次の問いに答えよう。　/10問中

★は教科書の太字の語句

1 民主政治のしくみ

①政治権力をいくつかに分け，たがいに抑制・均衡をはかるしくみを何といいますか。
□★① ＿＿＿＿＿＿＿＿

②①のうち，権力を国に集中させないで，地方公共団体にも分けるしくみを何といいますか。
□② ＿＿＿＿＿＿＿＿

③①のうち，国の権力を，立法権，行政権，司法権に分けるしくみを何といいますか。
□★③ ＿＿＿＿＿＿＿＿

④国民が政治に参加し，国民の考えに基づいて進められる政治を何といいますか。
□④ ＿＿＿＿＿＿＿＿

⑤間接民主制のことを，別のいい方で何といいますか。
□⑤ ＿＿＿＿＿＿＿＿

2 選挙の意義としくみ

⑥一定の年齢に達した国民のすべてに選挙権と被選挙権を認める選挙を何といいますか。
□★⑥ ＿＿＿＿＿＿＿＿

⑦財産（納税額）や性別で選挙権が制限される選挙を何といいますか。
□⑦ ＿＿＿＿＿＿＿＿

⑧選挙の公正のため，無記名で投票を行う選挙を何といいますか。
□★⑧ ＿＿＿＿＿＿＿＿

⑨各選挙区における議員1人あたりの有権者数が異なる問題を何といいますか。
□★⑨ ＿＿＿＿＿＿＿＿

⑩政党が一部の企業や団体からの献金に依存しないように，国から支給される助成金を何といいますか。
□⑩ ＿＿＿＿＿＿＿＿

知識の泉　現在はスイスの一部の州をのぞいて直接民主制はみられません。集団が大きくなるほど，直接民主制は難しくなりますが，憲法改正の国民投票などにそのしくみが一部取り入れられています。

予習・復習　こつこつ　解答 p.9

確認のワーク　ステージ1　第2章　国民主権と日本の政治
1　民主政治と政治参加②

📖教科書の **要点**　（　）にあてはまる語句を答えよう。

❶ 国民と政治をつなぐ政党　📚 p.82〜83

●政党の役割

◆（ ① 　　　　　　　 ）▶政治について同じ考えを
もつ人がつくる団体。国民と議会を結ぶ役割。

■公約や（ ② 　　　　　　　 ）を国民に示し，政
権の獲得や政策の実現をめざす。

社会が直面する課題や解決方法
政権を担当したときに実施する政策

●政党政治

◆政党政治▶政党を中心に運営される政治。

■与党▶（ ③ 　　　　　　　 ）を組織する政党。
行政

■（ ④ 　　　　　　　 ）▶与党以外の政党。内閣
の監視，政策の批判。

■連立政権▶複数の政党が協力。
1つの政党で過半数の議席を確保できないとき

◆（ ⑤ 　　　　　　　 ）制▶主な政党が3つ以上ある。

◆（ ⑥ 　　　　　　　 ）制▶2つの有力な政党がある。

◆一党制▶野党がない。

●日本の政党

1955年	1993年	1994年	21世紀	2012年
自由民主党（自民党）政権	非自民連立政権	自民党連立政権	自民党・民主党二大政党制	自民党連立政権

➡ ➡ ➡ ➡

2009年に民主党に政権交代，2012年に自民党・公明党の連立政権

↓政党制の特徴

	特徴・国の例
多党制	○少数意見が反映される。 ×政局が不安定になりやすい。 国：日本・イタリア・ドイツ・フランス
二大政党制	○政局が安定する。 ×少数意見が反映されづらい。 国：アメリカ・イギリス
一党制	○強い指導力・長期的に政策を実行。 ×独裁政治になる。 国：中国・キューバ・北朝鮮

多党制は比例代表制の国，二大政党制は小選挙区制の国で多いよ。

❷ 政治参加と世論　📚 p.84〜85

●政治参加

◆民主政治には主権者である国民の政治参加が必要。
しゅけん

■投票率の低下　■無党派層の拡大
とうひょうりつ　　*そう*

●世論とマスメディア/政治とメディア・リテラシー
よろん　*せろん*

◆（ ⑦ 　　　　　　　 ）▶多くの国民がもっている意見。

■世論調査や選挙で表現。

■世論の形成に（ ⑧ 　　　　　　　 ）が大きな影響力。
新聞・テレビ・ラジオなど　*えいきょう*

・国民に政府や政党の活動を知らせる。

・国民の声を政治に伝える。

・国民に代わり，政府の活動を監視，評価，批判。

◆インターネット▶政党と利用者を直接，双方向に結ぶ，新し
い政治参加の方法に。ウェブサイトやSNSで選挙運動。

◆情報が常に正しいとは限らない。

→メディア・（ ⑨ 　　　　　　　 ）が必要。
情報が客観的であるか，真実であるかを判断し活用する能力

↓支持政党の有無

（NHK放送文化研究所資料）

投票の際には，政見放送や，党首討論会，選挙公約で政党や候補者の政策を確認できるよ。

まるごと暗記 **与党** 内閣を組織し政権に参加する政党　　**野党** 与党以外の政党

教科書の 資料 次の問いに答えよう。

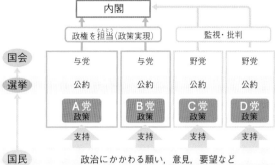

(1) 右の図のように政党を中心に運営される政治を何といいますか。

（　　　　　　）

(2) A・B，そしてC・Dのような政党を，それぞれ何といいますか。

A・B（　　　　　　）

C・D（　　　　　　）

(3) 次の文中の□にあてはまる語句を，図中から書きなさい。　①（　　　　　）　②（　　　　　）

政党は，とくに ① が行われる際，国民の支持を得るために ② を発表し，政権の獲得や政策の実現をめざす。

教科書 一問一答 次の問いに答えよう。

/10問中

▲は教科書の太字の語句

1 国民と政治をつなぐ政党

①1つの政党で議会の過半数に達しない場合，複数の政党が協力して組織する政権を何といいますか。

★ ①_____

②1955年に結成されて以来，与党として長く政権を担当してきた政党を何といいますか。

②_____

③21世紀に入って②と二大政党制の傾向を強め，2009年に政権交代を実現した政党を何といいますか。

③_____

2 政治参加と世論

④民主政治に必要なのは，主権者である国民がどんなことをすることですか。

④_____

⑤④のうち，住民が地方公共団体に条例の制定や議会の解散などを求めることを何といいますか。

⑤_____

⑥自らの目的を実現するため，政治や政策に意見をもち，組織的に働きかける団体を何といいますか。

⑥_____

⑦有権者のうち，投票に行った人の割合を何といいますか。

⑦_____

⑧支持している政党がない人たちのことを何といいますか。

⑧_____

⑨新聞・テレビなどの一度に多くの人に同じ情報を送ることのできる手段を何といいますか。

★ ⑨_____

⑩近年選挙活動にも使われるようになった，コンピューターどうしを結んだネットワークを何といいますか。

⑩_____

 日本では，特に支持する政党をもたない人が多く，無党派層とよばれます。選挙では，無党派層がどの政党に投票するかで，選挙結果がたびたび左右されます。

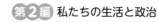
こつこつ テスト直前 解答 p.9

定着のワーク ステージ 2
第2章 国民主権と日本の政治
1 民主政治と政治参加

1 権力分立 右の図を見て，次の問いに答えなさい。

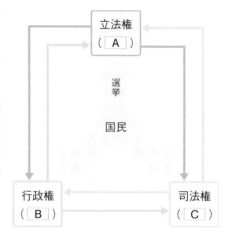

立法権
（ A ）

選挙

国民

行政権
（ B ）

司法権
（ C ）

よく出る (1) 図のように，国の権力を３つに分けるしくみを何といいますか。 （　　　　　　）

(2) A～Cにあてはまる国の機関を， ……からそれぞれ書きなさい。

A （　　　　　　）
B （　　　　　　）
C （　　　　　　）

内閣　裁判所
天皇　国会

(3) 図のように権力を分ける理由を，次から１つ選びなさい。 （　　　）

ア 国が強い力で国民を従わせるため。

イ 一部の人の特権や利害を守るため。

ウ 人々の自由がおびやかされないようにするため。

よく出る (4) 国民が選挙で選んだ代表者が話し合って決定するしくみを何といいますか。 （　　　　　　　　　）

(5) 国民の選挙で選ばれた政党が独裁政治を行うこともあります。そのうち，ドイツでナチ党を率いて独裁政治を行ったのはだれですか。 （　　　　　　　　　）

ヒントの森
(3)権力が１か所に集中するとどうなるか考えましょう。
(4)直接民主制に対する語句。

2 選挙の意義としくみ 次の文を読んで，あとの問いに答えなさい。

　日本の選挙制度の問題の１つは，各選挙区における議員１人あたりの有権者数が異なる，一票の（ A ）である。最高裁判所は，2009年の衆議院議員選挙で２倍以上の（ A ）が生じたことについて，憲法が定める「（ B ）」に違反する状態（違憲状態）だとする判決を下した。そこで，一票の（ A ）を小さくする改革が行われている。

(1) A・Bにあてはまる語句をそれぞれ書きなさい。

A （　　　　　　）
B （　　　　　　）

(2) 下線部について，右のグラフを見て，次の文中の□□にあてはまる語句を，それぞれ書きなさい。

① （　　　　　　）
② （　　　　　　）

一票の格差と最高裁判決

参議院議員選挙
衆議院議員選挙
○合憲 ▲違憲状態 ✕違憲
1970年 80 90 2000 10 20
4.99 4.40 6.59 3.08 1.98
（総務省資料ほか）

最高裁で違憲や ① の判決が出ると，選挙制度が見直されて格差が小さくなり，直後の選挙では ② の判決が出ている。

ヒントの森
(1)B憲法で不当な差別は禁止されています。

全部できたら，➡に✔をかいて☺にしよう！ ☺ ☺ ☺

❸ 政党 右のグラフを見て，次の問いに答えなさい。

よく出る (1) ▨は，内閣に参加する政党です。これを何と
いいますか。 （　　　　　　）

よく出る (2) ▨は，内閣を監視したり，政策を批判したり
する政党です。このような政党を何といいますか。
（　　　　　　）

(3) A・Bにあてはまる政党を，▢からそれぞれ
書きなさい。

A（　　　　　　）

B（　　　　　　）

> 自由党　民主党
> 共和党　自由民主党

(4) 1993年以降のように複数の政党が内閣を組織す
る政権を何といいますか。（　　　　　　）

(5) 2009年，政権を担当する政党が変わりました。
このできごとを何といいますか。 （　　　　　　）

(6) 日本のように，主な政党が3つ以上ある政党制を何といいます
か。 （　　　　　　）

衆議院議員選挙での政党別議席数

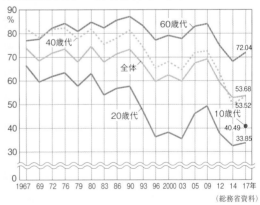

（2018年「日本統計年鑑」ほか）

第2編
第2章

ヒントの森
(3)このうちの1つはア
メリカの政党です。

❹ 政治参加と世論 次の文を読んで，あとの問いに答えなさい。

> 近年，a 選挙の投票率の低下が問題になっている。その背景として，政治への無関
> 心や，政党や政治家，政治全体に対する不信感の高まりがあり，b 世論調査では c 支
> 持政党がない人が大きな割合を占めていることがわかっている。

(1) 下線部aについて，右の資料を見て，次
の問いに答えなさい。

① グラフ中のすべての年で，最も投票率
が低い年代を書きなさい。
（　　　　　　）

② 2017年に10歳代の投票率のデータが示
されているのは，選挙権年齢が何歳に引
き下げられたからですか。
（　　　　　　）

(2) 下線部bについて，次の問いに答えなさ
い。

① 世論のあり方に影響をおよぼす新聞，テレビなどのことを何
といいますか。 （　　　　　　）

② ①が伝える情報を無批判に受け入れず，適切に判断し活用す
る能力のことを何といいますか。 （　　　　　　）

(3) 下線部cのような層を何といいますか。（　　　　　　）

衆議院議員選挙の年代別投票率の推移

（総務省資料）

ヒントの森
(1)②以前は満20歳以
上でしたが，2016
年に引き下げられま
した。

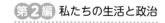

 ステージ 3 総合問題編 第2章 国民主権と日本の政治
1 民主政治と政治参加

 こつこつ テスト直前 解答 p.10
30分 /100

1 右の図を見て，次の問いに答えなさい。

5点×5（25点）

(1) A・Bにあてはまる語句を，次からそれぞれ選びなさい。
ア 行政権 イ 交戦権 ウ 司法権

(2) 「国会」について，国民の代表者が議会で話し合って決定するしくみを何といいますか。

(3) 「国会」で議席の多数を占め，「内閣」に参加する政党を何といいますか。

(4) 図のように権力を3つに分けるのは何のためですか。「集中」，「権利」の語句を使って，簡単に書きなさい。

(1) A		B		(2)		(3)	
(4)							

2 次の文を読んで，あとの問いに答えなさい。

5点×5（25点）

　　自由で公正な選挙を行うため，選挙は a 4つの原則を守って行われている。選挙制度は，衆議院と参議院で異なっており，衆議院議員選挙では，（ X ）と b 比例代表制を組み合わせて行われる。

(1) Xにあてはまる語句を書きなさい。

(2) 下線部aについて，資料1は現在の日本の選挙の原則です。A・Bにあてはまる語句を，それぞれ書きなさい。

(3) 下線部bについて，資料2は，比例代表制における議席配分のしかたを示しています。比例代表制について，次の問いに答えなさい。
① 比例代表制で，有権者は何に投票しますか。次から選びなさい。
ア 候補者 イ 政党
② この選挙での当選者が3人だとすると，B党の当選者は何人になりますか。

資料1　選挙の原則

普通選挙	一定の年齢に達したすべての国民に選挙権を認める。
（ A ）選挙	無記名で投票を行う。
（ B ）選挙	議員を直接選ぶ。
平等選挙	1人が1票をもつ。

資料2　比例代表制の議席配分の計算方式

政党名	A党	B党	C党
得票数	600票	450票	240票
÷1	600	450	240
÷2	300	225	120
÷3	200	150	80

(1)各政党の得票数を1，2，3…の整数で割る。
(2)(1)で得られた商が大きな順に，定数まで各政党に議席を配分する。

(1)		(2) A		B	
(3) ①		②			

目標	□三権分立のしくみと役割をおさえる
	□日本の選挙制度や政党政治をおさえる
	□国民の政治参加をおさえる

自分の得点まで色をぬろう!

0			60	80	100点
	🤕がんばろう	😣もう一歩		😊合格!	

3 次の表を見て，あとの問いに答えなさい。　5点×5（25点）

	長所	短所
多党制	●（ A ）意見を反映。 ●有権者の選択肢が増える。	●政局がなかなか（ B ）しにくい。 ●（ C ）による緊張感がない。
二大政党制	●政局が（ B ）する。 ●（ C ）による緊張感がある。	●（ A ）意見が反映されづらい。 ●選択をせばめる可能性がある。

資料1　各国の政党別議席数

(1) 表のA～Cにあてはまる語句を，　　　から
それぞれ書きなさい。

政権交代　　安定　　少数

(2) 資料1中の3つの国の政党制は，多党制と二大政党制のどちらにあたりますか。①多党制の国と，②二大政党制の国を，資料1中からすべて書きなさい。

(1) A		B		C	
(2) ①			②		

4 次の文を読んで，あとの問いに答えなさい。　5点×5（25点）

　　私たちは，主権者としてさまざまな形で政治に（ A ）することができる。選挙の際の（ B ）では，自分たちを代表する議員を選ぶことができる。また，新聞やテレビなどが行っている，a政党や候補者の政策に対する（ C ）調査に協力し，政治に影響をあたえることができる。私たちが政治に対する判断を下すには，情報が必要になるが，bマスメディアやインターネットの情報が常に信頼でき，中立であるとは限らない。

(1) A～Cにあてはまる語句を，　　　からそれぞれ書きなさい。

(2) 下線部aについて，政党が，社会が直面する課題やその解決方法を示したものを何といいますか。漢字2字で書きなさい。

参加	投票
世論	立候補
批判	監視

記述 (3) 下線部bを理由として必要とされるメディア・リテラシーとは，どのような能力ですか。簡単に書きなさい。

(1) A		B		C	
(2)		(3)			

予習・復習　こつこつ　解答 p.10

確認のワーク ステージ**1**　第2章　国民主権と日本の政治

2　国の政治のしくみ①

📖 教科書の **要点**　（　　）にあてはまる語句を答えよう。

❶ 国会の地位としくみ　数 p.88〜89

●国会の地位/二院制

◆**議会制民主主義**▶国民に選ばれた代表者（議員）が議会を構成し，民主政治を行う。

◆**国会の地位**▶国の唯一の（①　　　　　　　　）機関。
法律をつくる

国家の権力のこと （②　　　　　　）の最高機関。

◆**国会のしくみ**▶衆議院と（③　　　　　　）の二院制。

■慎重な審議を行い，多様な意見を政治に生かすため。

●衆議院の優越

◆**国会の議決**▶両院の議決の一致で成立。

◆両院の議決が異なるとき▶**両院協議会**が開かれる。

◆それでも一致しないとき▶衆議院の（④　　　　　　　　）。

■**解散**があり，**任期**が短く，国民の意見を反映しやすいため。

●国会議員の身分保障▶役割を果たすため，自由な活動を保障。

◆**不逮捕特権**（現行犯逮捕等を除く），**発言・表決の免責特権**，
議会での演説・討論，表決について，国会の外で責任を問われない

歳費を受ける権利。
政治活動に必要な資金

❷ 国会の仕事　数 p.90〜91

●国会の仕事

◆（⑤　　　　　　　）**の制定**▶議員と内閣が法案提出。
制定 議員立法

◆（⑥　　　　　　　）**の審議・議決**。
審議 資金の配分

◆（⑦　　　　　　　）**の指名**▶衆議院に**内閣不信任決議権**。
指名

◆そのほか，**条約の承認**，**憲法改正の発議**，裁判官の

（⑧　　　　　　　）**裁判所の設置**，**国政調査権**の行使。

●国会の種類と運営

◆（⑨　　　　　　　）（**通常国会**）▶毎年1回，1月に召集。
法律案や予算案を審議，会期は150日間

◆**臨時会**（**臨時国会**）▶内閣が必要と認めたとき，またはいずれかの議院の総議員の4分の1以上の要求があったとき召集。

◆**特別会**（**特別国会**）▶衆議院解散後の総選挙の日から30日以内に召集。内閣総理大臣の指名。

◆**参議院の緊急集会**▶衆議院の解散中，緊急の必要のとき。

◆**国会の運営**
定足数は総議員の3分の1以上

■**委員会**…議員が分かれて参加→**本会議**…議員全体で討論。
選ばれた議員が具体的に議論

■議案の議決▶過半数の賛成による（⑩　　　　　　　）。

↓衆議院と参議院のちがい

	衆議院	参議院
議員定数	465	248
任期	4年	6年（3年ごとに半数を改選）
選挙権	18歳以上	18歳以上
被選挙権	25歳以上	30歳以上
選挙区	小選挙区289人 比例代表176人	45選挙区148人 比例代表100人
解散	ある	ない

↓衆議院の優越

法律案の議決	衆議院が出席議員の3分の2以上の多数で再可決したとき法律となる。
予算の議決，条約の承認，内閣総理大臣の指名	両院協議会でも不一致のとき衆議院の議決が国会の議決となる。
予算の先議	予算は衆議院に先に提出する。
内閣不信任の決議	衆議院だけができる。

委員会の審議では，専門家の意見を聞く公聴会が開かれることもあるよ。

まるごと暗記　国会 唯一の立法機関，国権の最高機関　　予算 内閣で作成，国会で議決

教科書の 資料　次の問いに答えよう。

(1) 右の図は,法律ができるまでの流れを示しています。A〜Dにあてはまる語句を,それぞれ書きなさい。

A（　　　　　）
B（　　　　　）
C（　　　　　）
D（　　　　　）

法律ができるまでの流れ(衆議院が先議の場合)

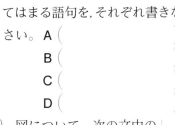

(2) 図について，次の文中の　　からあてはまる語句を選びなさい。　①（　　　　　）　②（　　　　　）

衆議院で可決し，参議院で否決した法律案は，衆議院で① 総議員　出席議員 の
② 過半数　3分の2以上 の多数で再び可決したときは，法律となる。

チェック 教科書 一問一答　次の問いに答えよう。
/10問中

★は教科書の太字の語句

1 国会の地位としくみ

①国民に選ばれた代表者が議会を構成し，民主政治を行うことを何といいますか。

★① ＿＿＿＿＿＿

②日本国憲法が定める国の議会を何といいますか。

★② ＿＿＿＿＿＿

③②は衆議院と参議院の2つの議院からなっています。このしくみを何といいますか。

★③ ＿＿＿＿＿＿

④両院の議決が一致しないとき，意見を調整するために開かれる会を何といいますか。

④ ＿＿＿＿＿＿

⑤④を開いても一致しないとき，衆議院の意思が優先されることを何といいますか。

★⑤ ＿＿＿＿＿＿

2 国会の仕事

⑥国会議員が提出する法案を何といいますか。

⑥ ＿＿＿＿＿＿

⑦国会が，審議に必要な情報を得るために，国会に強制的に証人をよぶことができる権限を何といいますか。

⑦ ＿＿＿＿＿＿

⑧毎年1回，1月中に，会期150日間で開かれる国会を何といいますか。

★⑧ ＿＿＿＿＿＿

⑨衆議院の解散中，緊急の必要があるときに，内閣の求めで開かれる国会を何といいますか。

⑨ ＿＿＿＿＿＿

⑩特別会で，最初に話し合われる議題は何ですか。

★⑩ ＿＿＿＿＿＿

 知識の泉　国会ではときに，与党が十分議論をしないまま，強行採決を行うことがあります。議決には出席議員の過半数の賛成が必要なので，与党が議席の多くを占めているときに起きやすいです。

確認のワーク ステージ1 第2章 国民主権と日本の政治

2 国の政治のしくみ②

📖 教科書の 要点 （ ）にあてはまる語句を答えよう。

❶ 内閣のしくみと議院内閣制 📗 p.92〜93

● 内閣の仕事
◆行政（ぎょうせい）▶法律や予算に基づき，国の仕事を行う。
　　　　　　　　地方行政もある
◆内閣（ないかく）▶国の行政に責任をもち，全体をまとめる。
　　■ 法律案や（① 　　　　　　　　）案の作成・実施。
　　　　　　　　　　　　　議決するのは国会
　　■（② 　　　　　　　　　　）の制定。　■ 外国と条約を締結（ていけつ）。
法律を実施する
ためのきまり
　　■ 天皇の（③ 　　　　　　　　）に助言と承認（しょうにん）を行う。
　　■ 最高裁判所長官（さいばんしょ）の指名，その他の裁判官の任命。

● 内閣のしくみ
◆内閣▶内閣総理大臣（ないかくそうり だいじん）（首相（しゅしょう））と国務大臣（こくむ だいじん）で組織。閣議（かくぎ）を開い
　　て政府の方針（ほうしん）を決定。
　　■（④ 　　　　　　　　　　）▶内閣のリーダー。
　　　　　　　　　　　　一般に与党の党首がなる
　　■（⑤ 　　　　　　　　　　）▶省庁の長となる。

● 議院内閣制
◆議院内閣制（ぎ いんないかくせい）▶内閣が国会の信任に基づいて成り立ち，国会に
　　対して責任を負うしくみ。
　　■ 内閣総理大臣は，国会が国会議員の中から指名。
　　■ 国務大臣の過半数は（⑥ 　　　　　　　）。
内閣総理大臣が任命しんらい
　　■ 内閣を信頼できないとき▶内閣不信任（ないかく ふ しんにん）の決議（けつ ぎ）衆議院のみ可能
　　→内閣は10日以内に（⑦ 　　　　　　　）の解散をする
　　か，（⑧ 　　　　　　　）する。　　総選挙で国民の
　　　　　　　　　　全員が辞めること　　　　意思を問う
◆大統領制（アメリカ）▶議会と大統領がたがいに独立。

❷ 行政権の拡大と国民の生活 📗 p.94〜95

● 行政の活動と公務員/行政権の拡大
◆（⑨ 　　　　　　　　）▶政府の職員。全体の奉仕者（ほう し しゃ）。
◆行政活動の拡大による問題。
　　■ 行政活動の監督（かんとく）が難しい。　■ たてわり行政で非効率。

● 行政改革
◆行政改革（ぎょうせいかいかく）▶行政を効率化し，新しい要望に応える。
　　■ 民営化▶政府関係の組織を民間企業にする。
　　■（⑩ 　　　　　　　）▶経済活動への規制（き せい）をゆるめる。
　　■ このほか，地方分権の推進（すいしん），公務員の数を減らすなど。
　　■ 国民が行政の活動を判断するため，情報公開が大切。

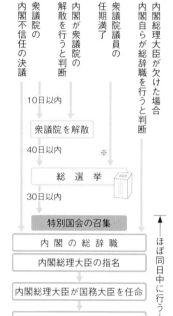

↓内閣の成立

内閣総理大臣が欠けた場合
内閣自らが総辞職を行うと判断

衆議院議員の任期満了

内閣が衆議院の解散を行うと判断

衆議院の内閣不信任の決議

10日以内

衆議院を解散

40日以内

総選挙 ※

30日以内

特別国会の召集

内閣の総辞職

内閣総理大臣の指名

内閣総理大臣が国務大臣を任命

内閣の成立

ほぼ同日中に行う

※任期満了による総選挙の場合，総選挙後
　30日以内に臨時国会を開く。

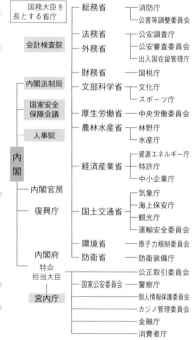

↓国の行政のしくみ（2020年）

内閣	国務大臣を長とする省庁	総務省	消防庁 / 公害等調整委員会
		法務省	公安調査庁 / 公安審査委員会 / 出入国在留管理庁
	会計検査院	外務省	
		財務省	国税庁
	内閣法制局	文部科学省	文化庁 / スポーツ庁
	国家安全保障会議	厚生労働省	中央労働委員会
	人事院	農林水産省	林野庁 / 水産庁
		経済産業省	資源エネルギー庁 / 特許庁 / 中小企業庁
	内閣官房	国土交通省	気象庁 / 海上保安庁 / 観光庁 / 運輸安全委員会
	復興庁		
		環境省	原子力規制委員会
	内閣府	防衛省	防衛装備庁
	特命担当大臣	国家公安委員会	公正取引委員会 / 警察庁 / 個人情報保護委員会 / カジノ管理委員会 / 金融庁 / 消費者庁
	宮内庁		

📖 教科書の 資料　次の問いに答えよう。

(1) 図は，国会と内閣の関係を示しています。
A～Dにあてはまる語句を，　　からそれ
ぞれ書きなさい。

任命	指名
選挙	解散
承認	
不信任	

A（　　　　　　　）
B（　　　　　　　）
C（　　　　　　　）
D（　　　　　　　）

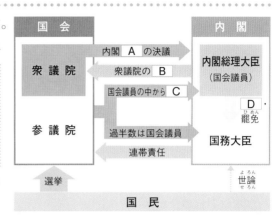

(2) 図のように，内閣が国会の信任に基づい
て成り立ち，国会に対して責任を負うしく
みを何といいますか。

（　　　　　　　　　　）

📖 教科書 チェック 一問一答　次の問いに答えよう。

/10問中

★は教科書の太字の語句

❶ 内閣のしくみと議院内閣制

①国会で決めた法律や予算に基づき，実際に国の仕事を
行うことを何といいますか。

★①＿＿＿＿＿＿＿

②①に責任をもつ国の機関はどこですか。

★②＿＿＿＿＿＿＿

③国会議員の中から選ばれる②のリーダーを何といいま
すか。

★③＿＿＿＿＿＿＿

④③と国務大臣が政治の方針を決めるために開く会議を
何といいますか。

★④＿＿＿＿＿＿＿

⑤アメリカがとっている，大統領と議会がたがいに独立し，
いずれも国民が直接選出するしくみを何といいますか。

⑤＿＿＿＿＿＿＿

❷ 行政権の拡大と国民の生活

⑥日本国憲法では，公務員は一部の人のためではなく，
何であるべきだと定めていますか。

⑥＿＿＿＿＿＿＿

⑦似たような仕事を別の省庁が受けもち，たがいに自分
の組織を優先しがちなことを何とよびますか。

⑦＿＿＿＿＿＿＿

⑧行政を効率化して，行政組織の財政や人員を削減する
取り組みを何といいますか。

★⑧＿＿＿＿＿＿＿

⑨自由競争を進めるため，政府が行ってきた規制をゆる
めることを何といいますか。

★⑨＿＿＿＿＿＿＿

⑩国会が行政を適切に監督したり，国民が行政の動きを
理解したりするために必要なことは何ですか。

⑩＿＿＿＿＿＿＿

 知識の泉　たてわり行政では，幼稚園は教育施設として文部科学省，保育園は福祉施設として厚生労働省
が担当し，幼稚園では定員割れなのに保育園では入所待ちなどの問題が起きています。

定着のワーク　ステージ **2**　第2章　国民主権と日本の政治
2 国の政治のしくみ①・②

1 **衆議院と参議院**　右の表を見て，次の問いに答えなさい。

よく出る (1) 国会が衆議院と参議院の２つの議院からなるしくみを何といいますか。　（　　　　　　　）

(2) A～Dにあてはまる数字を，それぞれ書きなさい。
A（　　　　　　） B（　　　　　　）
C（　　　　　　） D（　　　　　　）

よく出る (3) 次の文中のX・Yにあてはまる語句を，表からそれぞれ書きなさい。
X（　　　　　　） Y（　　　　　　）

　衆議院は参議院に比べて，（ X ）が短く（ Y ）制度もあるので，国民の意思をより反映すると考えられている。

(4) 衆議院と参議院で異なる議決をした場合に開かれる，話し合いの会を何といいますか。　（　　　　　　　）

(5) 衆議院が解散中に緊急の必要があるときに開かれる，参議院だけの国会を何といいますか。　（　　　　　　　）

衆議院と参議院のちがい

	衆議院	参議院
議員定数	465	248
任期	（ A ）年	（ B ）年（3年ごとに半数を改選）
選挙権	18歳以上	18歳以上
被選挙権	（ C ）歳以上	（ D ）歳以上
選挙区	小選挙区289人 比例代表176人	45選挙区148人 比例代表100人
解散	ある	ない

ヒントの森
(2)D参議院の方が高く設定してあります。

2 **国会の仕事**　右の表を見て，次の問いに答えなさい。

(1) a～dにあてはまる語句を， からそれぞれ書きなさい。
a（　　　　　　）
b（　　　　　　）
c（　　　　　　）
d（　　　　　　）

議決　作成　締結
承認　公布　発議
指名　任命

レベルUP (2) A～Gのうち，衆議院の優越が認められているものをすべて選びなさい。　（　　　　　　　）

(3) Xの法律案が審議される流れを次から１つ選びなさい。　（　　　）

ア　議長→委員会→本会議
イ　委員会→議長→本会議
ウ　議長→本会議→委員会
エ　本会議→委員会→議長

レベルUP (4) Yのうち，証人を国会に強制的により出すことを何といいますか。　（　　　　　　　）

国会の主な仕事
仕事
A法律案の（ a ）…………X
B予算の（ a ）
C条約の（ b ）
D国政調査…………………Y
E憲法改正の（ c ）
　　内閣にかかわる仕事
F内閣総理大臣の（ d ）
　　内閣不信任の決議
　　裁判所にかかわる仕事
G弾劾裁判所の設置

ヒントの森
(2)4つあります。
(3)本会議は院の議員全体が参加する場。

全部できたら，➡に✔をかいて😊にしよう！　☺☺☺

❸ 内閣と国会　右の図を見て，次の問いに答えなさい。

(1) Ａにあてはまるのは，衆議院・参議院のどちらですか。

（　　　　　　　）

内閣の成立

Ａ の内閣不信任の決議
→ 10日以内 → Ａ を解散
内閣が Ａ の解散を行うと判断 →
Ａ 議員の任期満了 →
→ 40日以内 → 総選挙 → 30日以内 → Ｂ の召集 → 内閣の総辞職 → 内閣総理大臣の指名 a → 内閣総理大臣が国務大臣を任命 b → 内閣の成立
内閣総理大臣が欠けた場合　内閣自らが総辞職を行うと判断 →
←ほぼ同日中に行う→

よく出る
(2) Ｂにあてはまる国会の種類は何ですか。

（　　　　　　　）

レベルUP
(3) 傍線部 a を漢字2字で何といいますか。

（　　　　　　　）

(4) 傍線部 b について正しく述べた文を，次から1つ選びなさい。（　　　）

　ア　すべて国会議員である。　　イ　過半数は国会議員である。

　ウ　すべて衆議院議員である。　エ　過半数は衆議院議員である。

(5) 傍線部 a・b が行う内閣の方針を決める会議を何といいますか。（　　　　　）

(6) 次の文中の X ～ Z にあてはまる語句を，それぞれ書きなさい。

　　X（　　　　　）　Y（　　　　　）　Z（　　　　　）

> 内閣は，国会の（ X ）に基づいて成り立ち，国会に対して責任を負っている。このようなしくみを（ Y ）という。（ Y ）では立法と（ Z ）の対立が生じにくい。

ヒントの森
(1)もう一方の議院に優越している議院。

❹ 内閣の仕事　右の表を見て，次の問いに答えなさい。

(1) a ～ f にあてはまる語句を，[　　]から選びなさい。

　　a（　　　　　）　　　　b（　　　　　）

　　c（　　　　　）　　　　d（　　　　　）

　　e（　　　　　）　　　　f（　　　　　）

> 議決　制定　作成　承認
> 執行（しっこう）　締結　指名　任命

内閣の主な仕事

仕事
天皇の国事行為に助言と承認
法律の（ a ）
外交関係の処理
条約の（ b ）
政令の（ c ）
国会にかかわる仕事
予算案の（ d ）
衆議院の解散
臨時国会の召集
裁判所にかかわる仕事
最高裁判所長官の（ e ）
その他の裁判官の（ f ）

よく出る
(2) 内閣が担当する，実際に国の政治を行うことを何といいますか。

（　　　　　　　）

レベルUP
(3) 次の仕事を行う省庁はどこですか。あとからそれぞれ選びなさい。

　① 医療や年金などの社会保障（いりょう・ほしょう）　　（　　　）

　② 教育や文化の向上　　（　　　）

　　ア　環境省（かんきょう）　　イ　文部科学省

　　ウ　財務省　　　　　　　　エ　厚生労働省

ヒントの森
(3)あと2つは公害対策，財政などを分担。

第2編　第2章

第2章　国民主権と日本の政治
2　国の政治のしくみ③

📖 教科書の **要点** （　　）にあてはまる語句を答えよう。

❶ 法を守る裁判所 　教 p.98〜99

● 法と裁判

◆**法**▶権利を守り，社会の秩序を維持するためのルール。

◆（①　　　　　　）

　▶犯罪や争いを第三者の判定で解決すること。

● 司法権と裁判所

◆（②　　　　　　）**権**▶法に基づき裁判を行う権限。

◆（③　　　　　　）

　▶司法権を担当。

　■ 最高裁判所

　■ **下級裁判所**▶高等裁判所・地方裁判所・家庭裁判所・簡易裁判所

◆（④　　　　　　）▶1つの事件につき3回まで裁判を受けられる。裁判を慎重に行うため。

　■ 控訴▶第一審の判決に不服のときに上級の裁判所に訴える。

　■ 上告▶第二審の判決に不服のときに上級の裁判所に訴える。

◆国民は（⑤　　　　　　）を受ける権利を保障されている。

● 司法権の独立と公正な裁判

◆（⑥　　　　　　）の独立▶公正な裁判を行うため，裁判所はほかの権力からの圧力や干渉を受けない。
　国会や内閣など

◆（⑦　　　　　　）の独立▶裁判官はみずからの良心に従って裁判を行い，憲法と法律のみに拘束される。

◆裁判官の身分保障▶（⑧　　　　　　）や国民審査や憲法の規定以外でやめさせられない。
　国会議員による

◆公開の法廷で裁判▶自由に傍聴できる。

● 違憲審査制

◆（⑨　　　　　　）**権**▶国の行為が違憲かどうか判断。

　■ 違憲立法審査権▶法律が違憲かどうか判断。

◆**憲法の番人**▶（⑩　　　　　　）は違憲審査の最終的な決定権をもつ。

↓裁判所の種類

種類	裁判の内容	数
最高裁判所	上告された事件について裁判所の最終的な判決を出す	1か所（東京）
高等裁判所	控訴された事件の主に第二審	全国8か所（札幌・仙台・東京・名古屋・大阪・広島・高松・福岡）
地方裁判所	家庭裁判所や簡易裁判所で取りあつかわないすべての事件の第一審	全国50か所（都府県に1か所，北海道に4か所）
家庭裁判所	主に家庭に関する事件や少年事件の第一審。原則非公開	
簡易裁判所	140万円以下の民事事件と一部の刑事事件の第一審	全国438か所

最高裁判所の大法廷は15人の裁判官によって行われるよ

↓最高裁判所の違憲判決の例

● 薬事法距離制限（1975年）
薬局間の設置距離制限は違憲〔憲法第22条（職業選択の自由）〕

● 議員定数不均衡（公職選挙法，1976年）
選挙区の「一票の格差」が合理的範囲をこえている〔憲法第14条（法の下の平等）〕

● 国籍法婚外子差別（2008年）
認知した子に日本国籍を認めない規定は違憲〔憲法第14条（法の下の平等）〕

違憲審査は具体的な事件を通して判断されるよ！　一票の格差も違憲とされたね。

📖 教科書の 資料 次の問いに答えよう。

(1) 図は，裁判のしくみを示しています。A〜D にあてはまる語句を，それぞれ書きなさい。

A（　　　　　　　）B（　　　　　　　）
C（　　　　　　　）D（　　　　　　　）

(2) Xは第二審を求めること，Yは第三審を求めることです。あてはまる語句を，それぞれ書きなさい。

X（　　　　　　　）Y（　　　　　　　）

(3) 図のように1つの事件につき3回まで裁判を受けられるしくみを何といいますか。

（　　　　　　　）

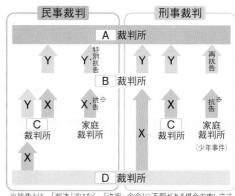

民事裁判 | **刑事裁判**

A 裁判所

Y　Y 特別抗告 ／ Y　Y 再抗告

B 裁判所

Y　X X抗告※ ／ Y　X 抗告※

C裁判所　家庭裁判所 ／ X　C裁判所　家庭裁判所（少年事件）

X

D 裁判所

※抗告とは，「判決」ではなく，「決定・命令」に不服がある場合の申し立て

第2編 第2章

📖 教科書 チェック 一問一答 次の問いに答えよう。

/10問中

★は教科書の太字の語句

1 法を守る裁判所

①私たちの権利を守り，社会の秩序を維持する社会のルールを何といいますか。

☐①＿＿＿＿＿＿＿＿＿＿

②国の機関の中で，司法権を担当するのはどこですか。

☐★②＿＿＿＿＿＿＿＿＿＿

③家庭に関する事件や少年事件の第一審を，原則非公開で行う裁判所は何ですか。

☐③＿＿＿＿＿＿＿＿＿＿

④最高裁判所に対して，③と高等裁判所，地方裁判所，簡易裁判所のことを合わせて何といいますか。

☐④＿＿＿＿＿＿＿＿＿＿

⑤国民が，自分の権利や自由を守るために，公的な第三者による判定を求める権利を何といいますか。

☐★⑤＿＿＿＿＿＿＿＿＿＿

⑥裁判所が国会，内閣，その他のどんな権力からも圧力や干渉を受けないことを何といいますか。

☐★⑥＿＿＿＿＿＿＿＿＿＿

⑦裁判官は，憲法と法律に拘束されるほか，自らの何に従って裁判を行いますか。

☐⑦＿＿＿＿＿＿＿＿＿＿

⑧裁判のようすを，裁判所で見聞きすることを何といいますか。

☐⑧＿＿＿＿＿＿＿＿＿＿

⑨法律が憲法に違反していないかどうか判断する権限を何といいますか。

☐★⑨＿＿＿＿＿＿＿＿＿＿

⑩最高裁判所は，違憲審査の最終的な決定権をもっているため，何とよばれていますか。

☐★⑩＿＿＿＿＿＿＿＿＿＿

知識の泉　裁判官，弁護士，検察官になるためには，まず司法試験に合格しなければなりません。司法試験の合格者は，この3つから自分の進路を選びます。

確認のワーク　ステージ1

第2章　国民主権と日本の政治
2　国の政治のしくみ④

教科書の 要点 （　）にあてはまる語句を答えよう。

1 裁判のしくみと人権の尊重　教 p.100〜101

●民事裁判/刑事裁判

◆（①　　　　　）裁判▶権利や義務について争う。

■訴えた人を原告，訴えられた人を被告という。

◆（②　　　　　）裁判▶犯罪行為の有無を判断し，有罪なら刑罰を言いわたす。

■検察官が被疑者を（③　　　　　）として起訴。

●裁判と人権尊重

◆弁護人▶専門知識をもつ弁護士が当事者の利益を守る。
　自分で依頼できない場合，国選弁護人がつけられる

◆刑事裁判に関する人権への配慮

■罪刑法定主義▶犯罪と刑罰をあらかじめ法律で定める。

■適正手続の保障▶容疑を伝え弁明の機会をあたえる。

■（④　　　　　）の原則▶「疑わしきは罰せず」。
　有罪判決を受けるまでは無罪と推定

■えん罪を防ぐことが課題。
　無実の罪で有罪となること

2 私たちの司法と裁判員制度　教 p.102〜103

●私たちに身近な司法/裁判員制度

◆司法制度改革▶国民のための司法の実現をめざす。

■「法テラス」を設け，弁護士と相談しやすくするなど。

◆（⑤　　　　　）▶国民が裁判官と刑事裁判を行う。

■重大な刑事裁判の第一審に導入。

■6人の（⑥　　　　　）が，3人の裁判官と審理。
　20歳以上の国民からくじで選ぶ

●刑事裁判手続きの変化

◆公判前整理手続，被害者参加制度，取り調べの可視化。

3 三権分立と政治参加　教 p.106〜107

●国民主権と三権分立

◆（⑦　　　　　）▶国の権力を三権に分け，抑制し合う。

■立法権を（⑧　　　　　），

　行政権を（⑨　　　　　），

　司法権を（⑩　　　　　）が担当。

◆国民主権▶国会には選挙，内閣には世論，
　　　　　裁判所には国民審査で，三権に影響をあたえる。
　　　　　衆議院議員総選挙のときに
　　　　　国民の直接投票で審査

●私たちが決める日本の政治

◆民主主義に基づき，国民が選挙で政治の方向を決める。

↓民事裁判

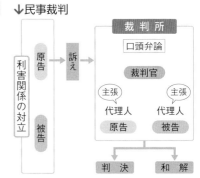

↓刑事裁判

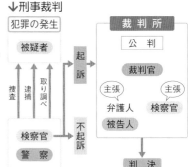

↓刑事裁判と憲法の人権保障

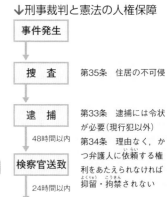

事件発生

捜査　　第35条　住居の不可侵

逮捕　　第33条　逮捕には令状が必要（現行犯以外）
48時間以内　第34条　理由なく，かつ弁護人に依頼する権利をあたえられなければ抑留・拘禁されない

検察官送致
24時間以内

勾留　　第36条　拷問の禁止
20日以内　第38条　供述の不強要（黙秘権），自白だけでは有罪とされない

起訴　　第32条　裁判を受ける権利
　　　　第37条　迅速な公開裁判を受ける権利，弁護人を依頼する権利（国選弁護）

刑事裁判

判決　　第40条　無罪の場合，刑事補償を請求する権利

📖 教科書の 資料 　次の問いに答えよう。

(1) 図のように，権力を３つに分け，たがいに抑制し合うことで権力のゆきすぎを防ぐしくみを何といいますか。　（　　　　　　　　）

(2) Ａ〜Ｃにあてはまる権力を，それぞれ書きなさい。
Ａ（　　　　　　　　）
Ｂ（　　　　　　　　）
Ｃ（　　　　　　　　）

(3) Ｘ〜Ｚにあてはまる語句を，それぞれ書きなさい。
Ｘ（　　　　　　　　）
Ｙ（　　　　　　　　）
Ｚ（　　　　　　　　）

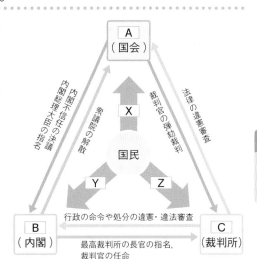

第2編
第2章

📖 教科書 一問一答 チェック　次の問いに答えよう。

/10問中

★は教科書の太字の語句

❶ 裁判のしくみと人権の尊重

①民事裁判で，訴えた人を何といいますか。
★① ＿＿＿＿＿＿＿＿

②民事裁判で，訴えられた人を何といいますか。
★② ＿＿＿＿＿＿＿＿

③刑事裁判で，被疑者を被告人として起訴するのはだれですか。
★③ ＿＿＿＿＿＿＿＿

④裁判で，被疑者や被告人の弁護をしたり，利益を守ったりする人を何といいますか。
④ ＿＿＿＿＿＿＿＿

⑤犯罪とそれに対する刑罰をあらかじめ法律で定めておくことを何といいますか。
★⑤ ＿＿＿＿＿＿＿＿

⑥被疑者や被告人にどんな疑いがかけられているか知らせたうえで，弁解の機会をあたえることを何といいますか。
★⑥ ＿＿＿＿＿＿＿＿

⑦裁判で，有罪であることを証拠に基づいて明確にできなかったときは，無罪とされることを何といいますか。
★⑦ ＿＿＿＿＿＿＿＿

❷ 私たちの司法と裁判員制度

⑧これまでの時間や費用がかかっていた裁判制度を改めて，国民が利用しやすくする改革を何といいますか。
★⑧ ＿＿＿＿＿＿＿＿

⑨だれもがいつでも弁護士と相談できるようにつくられたのは何ですか。
⑨ ＿＿＿＿＿＿＿＿

⑩2009年から刑事裁判に導入された，国民が裁判に参加する制度を何といいますか。
★⑩ ＿＿＿＿＿＿＿＿

 知識の泉　被疑者を逮捕しても，検察官の判断で起訴しない場合もあります。起訴・不起訴の判断が正しかったかどうか，国民から選ばれた検察審査会が，判断をすることがあります。

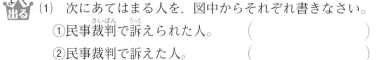

定着のワーク　ステージ2　第2章　国民主権と日本の政治
2　国の政治のしくみ③・④

1 **裁判のしくみ**　右の図を見て，次の問いに答えなさい。

よく出る

(1)　次にあてはまる人を，図中からそれぞれ書きなさい。
①民事裁判で訴えられた人。　（　　　　　　　）
②民事裁判で訴えた人。　（　　　　　　　）
③刑事裁判で被疑者を起訴し，求刑する人。
（　　　　　　　）
④証拠に基づいて判断し，判決を言いわたす人。
（　　　　　　　）
⑤被告人の権利を守る人。　（　　　　　　　）

レベルUP

(2)　Aには，当事者の話し合いで解決する方法
があてはまります。これを何といいますか。
　　から書きなさい。
（　　　　　　　）

無罪
和解
弁明

(3)　次の文中のa～dにあてはまる語句を，それぞれ書き
なさい。
a（　　　　　　　）　b（　　　　　　　）
c（　　　　　　　）　d（　　　　　　　）

刑事裁判の第一審に不服の場合は，（　a　）裁判所に（　b　）す
ることができる。第二審の判決にも不服の場合は，（　c　）裁
判所での第三審を求めて（　d　）することができる。

↓民事裁判
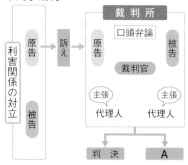

↓刑事裁判
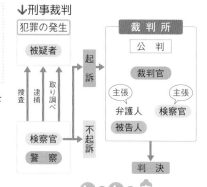

ヒントの森
(3)a 全国に8か所ある
裁判所。c 1か所し
かない裁判所。

2 **司法権の独立**　次の憲法の条文を読んで，あとの問いに答えなさい。

第76条③　すべて裁判官は，その（　A　）に従ひ，独立してその職権を行ひ，この憲法
及び（　B　）にのみ拘束される。
第78条　裁判官は，裁判により，心身の故障のために職務を執ることができないと決
定された場合を除いては，公の弾劾によらなければ罷免されない。…

(1)　A・Bにあてはまる語句を，それぞれ書きなさい。
A（　　　　　　　）　B（　　　　　　　）

(2)　第76条③の原則を何といいますか。　（　　　　　　　）

よく出る

(3)　下線部について，裁判官をやめさせることができるものを次か
ら2つ選びなさい。　（　　　）（　　　）
ア　弾劾裁判　イ　行政裁判　ウ　国民審査　エ　違憲審査

ヒントの森
(1)A 正しくあろうとす
る心のはたらき。B
国が制定するきまり。

❸ **裁判と人権**　右の図を見て，次の問いに答えなさい。

(1) A～Dにあてはまる語句を，　　　からそれぞれ書きな
　さい。

A (　　　　　　　)　B (　　　　　　　)

C (　　　　　　　)　D (　　　　　　　)

> 拷問（ごうもん）　自白　令状　起訴

(2) 右の図のXにあてはまる，犯罪が発生したときに行わ
　れる裁判を何といいますか。　　　(　　　　　　　)

(3) 捜査や逮捕にはAが必要です。Aを出す人を書きなさ
　い。　　　　　　　　　　　　　　(　　　　　　　)

(4) aの権利を何といいますか。　(　　　　　　　)

(5) bについて，法廷で行われる裁判を見ることを何とい
　いますか。　　　　　　　　　　(　　　　　　　)

(6) cについて，被疑者（ひぎしゃ）や被告人（ひこくにん）が経済（けいざい）的な事情などによ
　り自分で弁護人を依頼できないとき，国が費用を負担（ふたん）し
　てつける弁護人を何といいますか。

　　　　　　　　　　　　　　　(　　　　　　　)

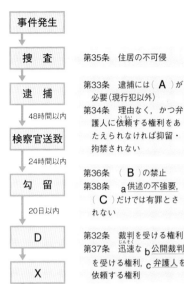

事件発生

捜査　　第35条　住居の不可侵

逮捕　　第33条　逮捕には（ A ）が
　　　　　　　　必要（現行犯以外）
　48時間以内　第34条　理由なく，かつ弁
　　　　　　　　護人に依頼（いらい）する権利をあ
検察官送致　　　たえられなければ抑留・
　24時間以内　　拘禁されない

勾留　　第36条　（ B ）の禁止
　　　　第38条　a供述の不強要，
　20日以内　　　（ C ）だけでは有罪とさ
　　　　　　　　れない

D　　　第32条　裁判を受ける権利
　　　　第37条　迅速（じんそく）なb公開裁判
X　　　　　　　を受ける権利，c弁護人を
　　　　　　　　依頼する権利

判決　　第40条　無罪の場合，刑事
　　　　　　　　補償を請求する権利

ヒントの森

(2)黙って秘密を守る権
利のことです。

❹ **三権分立**　右の図を見て，次の問いに答えなさい。

よく出る (1) A～Fにあてはまるはたらきを，　　　からそれ
　ぞれ書きなさい。

A (　　　　　　　)

B (　　　　　　　)

C (　　　　　　　)

D (　　　　　　　)

E (　　　　　　　)

F (　　　　　　　)

> 裁判官の弾劾裁判　　衆議院（しゅうぎいん）の解散
> 法律の違憲審査　　　内閣総理大臣（ないかくそうりだいじん）の指名
> 行政処分（しょぶん）の違憲審査　最高裁判所長官の指名

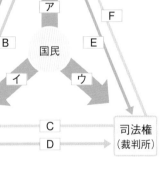

立法権
（国会）

A　　ア　　F

B　　国民　　E

イ　　　ウ

行政権　　C　　司法権
（内閣）　D　　（裁判所）

(2) 右の用紙に関係の深い行為を，
　図中のア～ウから１つ選びなさい。

　　　　　　　(　　　　　　　)

(3) 図のように，民主主義に基づき
　行われる政治を何といいますか。

　　　　　　　(　　　　　　　)

ヒントの森

(1)A・B議院内閣制の
しくみ。
　C・F行政は内閣が
行い，法律を制定で
きるのは国会だけ。

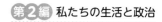

 ステージ 3 総合問題編 第2章 国民主権と日本の政治
3 国の政治のしくみ

こつこつ テスト直前 解答 p.13

30分 /100

3 ある年の国会の１年をまとめた次の資料を見て，あとの問いに答えなさい。 4点×8（32点）

1月	2月	3月	4月	5月	6月	7月	8月	9月	10月	11月	12月
A 開会		a 参議院で予算案否決 衆議院で予算案可決	予算案に関する b 開催 c 衆議院の優越により予算案成立		A 閉会	B 開会			d 閉会・衆議院解散 衆議院で内閣不信任案可決 B		e 開会 衆議院議員総選挙 C

(1) A～Cにあてはまる語句を， □ からそれぞれ書きなさい。

(2) 傍線部aについて，予算案は先に衆議院に提出しなければなりません。このことを何といいますか。

（3） bにあてはまる語句を書きなさい。

常会 特別会
緊急集会 臨時会

(4) 傍線部cが認められている理由を，「任期」,「世論」の語句を使って，簡単に書きなさい。

(5) 傍線部dのとき，内閣はどうしますか。次の文中の□にあてはまる数字や語句をそれぞれ書きなさい。

　内閣は，① 日以内に衆議院を解散するか，② する。

(1) A		B		C		(2)	
(3)		(4)					
(5) ①		②					

2 次の文を読んで，あとの問いに答えなさい。 4点×3（12点）

　　内閣の（ A ）権が拡大すると，国会による監督が難しくなったり，非効率が生じたりする。仕事の効率化を進めるため，規制緩和などの（ B ）を進めている。

(1) A・Bにあてはまる語句を，次からそれぞれ選びなさい。

　ア 行政　　イ 司法　　ウ 行政改革　　エ 司法制度改革

(2) 下線部の例にあてはまるものを，次から1つ選びなさい。

　ア 農林水産省と厚生労働省の関連する仕事の一部をまとめて消費者庁をつくった。

　イ 航空運賃の下限規制を撤廃し，企業の新規参入をしやすくした。

　ウ 法テラスを設けて，国民が弁護士に相談しやすくした。

(1) A		B		(2)	

目標 ── □ 三権の均衡と抑制をおさえる
□ 行政や司法の改革をおさえる

自分の得点まで色をぬろう！
😫もういっぽ 😊くう 🏆合格！
0　　　　　　　60　80　100点

3 次の文を読んで，あとの問いに答えなさい。　　　4点×7（28点）

　A　Xは，Yに貸したお金を返してもらえなかったので，Yを訴えた。
　B　Z（28歳）は殺人を犯したとして（　a　）され，裁判で有罪の（　b　）を受けた。

(1)　A・Bのような裁判を，それぞれ何といいますか。

(2)　右の図は，法廷でのようすを示しています。これは，A・
Bどちらの裁判のようすですか。

(3)　a・bにあてはまる語句を，[　]からそ
れぞれ書きなさい。

控訴　起訴
和解　判決

裁判員　裁判官　裁判員
書記官
検察官　証言台　被告人　弁護人
傍聴人

第2編
第2章

(4)　Zに認められた権利として誤っているも
のを，次から1つ選びなさい。

　ア　自白だけで有罪とされない権利。　　イ　拷問されない権利。
　ウ　自分に不利な供述を拒否する権利。　エ　非公開の裁判を求める権利。

(5)　裁判は1つの事件につき3回まで受けることができます。その理由を簡単に書きなさい。

(1) A		B		(2)		(3) a		b
(4)		(5)						

4 右の図を見て，次の問いに答えなさい。　　(1)3点×4，他4点×4（28点）

(1)　次の①〜④が国会の仕事ならア，内閣の仕事ならイと書きなさい。
　①　予算の作成　　②　条約の承認
　③　国政調査　　　④　政令の制定

(2)　図中のA〜Cにあてはまるはたらきを，次からそ
れぞれ選びなさい。

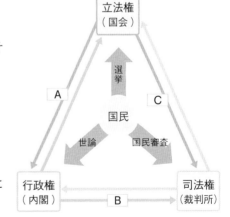

立法権（国会）
選挙
A　　C
国民
世論　国民審査
行政権（内閣）　B　司法権（裁判所）

　ア　内閣総理大臣の任命　　イ　違憲審査
　ウ　内閣総理大臣の指名　　エ　弾劾裁判
　オ　最高裁判所長官の指名
　カ　その他の裁判官の指名

(3)　裁判所について，最高裁判所が「憲法の番人」と
よばれている理由を，簡単に書きなさい。

(1) ①		②		③		④		(2) A		B		C
(3)												

予習・復習　こつこつ　解答　p.14

確認のワーク　ステージ1　第2章　国民主権と日本の政治
3　くらしを支える地方自治①

教科書の要点（　　）にあてはまる語句を答えよう。

❶ 私たちのくらしと地方自治　教 p.108〜109

● 私たちの住む地域

◆日本のそれぞれの地域に多様な特徴▶問題も異なる。
（歴史、気候、産業、人口などによる）

● 地方自治とは

◆（① 　　　　　　　）▶住民が地域の課題に自分たちで取り組むことを尊重するという考え方。

◆地方自治には住民自治と地方分権が必要。

- ■（② 　　　　　　　）▶地域の一人一人がかかわる。
- ■（③ 　　　　　　　）▶国が地方公共団体の活動を必要以上に制約せず，地域の実情に合った取り組みを行える。

◆地方自治▶「民主主義の（④ 　　　　　　　）」

- ■住民が直接参加し，合意で決めていく経験を積める。

● 災害と地方自治

◆災害に対する地方自治の役割▶避難所の開設・運営，災害からの復旧・復興。

❷ 地方自治のしくみ　教 p.110〜111

● 地方公共団体とは

◆地方公共団体（地方自治体）▶市（区）町村や都道府県。

- ■市（区）町村の仕事▶住民サービス，福祉サービスなど。（全国に約1700ある）
- ■都道府県の仕事▶広域医療など。
- ■国の仕事を行うことや，国と共同で仕事を行うことも。
- ■（⑤ 　　　　　　　）▶地方公共団体の職員。

● 首長と地方議会の役割

◆地方公共団体の政治▶地方議会と首長が行う。
（議会の議員と首長はともに選挙で選ばれる）

- ◆（⑥ 　　　　　　　）▶都道府県議会，市（区）町村議会。
  - ■条例の制定　■予算の議決　■首長による行政の監視
  （地方公共団体がつくる独自のきまり）
- ◆（⑦ 　　　　　　　）▶都道府県知事，市（区）町村長。
  - ■（⑧ 　　　　　　　）案・条例案を議会に提出。
  - ■地方公務員を率いて地方公共団体の業務を実施。
- ◆地方議会と首長の関係▶たがいに抑制するしくみ。
  - ■議会▶首長に対する（⑨ 　　　　　　　）。
  - ■首長▶議会の（⑩ 　　　　　　　），議会の決定に対し再検討を求める権限（再議権）。

↓ 地域づくりの例

- ● 気候によるちがい
- ・北海道→除雪
- ・沖縄→台風へのそなえ
- ● 人口構成によるちがい
- ・高齢化が進む
  - →医療，介護サービス
- ・子育て世代が多い
  - →保育所の整備

↓ 地方公共団体の仕事

- ● 市（区）町村
- ・住民サービス（住民登録，各種証明の発行など）
- ・福祉サービス（介護，保育所）
- ・公立小中学校の設置・運営
- ・水道の整備
- ・都市計画
- ・消防業務　など
- ● 都道府県
- ・広域医療
- ・交通網の整備
- ・公立高校の設置や運営
- ・警察業務　など

2016年に，選挙権の年齢制限が20歳以上から18歳以上になったよ。

↓ 地方公共団体の選挙権と被選挙権

（任期4年）	被選挙権	選挙権
都道府県知事	30歳以上	18歳以上
市（区）町村長	25歳以上	
議員		

😊 まるごと暗記　☺地方自治「民主主義の学校」，住民自治と地方分権が柱　　☺知事・市(区)町村長 住民が選挙で直接選ぶ

📖 教科書の 資料　次の問いに答えよう。

(1) 図は，地方自治のしくみを示しています。

A～Cにあてはまる語句を，░░░からそれぞれ書きなさい。

A（　　　　　　　）

B（　　　　　　　）

C（　　　　　　　）

```
解散　行政
選挙　不信任
```

(2) 首長にあたるものを，図中から２つ書きなさい。

（　　　　　　　　　　）

（　　　　　　　　　　）

(3) ①知事，②市（区）町村議会議員に立候補できるのは，それぞれ何歳以上ですか。

①（　　　　）歳以上　②（　　　　）歳以上

```
地方公共団体の住民
   │A              │A
   ▼              ▼
執行機関 ◀ B 決議，    議決機関
 首長    条例・予算の議決   議会

      議会の C ，
      議決の再議  ▶

 知事              都道府県議会
 市(区)長村長        市(区)長村長議会

      副知事
      副市(区)長村長

教育委員会，選挙管理委員会など
```

第2編
第2章

📖 教科書 一問一答（チェック）　次の問いに答えよう。

/10問中

★は教科書の太字の語句

① 私たちのくらしと地方自治

①地域の問題を，住民が自らの意思と責任で決めていくことを尊重する考え方を何といいますか。

★①＿＿＿＿＿＿＿＿＿＿

②①に必要な，地域の人々が地域の課題解決に取り組むことを何といいますか。

★②＿＿＿＿＿＿＿＿＿＿

③市（区）町村や都道府県などの地方の政治を行う団体を何といいますか。

★③＿＿＿＿＿＿＿＿＿＿

④国よりも③が主体となり，地域の実情に合った取り組みを行うことを何といいますか。

★④＿＿＿＿＿＿＿＿＿＿

⑤①は，住民が民主主義を学び，政治に参加する機会であることから何とよばれますか。

★⑤＿＿＿＿＿＿＿＿＿＿

② 地方自治のしくみ

⑥③のうち，水道の整備や公立の小中学校の設置を行うのはどこですか。

⑥＿＿＿＿＿＿＿＿＿＿

⑦③のうち，公立高等学校の設置や警察の仕事を行うのはどこですか。

⑦＿＿＿＿＿＿＿＿＿＿

⑧⑥や⑦の長のことを何といいますか。

★⑧＿＿＿＿＿＿＿＿＿＿

⑨③が制定する独自のきまりを何といいますか。

★⑨＿＿＿＿＿＿＿＿＿＿

⑩⑧が議会の決定について再検討を求める権利を何といいますか。

⑩＿＿＿＿＿＿＿＿＿＿

 知識の泉　東京23区のことを「特別区」といいます。東京23区にはそれぞれ選挙で選ばれた区長と議会があります。政令指定都市の「区」とは異なります。

第2章　国民主権と日本の政治
3　くらしを支える地方自治②

📖 教科書の **要点**　（　）にあてはまる語句を答えよう。

❶ 地方自治と国の関係　　教 p.112~113

● **財政における国と地方の関係**

◆（①　　　　　　）▶地方公共団体の1年間の収入（歳入 しゅうにゅう さいにゅう）と支出（歳出 さいしゅつ）。

◆地方公共団体の歳入▶自主財源と依存財源 ざいげん いそん。

■ **自主財源**▶地域の住民や企業が負担 ちいき きぎょう ふたん。**地方税**など。

■ **依存財源**▶国からあたえられ，自主財源の不足を補 おぎな う。

・（②　　　　　　　　）▶歳入不足を補う。
使いみちは自由 こっこ ししゅっきん

・**国庫支出金**▶公共事業など，国の進める事業の実施 じっし。
使いみちは特定

・（③　　　　　　）▶債券を発行し，金銭を借りる。 さいけん

● **地方分権/市町村合併** ぶんけん

◆国と地方の関係▶**中央集権**と**地方分権**の2つの考え方。

■（④　　　　　　）▶国の役割を大きくする。 やくわり

■（⑤　　　　　　）▶地方の役割を大きくする。

■1990年代以降 いこう，地方分権改革が進む。 かいかく

◆（⑥　　　　　　）▶二つ以上の市町村が一つに→市町村 きぼ かくだい
2000年代に「平成の大合併」

の規模を拡大し，行財政の能力を高くする。

❷ 地方自治と私たち　　教 p.114~115

● **住民の政治参加を広げるしくみ**

◆地方自治では（⑦　　　　　　）権が住民に認められる。 けん みと

■ 首長・議員の**解職請求**（リコール） せいきゅう

■ 議会の解散　　■ 条例の制定・改廃 かいはい

■ 地方公共団体の事務に関する**監査請求** かんさ

◆（⑧　　　　　　）▶課題に対する住民の意思を問う。

● **地域づくりにおける住民の役割** やくわり

◆地域づくり▶自治会や町内会などの住民組織，意見の申し立てを行う住民運動などへの参加。

◆現状を理解し，解決策を考え，**住民参加**することが大切。 じゅうみんさんか

■（⑨　　　　　　）▶知る権利の保障が活動の基盤に。 ほしょう きばん
オンブズマン制度 さく

● **NPOやボランティアとの協働**

◆（⑩　　　　　　）（非営利組織）▶非営利の民間団体。

◆これからの地方自治▶NPOやボランティアと行政の協働や，住民の社会参画が必要。 しゃかいさんかく

↓市（区）町村の財政

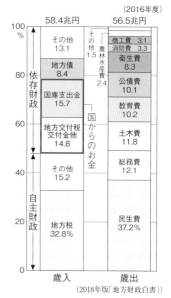

（2016年度）

（2018年版「地方財政白書」）

福祉などに使う民生費の割合が高いね。

↓住民投票の例

地方公共団体（年）	内容	結果
新潟県 にいがた 旧巻町 まきまち（1996）	原子力発電所の建設	否決 ひけつ。条例による初の住民投票
長野県 ながの 平谷村 ひらやむら（2003）	市町村合併	可決。中学生以上に投票権
大阪府 おおさか（2015）	大阪都構想	否決。日本最大級の住民投票
沖縄県 おきなわ（2019）	米軍基地建設のための埋め立て	否決。約72%が反対

まるごと暗記　😊地方交付税交付金　使いみちは自由　　😊国庫支出金　使いみちは国の事業の実施などに特定

教科書の 資料　次の問いに答えよう。

(1) 表は，住民の直接請求権をま
とめたものです。A〜Dにあて
はまる語句を，それぞれ書きな
さい。

A（　　　　　　　　）
B（　　　　　　　　）
C（　　　　　　　　）
D（　　　　　　　　）

(2) a・bにあてはまる語句を，
右からそれぞれ選びなさい。

a（　　　　）　b（　　　　）

請求の種類	必要な署名	請求先	請求後の取り扱い
（ A ）の制定・改廃	有権者の（ a ）	首長	議会を招集し，結果を報告
（ B ）	有権者の（ a ）	監査委員	監査を実施し，結果を公表
（ C ）の解散	有権者の※（ b ）	選挙管理委員会	住民投票を実施し，過半数の賛成があれば解散
（ D ）・議員の解職	有権者の※（ b ）	選挙管理委員会	住民投票を実施し，過半数の賛成があれば解職

※有権者数が40万人までの場合

ア　3分の1以上　イ　50分の1以上

第2編　第2章

チェック 教科書 一 問 一 答　次の問いに答えよう。

/10問中

★は教科書の太字の語句

1 地方自治と国の関係

①地方公共団体が収入を確保し，経費を支出する経済活動を何といいますか。

★①＿＿＿＿＿＿＿＿＿

②地方公共団体に国からあたえられる依存財源に対し，地域の住民や企業が負担する財源を何といいますか。

②＿＿＿＿＿＿＿＿＿

③住民が都道府県や市（区）町村に納める税金を何といいますか。

★③＿＿＿＿＿＿＿＿＿

④税収の不足分を補うために，国から地方公共団体に使いみちを定めず支給される補助金を何といいますか。

★④＿＿＿＿＿＿＿＿＿

⑤国が進める公共事業や社会保障などのために，国から地方公共団体に支給される補助金を何といいますか。

★⑤＿＿＿＿＿＿＿＿＿

⑥法律の改正により2000年代に進んだ，二つ以上の市町村が一つになることを何といいますか。

★⑥＿＿＿＿＿＿＿＿＿

2 地方自治と私たち

⑦首長や議員の解職請求のことを，カタカナで何といいますか。

⑦＿＿＿＿＿＿＿＿＿

⑧地域の重要な課題について，住民の意思を問うために，条例に基づいて行われるものは何ですか。

★⑧＿＿＿＿＿＿＿＿＿

⑨住民が，生活環境や福祉サービスなどの問題を解決するために行う運動を何といいますか。

⑨＿＿＿＿＿＿＿＿＿

⑩地域のさまざまな問題に取り組んでいる，非営利の民間団体を何といいますか。

★⑩＿＿＿＿＿＿＿＿＿

 知識の泉　平成11年から平成22年まで行われた市町村合併を「平成の大合併」とよびます。平成11年には3232あった地方自治体が，平成22年には1727，平成30年には1718になりました。

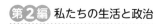

定着のワーク　ステージ2

第2章　国民主権と日本の政治
3　くらしを支える地方自治

1 地方の政治　次の文を読んで，あとの問いに答えなさい。

　住民が，地域の問題を，自らの意思と責任で決めていく政治を（　A　）という。（　A　）は，a 住民自身が住民のために政治に参加する身近な機会であることから，「（　B　）の学校」とよばれている。地方の政治は，かつては国が方針を決めていたが，近年はb 市（区）町村や都道府県という（　C　）の権限が強められ，c（　C　）が自主的に仕事を行うことのできる範囲が広がった。

⑴　A～Cにあてはまる語句を，それぞれ書きなさい。
　　　　　　　A（　　　　　　　）　B（　　　　　　　）　C（　　　　　　　）

⑵　下線部aについて，住民みんなが地域の課題に取り組むことを何といいますか。
　　　　　　　　　　　　　　　　　　　　　　　（　　　　　　　）

⑶　下線部bが行う仕事にあてはまらないものを，次から選びなさい。
　　　　　　　　　　　　　　　　　　　　（　　　　）

　　ア　水道の整備　　イ　消防　　ウ　警察　　エ　外交

⑷　下線部cのような政治のあり方を何といいますか。
　　　　　　　　　　　　　（　　　　　　　）

> **ヒントの森**
> ⑴A・Bはそれぞれ漢字4字。
> ⑶1つは国の仕事です。

2 地方公共団体のしくみ　右の図を見て，次の問いに答えなさい。

⑴　A・Bにあてはまる語句をそれぞれ書きなさい。
　　　　　　　A（　　　　　　　）
　　　　　　　B（　　　　　　　）

⑵　市（区）町村長に立候補できる年齢を書きなさい。　　　　（　　　　）歳以上

⑶　X・Yにあてはまるはたらきを，次からそれぞれ2つずつ選びなさい。
　　　　　　　X（　　　）（　　　）
　　　　　　　Y（　　　）（　　　）

　　ア　不信任決議　　イ　議決の再議
　　ウ　解散　　　　　エ　予算・条例の議決

```
            地方公共団体の住民
     選挙                      選挙
  執行機関                    議決機関
   A         ← X →            B

  知事                      都道府県議会
 市（区）長村長              市（区）長村長議会
         副知事
      副市（区）長村長

 教育委員会，選挙管理委員会など
```

⑷　次の文中の　にあてはまる語句を，それぞれ書きなさい。
　　　　　　①（　　　　　　　）　②（　　　　　　　）

　都道府県で政治を行うのは，都道府県の ① と都道府県議会です。都道府県庁の職員などの ② 公務員が，行政の仕事を担っています。

> **ヒントの森**
> ⑴A執行機関の長。B地方公共団体の議決機関。
> ⑵地方議会の議員と同じです。

3 地方財政 右のグラフを見て，次の問いに答えなさい。

(1) 次の文にあてはまる財源を，グラフ中から選んで書きなさい。ただし，その他はのぞきます。

① 都府県の自主財源 （　　　　　　　）

② 国から使いみちを定めずに支給される補助金
（　　　　　　　）

③ 都府県の借金 （　　　　　　　）

(2) 次の文のうち，正しいものを2つ選びなさい。
（　　　　）（　　　　）

ア 東京都の収入は愛媛県の10倍以上ある。

イ 収入に占める地方税の割合が最も大きいのは沖縄県である。

ウ 地方税の割合が大きい都府県は，地方交付税交付金の割合が小さい傾向がある。

エ 収入に占める国庫支出金の割合が最も大きいのは秋田県である。

主な都府県の財政収入

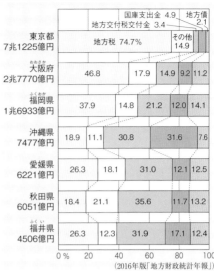

	国庫支出金 4.9	地方交付税交付金 3.4			地方債 2.1
東京都 7兆1225億円	地方税 74.7%			その他 14.9	
大阪府 2兆7770億円	46.8	17.9	14.9	9.2	11.2
福岡県 1兆6933億円	37.9	14.8	21.2	12.0	14.1
沖縄県 7477億円	18.9	11.1	30.8	31.6	7.6
愛媛県 6221億円	26.3	18.1	31.0	12.1	12.5
秋田県 6051億円	18.4	21.1	35.6	11.7	13.2
福井県 4506億円	26.3	12.3	31.9	17.1	12.4

0% 20 40 60 80 100

（2016年版「地方財政統計年報」）

(3) 多くの地方公共団体が，財政の悪化になやんでいます。支出を減らす努力にあてはまらないものを，次から1つ選びなさい。

ア 事業をけずる。　　イ 職員を減らす。（　　　　　）

ウ 施設を統廃合する。　　エ 水道料金を値上げする。

(2)地方交付税交付金は税収不足を補う財源。
(3)1つは収入を増やす努力です。

4 住民参加 次の文を読んで，あとの問いに答えなさい。

地方自治では，首長や議員を選挙で選ぶほか，署名を集めて（ A ）の制定・改廃や監査，議会の解散，a議員の解職を求める（ B ）権や，地域の重要な問題について住民の意思を問う（ C ）などの直接民主制のしくみが取り入れられている。

また，住民たちによる地域づくりとして，自主的に奉仕活動をする（ D ）やbNPOの活動が盛んになっている。住民参加のためには，c行政が意思決定のしくみや財源の使いみちなどを，住民にわかりやすく広く知らせることが大切である。

(1) A～Dにあてはまる語句を，それぞれ書きなさい。

A（　　　　　　　）

B（　　　　　　　）　C（　　　　　　　）　D（　　　　　　　）

(2) 下線部aについて，次の文中のX・Yにあてはまる語句を，　　からそれぞれ選びなさい。

X（　　　　　　　）　Y（　　　　　　　）

50分の1	選挙管理委員会
3分の1	監査委員

議員の解職請求は，有権者の（ X ）以上の署名を集めて，（ Y ）に提出する。

(3) 下線部bは，何の略称ですか。（　　　　　　　）

(4) 下線部cを何といいますか。（　　　　　　　）

(3)営利を目的としない民間団体のこと。
(4)知る権利と関係。

第2編 第2章

総合問題編
第2章　国民主権と日本の政治
3　くらしを支える地方自治

こつこつ　テスト直前　解答 p.15

30分　/100

1 右の資料を見て，次の問いに答えなさい。

5点×4 (20点)

(1) 国の政治と地方公共団体の政治のちがいについて，次の文中の□にあてはまる語句をそれぞれ書きなさい。

　国の場合，内閣総理大臣は国民から ① 的に選ばれるが，地方公共団体の場合，首長は選挙で住民により ② 選ばれる。

(2) 地方議会は，条例や予算の議決のほか，首長を抑制する決議を行うことができます。この決議を何といいますか。

(3) 右の資料のア〜ウは，それぞれ国，都道府県，市（区）町村の仕事内容を示しています。都道府県の仕事内容にあてはまるものを選びなさい。

地方自治のしくみ

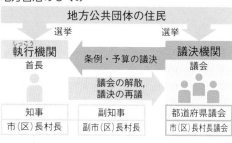

ア	公立高校の設置，警察業務など
イ	国の防衛，外交，年金の管理など
ウ	公立小中学校の設置，消防，水道の整備など

(1) ①		②		(2)		(3)	

2 右のグラフを見て，次の問いに答えなさい。

6点×5 (30点)

作図
(1) 次の表を参考に，グラフ1を完成させなさい。

民生費	35%	衛生費	6%
総務費	15%	商工費	4%
公債費	12%	消防費	3%
土木費	10%	農林水産業費	2%
教育費	8%	その他	5%

グラフ1　ある市町村の財政支出

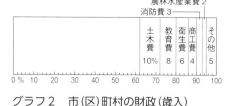

作図
(2) グラフ2のうち，依存財源にあてはまるものを赤くぬりなさい。ただし，その他はのぞきます。

(3) グラフ2中の地方債などを返すための費用を何といいますか。(1)の表中から書きなさい。

グラフ2　市（区）町村の財政（歳入）

(2018年版「地方財政白書」)

(4) 依存財源に対し，地方公共団体がみずから徴収する財源を何といいますか。

記述
(5) 地方交付税交付金はどのような財源ですか。国庫支出金とのちがいに着目して，簡単に書きなさい。

(1)	グラフ1に記入	(2)	グラフ2に記入	(3)		(4)	
(5)							

目標
□ 地方自治のしくみをおさえる
□ 地方と国の関係をおさえる
□ 地方自治と住民参加の手段をおさえる

自分の得点まで色をぬろう！

0		60	80	100点
	がんばろう		もう一歩	合格！

3 次の文を読んで，あとの問いに答えなさい。　　　　　　　　5点×4（20点）

　　1990年代以降，a国から地方に権限を移す改革が進められてきた。それぞれの地域が財政や行政の能力を高めるため，1999年には，法改正によって「（　A　）の大合併」が行われた。市町村合併により，市町村の規模は拡大し，b市町村数は大幅に減少した。

(1)　Aにあてはまる語句を書きなさい。

(2)　下線部aについて，国が地方公共団体の活動を必要以上に制約せず，地域の実情にあった取り組みを行えるようにすることを何といいますか。

(3)　下線部bについて，2018年の市町村数は，1999年の約何割になっていますか。四捨五入して整数で書きなさい。

記述 (4)　市町村合併で市町村の規模が大きくなることには，どのような短所がありますか。簡単に書きなさい。

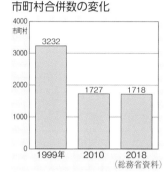

市町村合併数の変化

（総務省資料）

(1)		(2)		(3)	約	割
(4)						

4 次の文を読んで，あとの問いに答えなさい。　　　　　　　　6点×5（30点）

　　地方公共団体の政治では，住民はa直接請求権を行使して，議会の解散や首長・議員の（　A　）を求めることができる。また，地域の重要な課題に対して行われる（　B　）で，意思を表すことができる。住民の政治参加のために，（　C　）を通じて知る権利を保障することも重要である。それぞれの地域の課題を解決するため，b住民参加や，ＮＰＯ・ボランティアと行政の協働などが求められている。

(1)　A～Cにあてはまる語句を，それぞれ書きなさい。

記述 (2)　下線部aについて，住民が地方公共団体の財政について直接請求権を行使して監査請求をするとき，どのような手続きをとればよいですか。必要な署名と請求先についてふれながら，簡単に書きなさい。

レベルUP (3)　下線部bについて，住民参加にあてはまらないものを選びなさい。

　　ア　審議会の市民委員になる。　　イ　住民による勉強会を開く。
　　ウ　市議会議員に立候補する。　　エ　市の美化運動に参加する。

(1) A		B		C	
(2)				(3)	

資料活用・思考力問題編
第2章　国民主権と日本の政治

1 次の資料は，小選挙区で国会議員の選挙（議席数＝100）が行われた，架空の国の選挙結果を示したものです。あとの問いに答えなさい。　8点×3（24点）

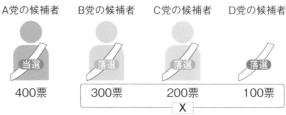

資料1

	獲得議席	政党支持率
A党	75	40%
B党	15	30%
C党	7	20%
D党	3	10%

資料2

A党の候補者　B党の候補者　C党の候補者　D党の候補者
当選　落選　落選　落選
400票　300票　200票　100票
X

(1)　この選挙結果は，どのような点が政党支持率と大きく異なっていますか。A党とB党のちがいに着目して書きなさい。

(2)　(1)の理由について，資料2と次の文中のXにあてはまる語句を書きなさい。

　この制度では1位の候補者だけが当選し，他の候補に入れられた票は　X　となる。そのため多くの選挙区で各党の候補者の得票率が政党支持率と同じとき，B党の候補は当選しにくくなる。

(3)　B党が議席を増やすためにはどのような条件が必要ですか。簡単に書きなさい。

(1)	
(2)	(3)

2 国会と内閣について，次の資料を見て，あとの問いに答えなさい。　8点×3（24点）

資料1

　国会の大切な仕事の一つに，法律の制定がある。国会だけが法律をつくる権限があるので，唯一の（　A　）とよばれる。国会が議決した法律や予算に基づき政治を行うのが内閣である。内閣の長である内閣総理大臣は，国会議員の中から選ばれるが，たいていの場合，与党の（　B　）が務める。

資料2

※2014〜2018年（継続審議案のぞく）　（内閣法制局資料）

(1)　A・Bにあてはまる語句をそれぞれ書きなさい。

(2)　資料2は，内閣と議員の提出法案の件数を示している。法律が成立する割合が内閣と議員で大きく異なる理由を，資料1を参考にして簡単に書きなさい。

(1) A		B	
(2)			

選挙結果は選挙のしくみに着目して考えよう。地方自治は，少子高齢化など，日本の人口の変化との関わりを考えよう

自分の得点まで色をぬろう!

0	60	80	100点

第2編
第2章

3 司法制度について，次の文を読んであとの問いに答えなさい。　　　9点×4（36点）

A　トラブルが起こっても，裁判にはお金がかかるので，専門家に相談できません。

B　えん罪事件が起きたというニュースを見て，司法制度に不信感を抱きました。

C　裁判官の判断が国民の感覚からはなれていて，信頼できないように感じます。

(1)　A〜Cは，司法についての国民の意見を示しています。これらの意見と関係の深い制度を，次からそれぞれ選びなさい。

　ア　裁判員制度　　イ　法テラス　　ウ　取り調べの可視化

(2)　あるクラスで，「死刑制度」についてディベートを行いました。Dさんは賛成の立場，Eさんは反対の立場です。次のDさんの意見に，Eさんはどのように反論することができますか。簡単に書きなさい。

　Dさん　死刑制度があれば，凶悪犯罪を抑制できます。

(1)	A	B	C	
(2)				

4 地方自治について，次の資料を見て，あとの問いに答えなさい。　　　8点×2（16点）

市（区）町村の財政

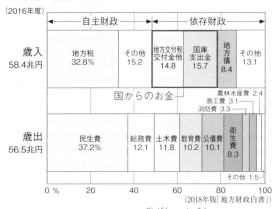

a　民生費：児童，高齢者，障がい者の福祉施設の整備・運営の費用
b　総務費：公務員の給与などに使われる費用
c　土木費：公共施設の建設，整備などの費用
d　教育費：学校教育や図書館運営などの費用
e　公債費：借りたお金を返すための費用
　　衛生費：医療，ごみの収集・処理などに使う費用

（2018年版「地方財政白書」）

(1)　この資料では，自主財源と依存財源のどちらのほうが多いですか。

(2)　a〜eの中で，あなたが今後も増加すると考えるものを一つ選び，その理由を書きなさい。

(1)		
(2)	記号	理由

予習・復習　こつこつ　解答　p.17

1　経済のしくみと消費生活①

教科書の　要点　（　）にあてはまる語句を答えよう。

❶ 経済のしくみ・経済活動の意義　教 p.124〜127

● 希少性のある資源と選択

◆希少性▶消費できる資源には限りがある→選択が必要。

◆（①　　　　　　　　　）▶生産・流通・消費のしくみの全体。

● 経済活動

◆社会全体で分業し，効率的に生産し，交換→生活を豊かに。

❷ 私たちの消費生活　教 p.128〜129

● くらしと消費/家計の収入と支出

◆（②　　　　　　　　　）▶ものを使うこと。

　　■人々は財や（③　　　　　　　　　　）を消費しながら生活。
形があるもの　　　　　　　　　　　　　　形のないもの

◆（④　　　　　　　　　）▶消費生活を営む単位。

　　■（⑤　　　　　　　　）▶家計の収入。給与所得など。
　　　　　　　　　　　　　　　　　　家族や個人

　　■可処分所得▶所得から税金や社会保険料を引いた所得。

　　・消費支出▶食料費，住居費，保健・医療費など。

　　・（⑥　　　　　　　　　）▶現金，銀行預金，株式など。
　　　　　将来の支出に備える

● 消費生活とお金

◆小売店での買い物の際，代金を貨幣で支払う。

　　■現金や電子マネーなどさまざまな支払い方法。
　　　紙幣や硬貨　　ICカードやスマートフォン

◆クレジットカード▶カード会社にあとで支払う。

❸ 消費者の権利と自立を支える政府のはたらき　教 p.130〜131

● 消費を支える契約
　　　　　　　　　　　　　　　支払い義務や商品を
　　　　　　　　　　　　　　引きわたす義務が発生

◆消費の際，たがいに納得して契約をかわしている。

　　■（⑦　　　　　　　　）▶訪問販売や電話勧誘販売の場合，

　　8日以内であれば契約を解除できる。
　　　　　　　　　　　解除

● 消費者主権と消費者問題/消費者保護
　　　　　　　消費者の意思と判断で商品を選ぶ

◆（⑧　　　　　　　　　）▶消費者に主権があること。

◆消費者問題▶産地の偽装，詐欺，通信販売や課金トラブル。

◆政府による消費者保護

　　■消費者基本法▶消費者主権を守る国や自治体の責務を規定。

　　■消費者契約法▶悪質な商法を規制。

　　■（⑨　　　　　　　　）（ＰＬ法）▶欠陥品による損害賠償
　　　　　　　　　　　ビーエルほう

　　の責任を生産者に負わせる。

　　■（⑩　　　　　　　　）▶消費者行政を統合する機関。

↓経済全体のしくみ

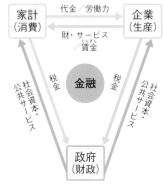

↓商品選択の目安となるマーク

エコマーク

国際フェアトレード認証ラベル

グリーンマーク

消費者は，環境に優しい商品を買うなど，購入時の選択をとおして意思表示ができるよ。

↓PL法

以前
● 企業に過失があったことを消費者が証明する必要。

PL法後
● 商品の欠陥によってけがをしたことなどを証明すればよい。

教科書の 資料 次の問いに答えよう。

(1) 右の資料は，夫婦共働き世帯の1か月間の収入と支出を示しています。Aを何といいますか。
（　　　　　）

(2) 家計の収入のことを，何といいますか。
（　　　　　）

(3) (2)のうちの大きな割合を占める，給料などのことを何といいますか。（　　　　　）

(4) Bは，国や地方公共団体に支払っている支出です。Bのうち，年金保険や雇用保険，介護保険として支払っているものをまとめて何といいますか。
（　　　　　）

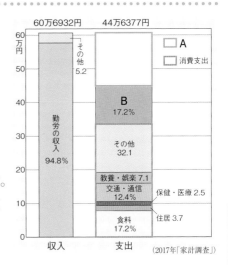

60万6932円　　44万6377円

A
消費支出

勤労の収入 94.8%

その他 5.2

B 17.2%
その他 32.1
教養・娯楽 7.1
交通・通信 12.4%
保健・医療 2.5
住居 3.7
食料 17.2%

収入　支出
(2017年「家計調査」)

第3編

教科書 一問一答 チェック 次の問いに答えよう。

/10問中

★は教科書の太字の語句

1 経済のしくみ・経済活動の意義

①欲求に限りがないのに対して，消費できる資源に限りがあることを何といいますか。
★① _____

②それぞれが得意とする職について生産を行うことを何といいますか。
★② _____

2 私たちの消費生活

③消費するもののうち，形があり目に見えるものを何といいますか。
★③ _____

④家計の所得から国や地方公共団体に支払われているのは，社会保険料と，もう1つは何ですか。
★④ _____

⑤家計の所得から，④や社会保険料を引いた後の所得を何といいますか。
⑤ _____

⑥食料費，住居費，教養・娯楽費などの支出を何といいますか。
★⑥ _____

⑦買い物や電車の運賃の支払いなどに使われている，デジタル化したお金を何といいますか。
⑦ _____

3 消費者の権利と自立を支える政府のはたらき

⑧買い物のときにかわしている，権利と義務が発生する約束を何といいますか。
★⑧ _____

⑨広告や宣伝などにふり回されることなく，消費者が自分の意思と判断で商品を選ぶことを何といいますか。
⑨ _____

⑩⑨を守る国や地方公共団体の責務を定めた法律を何といいますか。
★⑩ _____

 知識の泉 アメリカのケネディ大統領は，消費者には，安全を求める権利，知らされる権利，選択する権利，意見を反映させる権利の4つの権利があると提唱しました。

予習・復習　こつこつ　解答▶p.17

1　経済のしくみと消費生活②

教科書の 要 点 （　　）にあてはまる語句を答えよう。

❶ ものの流れと情報の流れ 教 p.132〜133

●小売と卸売

◆（①　　　　　　　　）業▶消費者に商品を直接売る仕事。
　　スーパーマーケットなどの小売店，通信販売企業など

◆（②　　　　　　　　）業▶製造会社や生産地から商品を仕入

　れ，小売業に売る仕事。

◆（③　　　　　　　　）▶商品が消費者に届くまでの流れ。

■商業▶流通にかかわる業種。
　　小売業，卸売業など

●さまざまな流通のしくみ

◆流通の合理化▶流通にかかる費用のむだをなくす。

■製造小売業▶生産から販売まですべて行う企業の増加。

●情報化の消費者や企業への影響

◆情報通信技術の発達→個人への情報提供，商品の改善などに

　（④　　　　　　　　）の活用。
　　デジタル情報として蓄積された大量のデータ

■大量に収集されている個人情報の保護が課題。

❷ 市場のしくみと価格の決まり方 教 p.134〜135

●価格の役割

◆価格▶財やサービスのねだん。

●価格の決まり方

◆市場▶消費者と生産者が財やサービスを売り買いする場。

◆（⑤　　　　　　　　）量▶消費者が買おうとする量。

◆（⑥　　　　　　　　）量▶生産者が売ろうとする量。

■需要量＞供給量▶品不足の状態。
　　じゅようりょう　きょうきゅうりょう

　→価格が（⑦　　　　　　　　）がる→需要量減，供給量増。

■需要量＜供給量▶市場に十分ある状態。

　→価格が（⑧　　　　　　　　）がる→需要量増，供給量減。

◆市場価格▶市場で需要量と供給量によって決まる価格。

◆（⑨　　　　　　　　）▶需要量と供給量がつり合っている状

　態の価格。生産者も消費者も希望通りに取り引きできる。

●価格と資源の使われ方

◆生産者が価格の上下で資源の使い方を変え，供給量を調整。
　　　　　　　　　　　土地，労働力，エネルギー，原材料など

　→資源がむだなく効率的に使われる。

◆（⑩　　　　　　　　）▶市場で上下する価格と自由な取り引

　きを中心とする経済のしくみ。

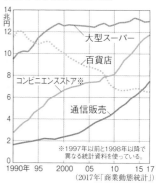

↓主な小売業の売上額

大型スーパー
百貨店
コンビニエンスストア※
通信販売

※1997年以前と1998年以降で
異なる統計資料を使っている。

1990年　95　2000　　05　　10　　15 17
（2017年「商業動態統計」）

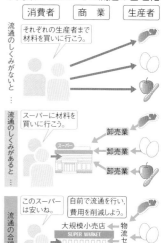

↓商業のはたらきと流通の合理化

消費者　　商業　　生産者

流通のしくみがないと…
それぞれの生産者まで材料を買いに行こう。

流通のしくみがあると…
スーパーに材料を買いに行こう。
卸売業
卸売業
卸売業

流通の合理化
このスーパーは安いね。　自前で流通を行い，費用を削減しよう。
大規模小売店
物流センター

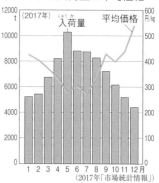

↓トマトの入荷量と平均価格

入荷量　　平均価格
（2017年）

1 2 3 4 5 6 7 8 9 10 11 12月
（2017年「市場統計情報」）

まるごと暗記 😊需要量 消費者が買おうとする量　　😊供給量 生産者が売ろうとする量

📖教科書の 資料 次の問いに答えよう。

(1) 次の文中の□にあてはまる語句を，それぞれ書きなさい。

①(　　　　　　　)　②(　　　　　　　)

価格が高くなるほど，供給量は ① し，需要量は ② する。

(2) 価格がAのとき，需要量と供給量のどちらが多いですか。　　　　　(　　　　　　　)

(3) 価格がBのとき，需要量と供給量のどちらが多いですか。　　　　　(　　　　　　　)

(4) 需要量と供給量が一致するXの状態を何といいますか。　　　　　(　　　　　　　)

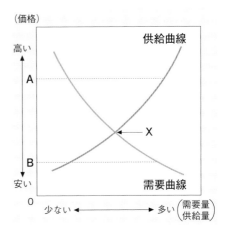

第3編

📖教科書 一問一答 チェック 次の問いに答えよう。

/10問中

▲は教科書の太字の語句

1 ものの流れと情報の流れ

①消費者にものを売る，専門店や百貨店，スーパーマーケットなどの店舗を何といいますか。

□①＿＿＿＿＿＿＿

②卸売業や小売業など，流通に関わる業種を何といいますか。

□★②＿＿＿＿＿＿＿

③一括仕入れや直接仕入れで費用を節約するなど，流通にかかる費用のむだをなくすことを何といいますか。

□③＿＿＿＿＿＿＿

④近年増加している，生産から販売までをすべて行う企業の業種を何といいますか。

□④＿＿＿＿＿＿＿

⑤商品の開発などに活用されている，大量の情報を何といいますか。

□★⑤＿＿＿＿＿＿＿

2 市場のしくみと価格の決まり方

⑥財やサービスについているねだんを何といいますか。

□★⑥＿＿＿＿＿＿＿

⑦消費者と生産者が財やサービスを売り買いする場を何といいますか。

□⑦＿＿＿＿＿＿＿

⑧需要量と供給量の関係によって市場で決まる価格を何といいますか。

□★⑧＿＿＿＿＿＿＿

⑨⑧のうち，需要量と供給量がつり合う商品の価格を何といいますか。

□★⑨＿＿＿＿＿＿＿

⑩自由な取り引きによって，価格が上がったり下がったりする経済のしくみを何といいますか。

□★⑩＿＿＿＿＿＿＿

 知識の泉　スーパーマーケットやコンビニエンスストアでは，レジで商品のバーコードを読み取ることで売買の状況を記録し，仕入れや商品開発に役立てます。これをPOSシステムといいます。

1　経済のしくみと消費生活

定着のワーク　ステージ2

1　家計の収入と支出　次の問いに答えなさい。

(1)　消費するもののうち，形があり，目に見えるものを何といいますか。
（　　　　　　　　　　）

(2)　次のうち，サービスにあてはまるものはいくつありますか。　（　　　　）つ
ア　衣料品　　イ　外食　　ウ　旅行　　エ　スポーツ観戦　　オ　パソコン

(3)　企業で働いて得るAの収入を何
といいますか。□□□から書きなさ
い。　　（　　　　　　　　　）

　　　　配当所得　　給与所得

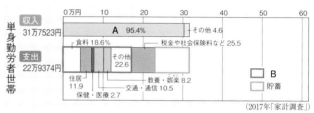

単身勤労者世帯

収入 31万7523円

0万円　　10　　20　　30　　40　　50　　60

A 95.4%　　　その他 4.6

支出 22万9374円

食料 18.6%　　税金や社会保険料など 25.5

住居 11.9　　その他 22.6　　教養・娯楽 8.2
保健・医療 2.7　　交通・通信 10.5

□ B
□ 貯蓄

(2017年「家計調査」)

(4)　Bは，可処分所得から貯蓄を引いた支出です。Bを何といいますか。
（　　　　　　　　　　）

(5)　貯蓄について，次の文中の□□にあてはまる語句を，□□からそれぞれ書きなさい。
①（　　　　　　　　）　②（　　　　　　　　）
③（　　　　　　　　）

貯蓄は，現金のほか，銀行 ① ，生命 ② ， ③ の購入などに
よってたくわえられる。

保険　　預金　　食料　　株式

> **ヒントの森**
> (3)給料のことです。も
> う一つの選択肢は，
> もっている株式から
> 得る所得のことです。

2　消費者主権　次の文を読んで，あとの問いに答えなさい。

　私たちは，財やサービスを買う場合，a 商品と代金を交換する約束をかわしてい
る。b 消費者は，自分の意思と判断で商品を購入する権利をもっているが，多くの場合，
消費者が得られる情報より，生産者がもつ情報のほうがはば広くくわしい。そのため，
c 消費者問題が起こることがある。消費者を保護するため，政府は，さまざまな d 法
律やしくみを整備している。

(1)　下線部 a を何といいますか。　　　　　　　　　（　　　　　　　　　）
(2)　下線部 b の原則を何といいますか。　　　　　　（　　　　　　　　　）
(3)　下線部 c にあてはまるものを，次から2つ選びなさい。（　　　）（　　　）
ア　産地偽装　　イ　著作権の侵害　　ウ　雇用契約　　エ　金融詐欺
(4)　下線部 d について，次の①・②にあてはまる語句を書きなさい。
①　PL法ともよばれる，欠陥商品の被害から消費者を守る法。
（　　　　　　　　　）
②　消費者行政を統合する行政機関。　（　　　　　　　　　）

よく出る

> **ヒントの森**
> (2)決める権利が消費者
> にあることです。
> (4)②省庁の一つです。

全部できたら，➡に✓をかいて☺にしよう！ ☺☺☺

❸ ものの流れとお金の流れ　右のグラフを見て，次の問いに答えなさい。

(1) 次にあてはまる小売業を，グラフ中からそれぞれ書きなさい。

　① 現在最も売上額が多い。（　　　　　）

　② 近年売上額が減少傾向にある。（　　　　　）

　③ 実際の店をもたないことが多く，インターネットなどで注文を受ける。（　　　　　）

(2) 生産者から商品を仕入れ，小売業者に売る業種を何といいますか。（　　　　　）

(3) 商品が生産者から消費者にわたるまでの流れを何といいますか。（　　　　　）

(4) 次の文中のA・Bにあてはまる語句を，□□□からそれぞれ書きなさい。

A（　　　　　）　B（　　　　　）

主な小売業の売上額

私たちは，お店でものを買うとき，紙幣や硬貨といった（　A　）で支払ったり，（　B　）を使ってあと払いで支払ったりする。

電子マネー
現金
クレジットカード

ヒントの森
(1)①縦軸の数値が最も多いもの。②1990年には売上額が最も多かったもの。

❹ 市場のしくみと価格の決まり方　右のグラフを見て，次の問いに答えなさい。

(1) 次の文中の□□から正しいものをそれぞれ書きなさい。

　①（　　　　　）　②（　　　　　）
　③（　　　　　）　④（　　　　　）

　3月から5月にかけて，トマトの入荷量は①｜増え　減り｜，価格は②｜上がった　下がった｜。10月から12月にかけては，入荷量が③｜増え　減り｜，価格は④｜上がった　下がった｜。

(2) グラフのように，市場での取り引きで決まる価格を何といいますか。（　　　　　）

(3) 天候不順でトマトが不作だった場合の変化について述べた文として正しいものを，次から選びなさい。（　　　　　）

　ア 需要量が減るので，価格が上がる。
　イ 需要量が増えるので，価格は下がる。
　ウ 供給量が減るので，価格が上がる。
　エ 供給量が増えるので，価格は下がる。

トマトの入荷量と平均価格
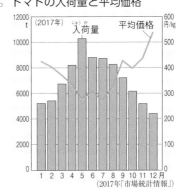

(2017年「市場統計情報」)

ヒントの森
(1)①③入荷量は棒グラフを読み取ります。②④価格の変化は折れ線グラフの傾きで読み取ります。
(3)入荷量は需要量・供給量のどちらにあたるか考えます。

予習・復習　こつこつ　解答 p.18

ステージ1

2　生産の場としての企業①

教科書の **要点**（　　）にあてはまる語句を答えよう。

❶ 生産活動とそのしくみ　教 p.136〜137

●企業とは

◆企業▶財やサービスの多くを（① 　　　　　　　　）。

◆企業の種類

■私企業▶（② 　　　　　　　　）を得ることを目的に設立。
利益

■公企業▶国や地方公共団体が公共の目的のため設立。

●生産に必要なもの

◆自然▶自動車の工場を建てる（③ 　　　　　　　）など。

◆資本財▶生産するための（④ 　　　　　　　）。

◆労働力▶設備などを動かす（⑤ 　　　　　　　）の働き。

◆知的資源▶製法の特許や労働者の技術など。

●知的資源と技術革新

◆日本は土地・労働力が限られる→知的資源を生かす。

■（⑥ 　　　　　　　）（イノベーション）が重要。

■人工知能（ＡＩ）やビッグデータの活用に期待。
技術進歩の中でも影響の大きな発明

❷ 株式会社のしくみと企業の社会的責任　教 p.138〜139

●株式会社のしくみ

◆（⑦ 　　　　　　　）▶企業をつくるとき元手となる資金。

◆株式会社▶株式を発行し，株主から資本を集める。

◆（⑧ 　　　　　　　）▶株式を購入した人。

■所持する株式の数に応じて配当を受ける。

■倒産すると出資額を失うが，それ以上の責任は負わない。

■株主総会に出席でき，持ち株数に応じた議決権をもつ。
事業の基本方針の決定や経営者の選出などが行われる

●株式市場

◆（⑨ 　　　　　　　）▶株式の値段。

■市場で売買されることで価格が決まる。

■証券取引所などで売買。

●企業の社会的責任

◆企業の（⑩ 　　　　　　　）（ＣＳＲ）

■利潤を生む→働く場を提供，納税，株主への配当など。

■社会の一員としての役割を果たす→消費者保護，地域文化や環境保全への貢献，障がいのある人の雇用など。

■公正な情報開示→企業会計で会社の利潤や状況を示す。

↓企業のしくみ

資　本

↓

生産活動

↓

商　品

↓

売　上

費　用	利潤

↓主な企業の種類

私企業	個人企業	商店・農家など
	共同企業	株式会社など
公企業	国営企業 地方公営 企業	地下鉄・市バス・水道・ガスなど
	特殊法人	日本年金機構・日本放送協会など
	独立行政 法人	国際協力機構・国立印刷局など

↓生産要素

自　然	土地など
資本財	生産設備など
労働力	人間の働き
知的資源	製法の特許や労働者の技術など

株式の購入をすると，配当をもらえたり，株主優待で商品がもらえたりするよ。

75

 まるごと暗記 株式会社 私企業の1つ。株式の発行で資本を集める 株主 株式会社に出資し配当を受ける

 教科書の 資料 次の問いに答えよう。

(1) 右の図のようなしくみをとる会社を何といいますか。（　　　　　　）

(2) (1)のように利潤を目的とした企業を何といいますか。（　　　　　　）

(3) A～Dにあてはまる語句を、[　　]からそれぞれ書きなさい。

A（　　　　　　）
B（　　　　　　）
C（　　　　　　）
D（　　　　　　）

株主
取締役（とりしまりやく）
資本　配当

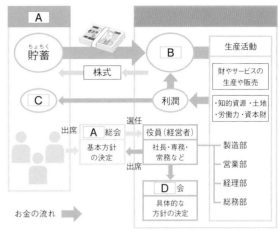

お金の流れ

第3編

 チェック

教科書 一問一答 次の問いに答えよう。 ／10問中

★は教科書の太字の語句

1 生産活動とそのしくみ

①生産や製造、売買、サービスの提供などの経済活動を行う組織を何といいますか。　★①＿＿＿＿

②①のうち、国や地方公共団体が、公共の目的を果たすために経営するものを何といいますか。　★②＿＿＿＿

③4つの生産要素のうち、農地や工場を建てる土地を何といいますか。　★③＿＿＿＿

④4つの生産要素のうち、材料・設備・機械などを何といいますか。　★④＿＿＿＿

⑤4つの生産要素のうち、人間の働きを何といいますか。　★⑤＿＿＿＿

⑥4つの生産要素のうち、製法の特許やノウハウ、労働者の熟練（じゅくれん）や技能などのたくわえを何といいますか。　★⑥＿＿＿＿

⑦技術革新（ぎじゅつかくしん）のことをカタカナで何といいますか。　⑦＿＿＿＿

2 株式会社のしくみと企業の社会的責任

⑧株式会社が資本を集めるために発行し、証券取引所などで売買されるものを何といいますか。　★⑧＿＿＿＿

⑨⑧を買った株主が出席できる、事業の経営方針などを決める会議を何といいますか。　⑨＿＿＿＿

⑩企業の社会的責任の略称を、アルファベットで何といいますか。　⑩＿＿＿＿

 知識の泉 株価は、株式市場での需要と供給の関係で上下します。商品がよく売れた企業の株価は上がり、業績が悪化したり不祥事があったりすると株価は下がります。

予習・復習　こつこつ　解答　p.18

確認のワーク　ステージ1　2　生産の場としての企業②

教科書の要点　（　）にあてはまる語句を答えよう。

① 企業の競争と独占の問題　教　p.140〜141

● 資本主義経済

◆資本主義経済▶自由な経済活動を行う私企業が中心。

■市場での企業の（① 　　　　　　　　　）が消費者の利益に。　品質の向上，生産費の引き下げなどが起こる

■（② 　　　　　　　　）▶新しい企業をつくること。ベンチャー企業による経済成長に期待。

● 生産の集中と独占/公共料金

◆競争の結果，少数の企業に生産が集中することがある。

■寡占▶少数の企業に集中。　　■独占▶一つの企業に集中。

■価格カルテル▶少数企業が価格を引き上げる。

■（③ 　　　　　　　　）▶単独でつける高い価格。

◆（④ 　　　　　　　）法▶独占や集中を防ぐ。

■公正取引委員会▶公正で自由な競争を維持。

◆公共料金▶公平に安定的に供給されるべきものは，国や（⑤ 　　　　　　　）が決める。電気料金など。

↓生産の集中

携帯電話契約数(国内)
S社 23.6／N社 45.3%／K社 31.0／その他 0.1
(2018年)

自動車販売台数(国内)
T社 30.7%／H社 13.9／S社 12.9／その他 42.5
(2017年)

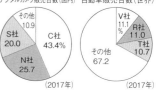

デジタルカメラ販売台数(国内)
C社 43.4%／N社 25.7／S社 20.0／その他 10.9
(2017年)

自動車販売台数(世界)
V社 11.1%／R社 11.0／T社 10.7／その他 67.2
(2017年)
(日本経済新聞社資料ほか)

↓主な公共料金

国会や政府が決定するもの	社会保険診療報酬，介護報酬
政府が認可・上限認可するもの	電気料金，鉄道運賃，都市ガス料金，バス運賃，高速自動車国道料金，タクシー運賃
政府に届け出るもの	電気通信料金（固定電話等），国内航空運賃，郵便料金（手紙・はがき）
地方公共団体が決定するもの	公営水道料金，公立学校の授業料，公衆浴場の入浴料

② グローバル化する経済と現代の企業　教　p.142〜143

● グローバル化による企業競争/自由貿易を保つために

◆企業の活動がグローバル化し，貿易が活発に。

■商品を輸入，（⑥ 　　　　　　）　輸入…外国から買う　輸出…外国に売る

■多国籍企業の増加。

◆自由貿易▶複数の国のあいだで関税をかけず貿易。

■（⑦ 　　　　　　）（FTA）▶自由貿易を進める協定。

■経済連携協定（EPA）▶貿易以外の協力も含む協定。

■日本は2018年，TPP11協定を締結。　環太平洋パートナーシップに関する包括的および先進的な協定

◆（⑧ 　　　　　　）（WTO）▶自由な国際貿易を守る機関。

③ 企業活動と景気の変動　教　p.144〜145

● 景気の変動と企業/デフレとインフレ

◆（⑨ 　　　　　　）▶経済全体の調子。

■資本主義経済では，好景気（景気が良いとき）も（⑩ 　　　　　　）（景気が悪いとき）もある。

◆物価の変動

■インフレーション（インフレ）▶物価が上がり続ける。

■デフレーション（デフレ）▶物価が下がり続ける。

経済が悪循環におちいり，不況が深刻化することをデフレスパイラルという

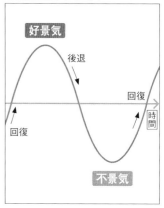

↓景気変動のしくみ

好景気／後退／回復／回復／時間／不景気

自由貿易 関税などの障害を取り除いた貿易　　**世界貿易機関（WTO）** 自由な国際貿易を守る機関

教科書の 資料　次の問いに答えよう。

(1)　右の図の下線部 a を何といいますか。

（　　　　　　　　　　）

(2)　(1)がさらに進み，1つの企業に生産が集中すること
を何といいますか。　（　　　　　　　　　）

(3)　図中の下線部 b について述べた次の文中の A・B に
あてはまる語句を，それぞれ書きなさい。

A（　　　　　　　　　）　B（　　　　　　　　　）

　　少数の企業が価格（　A　）を結んで都合のよいよ
う価格を引き上げたり，単独で不当に高い（　B　）
を設定したりする。

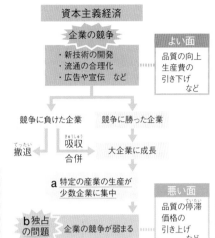

第3編

教科書 一問一答　次の問いに答えよう。

/10問中

★は教科書の太字の語句

1 企業の競争と独占の問題

①私企業が自由に競争しながら生産している経済を何と
いいますか。

★① ＿＿＿＿＿＿＿＿＿

②これまでにない財やサービスを開発し，冒険的な事業
を展開する中小企業のことを何といいますか。

② ＿＿＿＿＿＿＿＿＿

③独占禁止法を運用し，企業の自由な競争を維持し，消
費者の利益を守っている政府の機関を何といいますか。

★③ ＿＿＿＿＿＿＿＿＿

④国や地方公共団体が決定・認可している料金を何とい
いますか。

★④ ＿＿＿＿＿＿＿＿＿

2 グローバル化する経済と現代の企業

⑤外国への輸出と外国からの輸入を行うことを何といい
ますか。

★⑤ ＿＿＿＿＿＿＿＿＿

⑥複数の国のあいだで，関税やその他の障害をとり除い
て行う⑤を何といいますか。

★⑥ ＿＿＿＿＿＿＿＿＿

⑦2018年に日本を含む11の国が締結した経済連携協定の
略称を何といいますか。

★⑦ ＿＿＿＿＿＿＿＿＿

⑧世界貿易機関をアルファベットの略称で何といいます
か。

⑧ ＿＿＿＿＿＿＿＿＿

3 企業活動と景気の変動

⑨物価が上がり続けることを何といいますか。

★⑨ ＿＿＿＿＿＿＿＿＿

⑩物価が下がり続けることを何といいますか。

★⑩ ＿＿＿＿＿＿＿＿＿

 知識の泉　自由貿易を行うと外国の安い商品を買えますが，国際競争力のない国内産業が打撃を受けます。
ＴＰＰ11協定が結ばれたため，国産の高い農産物が売れなくなるおそれがあります。

予習・復習 こつこつ 解答 p.19

確認のワーク ステージ1 2 生産の場としての企業③

教科書の 要点 （　　　）にあてはまる語句を答えよう。

❶ 働く意味と労働者を支えるしくみ 教 p.146〜147

●なぜ働くのか/労働者と企業の関係/労働組合

◆働く理由▶生活に必要な収入を得る・社会貢献・生きがい。

◆労働者▶対等の立場で雇い主である企業と**労働契約**を結ぶ。

　→実際は，労働者の立場は企業に対して弱い。

◆勤労の権利を守るしくみ

■**労働基準法**▶賃金や（①　　　　　　　　　　）などの基準を示す。

■（②　　　　　　　　　）▶労働者が団結して結成する組織。

❷ 変化する雇用のかたち 教 p.148〜149

●日本的な雇用の変化

◆これまでの日本の雇用

■**長期雇用・**（③　　　　　　　　　）▶同じ企業で長期間働く。

■**年功序列賃金**▶（④　　　　　　　　　）とともに賃金上昇。

◆現代の企業▶グローバル化・高齢化の影響で雇用が変化。

■人件費の節約▶正社員を減らし，非正社員を増やす。

■**成果主義**▶労働者の能力や成果を賃金に反映させる。 派遣労働者など

■**雇用の流動化**▶（⑤　　　　　　　　　）・中途採用の増加。 職を変えること

■世界から（⑥　　　　　　　　　）労働者の受け入れ。

●非正規雇用の増加

◆（⑦　　　　　　　　　）▶パートタイム，アルバイト，派遣

社員，契約社員などの雇用形態。

■正社員より賃金が（⑧　　　　　　　　　），雇用が不安定。

❸ 女性の働く環境と高齢者雇用 教 p.150〜151

●女性の働き方/高齢者雇用/セーフティネット

◆女性の雇用の増加▶女性が活躍しやすい職種の増加，共働き

の増加，結婚や育児による離職の減少などによる。

　→仕事や賃金の男女差をなくすこと，セクシュアルハ

ラスメントのない職場づくりが求められる。

◆**ワーク・ライフ・バランス**▶取り組みが進む。 仕事と生活の調和 育児・介護休業法など

◆高齢者雇用の増加▶知識や技能を生かす。

◆（⑨　　　　　　　　　）▶働く意思と能力があるのに働

いていない状態。

■（⑩　　　　　　　　　）▶生活を守る社会のしくみ。 安全網 職場の紹介や産業の育成など

↓労働基準法の主な内容

●労働条件

・労働者と使用者が対等の立場で決定

・国籍や信条，社会的身分を理由とする，労働条件の差別の禁止

●賃金

・女性の賃金差別の禁止

●解雇

・30日前までに解雇の予告が必要

●労働時間

・1日8時間，1週間で40時間以内

●休日

・毎週最低1回の休日

●最低年齢

・15歳未満の児童の使用禁止

●深夜労働

・18歳未満は午後10時から午前5時まで労働禁止

↓正社員と非正社員の年齢別賃金

正社員の年収 （2017年）

非正社員の年収

（「賃金構造基本統計調査」2017年ほか）

1989年の日本は，20歳代後半から30歳代にかけて仕事を辞める女性が多かったんだね。

↓年齢別女性の労働力率

ドイツ　スウェーデン

日本

アメリカ

日本（1989年）

＊アメリカは16歳〜19歳 （2017年）

（「労働力調査」2017年）

教科書の 資料　次の問いに答えよう。

(1) 右のグラフは，雇用形態別労働者の推移を示しています。次の①〜③にあてはまる雇用形態を，グラフからそれぞれ書きなさい。

① (　　　　　　)
② (　　　　　　)
③ (　　　　　　)

① 企業と正規雇用の契約を結んだ労働者。
② 1週間の労働時間が35時間未満の労働者。
③ 雇用契約を結んだ派遣元から指示された派遣先で，そこの指揮に従って働く労働者。

(2) □□の雇用形態をまとめて何といいますか。
(　　　　　　)

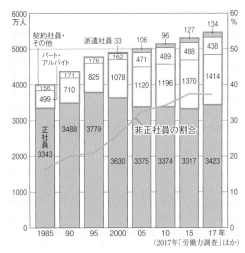
(2017年「労働力調査」ほか)

第3編

教科書 一問一答　次の問いに答えよう。
/10問中

★は教科書の太字の語句

1 働く意味と労働者を支えるしくみ

①労働者と雇い主である企業が，労働条件について，対等の立場で結ぶ契約を何といいますか。
□①＿＿＿＿＿

②賃金の最低基準や労働時間などの基準を定めた法律を何といいますか。
★□②＿＿＿＿＿

③労働条件の改善の交渉などができる，労働者が結成する組織を何といいますか。
★□③＿＿＿＿＿

2 変化する雇用のかたち

④同じ企業で定年まで働くことを何といいますか。
★□④＿＿＿＿＿

⑤年齢とともに賃金が上がることを何といいますか。
★□⑤＿＿＿＿＿

⑥労働者の能力や成果を賃金に反映させるシステムを何といいますか。
★□⑥＿＿＿＿＿

⑦労働者の転職や企業の中途採用が増えるなど，雇用の形態が大きく変化していることを何といいますか。
□⑦＿＿＿＿＿

3 女性の働く環境と高齢者雇用

⑧女性だから，男性だからという理由でするいやがらせを何といいますか。
★□⑧＿＿＿＿＿

⑨仕事と生活の調和のことをカタカナで何といいますか。
★□⑨＿＿＿＿＿

⑩失業など，もしものときのための社会のしくみを何といいますか。
★□⑩＿＿＿＿＿

知識の泉　労働者の権利を守る法律には，労働基準法のほかに，労働組合法（労働三権を具体的に保障），労働関係調整法（労働者と使用者の対立を調整）があり，合わせて労働三法といいます。

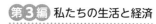

こつこつ　テスト直前　解答 p.19

定着のワーク ステージ2　　2　生産の場としての企業

1 生産活動とそのしくみ　右の資料を見て，次の問いに答えなさい。

(1) A・Bにあてはまる企業（きぎょう）の種類をそれぞれ書きなさい。

A（　　　）　B（　　　）

(2) 株式（かぶしき）会社について述べた次の文中の①～③にあてはまる語句を，　　からそれぞれ書きなさい。

①（　　　）　②（　　　）
③（　　　）

株式会社は，生産に必要な資金を多くの ① に分けて発行し，出資者をつのる。 ① を購入した（こうにゅう） ② は，会社の利潤から ③ を受け取る権利（けんり）をもつ。

株式　株主　取締役（とりしまりやく）
財　利子　配当　資本

主な企業の種類

A	個人企業	商店・農家など
	共同企業	株式会社など
	国営企業	―
	地方公営企業	地下鉄・市バス・水道・ガスなど
B	特殊法人（とくしゅ）	日本年金機構・日本放送協会など
	独立行政法人	国際協力機構・国立印刷局など

ヒントの森
(1)B国や地方公共団体が経営。

2 企業のあり方　次の文を読んで，あとの問いに答えなさい。

　企業は，（ A ）主義経済のもとでは，価格や品質をめぐって市場（しじょう）で競争しているが，競争に負けた企業が撤退（てったい）していくと少数の企業に生産が集中し，価格が下がりにくくなる。そのため，（ B ）という法律（ほうりつ）に基づき，（ C ）が価格カルテルなどを監視（かんし）している。
　また，企業には，法律を守ってよりよい商品を提供するほか，障（しょう）がいのある人を雇用（こよう）したり，地域（ちいき）社会に貢献（こうけん）したりするなどの（ D ）責任（CSR）も求められている。

(1) A～Dにあてはまる語句を，それぞれ書きなさい。

A（　　　）　B（　　　）
C（　　　）　D（　　　）

(2) 下線部の状態を何といいますか。　（　　　）

ヒントの森
(1)A産業革命で成立した経済のしくみ。C内閣府の機関。

3 景気の変動　右の図を見て，次の問いに答えなさい。

(1) 右の図は，景気変動のしくみを示しています。Xの時期の経済のようすについて，次の①～⑤が増加・上昇するものに↑を，減少・下落するものに↓を，それぞれ書きなさい。

①生産（　　　）　②消費（　　　）
③倒産や失業（とうさん）（　　　）　④賃金や雇用（ちんぎん）（　　　）
⑤物価（　　　）

(2) Yのとき，物価は下がります。物価が下がり続けることを何といいますか。　（　　　）

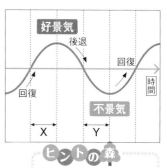

ヒントの森
(2)物価が上がり続けるのはインフレです。

4 **労働者を支えるしくみ**　次の文を読んで，あとの問いに答えなさい。

　　現在の日本では，_a自ら経営を行い働く人は少なく，ほとんどの人が企業に雇（やと）われて_b賃金を受け取っている。企業と労働者は対等の立場だが，_c実際には労働者は企業に対して弱い立場にある。そのため，政府は_d労働基準法を定めて労働者の権利を守っている。また，労働者は（　X　）を結成して経営者と交渉（こうしょう）する権利をもつが，（　X　）に加入している労働者は減少している。

(1)　下線部 a を何といいますか。（　　　　　　　　　　）

(2)　下線部 b について，次の文中のA・Bにあてはまる語句を，［　　］からそれぞれ書きなさい。　　A（　　　　　　　）　　B（　　　　　　　）

> 　日本はかつて（　A　）賃金の企業が多かったが，近年は（　B　）を取り入れる企業が増えている。

成果主義（せいかしゅぎ）
労働契約（けいやく）
年功序列（ねんこうじょれつ）

(3)　下線部 c について，事業者に防止のための対策が義務づけられている，性別を理由としたいやがらせを何といいますか。（　　　　　　　　　　）

(4)　下線部 d の内容について，次の［　　］から正しいものをそれぞれ書きなさい。
　　①男女［ 同一　格差 ］賃金。　　（　　　　　　　　）
　　②労働時間は1日［ 8　12 ］時間以内。（　　　　　　　　）
　　③休日は毎週最低［ 1　2 ］日。（　　　　　　　　）

(5)　X にあてはまる語句を書きなさい。（　　　　　　　　）

ヒントの森
(1)個人で事業を営む人。
(5)団結権に関係。

5 **現代の雇用**　次の問いに答えなさい。

(1)　現代の雇用の変化にあてはまらないものを，次から1つ選びなさい。（　　　　）
　　ア　長期雇用・終身雇用の増加　　イ　転職の増加
　　ウ　中途採用の増加　　エ　外国人労働者の増加

(2)　右のグラフを見て，次の文中のA〜Cにあてはまる語句を，［　　］からそれぞれ書きなさい。
　　A（　　　　　　　）
　　B（　　　　　　　）
　　C（　　　　　　　）

4割　正規雇用
6割　非正規雇用

男女別の雇用形態割合

(2017年「労働力調査」)

> 　現在，働いている人のうち，女性の割合は（　A　）をこえている。雇用形態では，男性は（　B　）の割合（わりあい）が高いが，女性は男性と比べると（　C　）の割合が高い。

ヒントの森
(2)A男性と女性の人数を合計すると働いている人全体の人数がわかります。

(3)　多様な働き方・生き方を選択できる社会で実現できる，仕事と生活の調和のことを何といいますか。（　　　　　　　　　　）

1 次の文を読んで，あとの問いに答えなさい。　　　　　　　　4点×5（20点）

　　個人や家族が収入を得て消費生活を営む単位を（　A　）という。（　A　）の支出には，生活に必要な_a財やサービスを購入する（　B　）や将来に備えた_b貯蓄がある。消費者は，買おうとする商品の性質を理解し，契約しても大丈夫かを考える必要がある。政府は，消費者主権を守り，悪質な商法を規制するため，制度や_c法律を整備している。

(1)　A・Bにあてはまる語句をそれぞれ書きなさい。

(2)　下線部aの購入にあてはまるものを，次から選びなさい。

　　ア　バスに乗る　　イ　映画を観る　　ウ　本を買う　　エ　外食をする

(3)　下線部bにあてはまらないものを，次から選びなさい。

　　ア　現金　　イ　株式の購入　　ウ　税金の納入

(4)　下線部cについて，製造物責任法とはどのような法律ですか。「欠陥品」，「損害賠償」の語句を使って，簡単に書きなさい。

(1) A		B		(2)		(3)	
(4)							

2 次の文を読んで，次の問いに答えなさい。　　　　　　　　5点×4（20点）

　　A　なすは夏が旬の野菜だが，今年は8月の豪雨で去年より価格が高かった。

　　B　12月の初めに比べ，年末やお正月は海外旅行の代金が高くなる。

　　C　薄型のテレビの出荷台数が5年間増え続け，平均価格は下がり続けた。

(1)　Aの理由を，「需要量」，「供給量」の語句を使って，簡単に書きなさい。

(2)　Bについて，右の図のXが12月初めの需要曲線とすると，年末・お正月の需要曲線はどうなりますか。曲線を青で書き入れなさい。

(3)　Cについて，右の図のYが5年前の供給曲線とすると，今年の供給曲線はどうなりますか。曲線を赤で書き入れなさい。

(4)　図のZのときの価格を何といいますか。

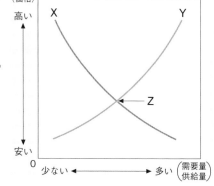

(1)					
(2)	図に記入	(3)	図に記入	(4)	

3 次の文を読んで，あとの問いに答えなさい。　4点×6 (24点)

　価格には，a市場での需要と供給で決まる価格，b生産が集中した企業が過剰な利潤を得られるように設定する価格，c国や地方公共団体が決定・認可する価格がある。

(1) 下線部a～cの価格をそれぞれ何といいますか。

(2) 下線部bについて，右の資料のア～エのうち，最も生産が集中しているものを選びなさい。

(3) 下線部cにあてはまらないものを，次から選びなさい。
　ア　電気料金　　イ　郵便料金
　ウ　米の値段　　エ　鉄道運賃

(4) 下線部cの価格を政府が決定・認可している理由を，「国民生活」の語句を使って，簡単に書きなさい。

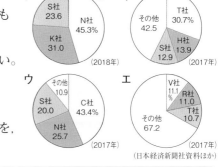

ア S社23.6 N社45.3% K社31.0 その他0.1 (2018年)
イ T社30.7% H社13.9 S社12.9 その他42.5 (2017年)
ウ C社43.4% N社25.7 S社20.0 その他10.9 (2017年)
エ V社11.1% R社11.0 T社10.7 その他67.2 (2017年)
（日本経済新聞社資料ほか）

(1) a		b		c		(2)	
(3)		(4)					

第3編

4 次の文を読んで，あとの問いに答えなさい。　4点×9 (36点)

　現代，国際的な分業が進み，生産活動には貿易が欠かせない。世界の国の中には，国内産業を（　A　）するため，輸入品に高い（　B　）をかける国もある。（　C　）貿易を進めるため，a国際機関が各国の利害を調整しているほか，限られた国のあいだで協定を結ぶ動きも活発化している。一方，日本ではグローバル化により（　D　）労働者が増加するなど，b雇用も変化している。

(1) A～Dにあてはまる語句を，それぞれ書きなさい。

(2) 下線部aについて，次の①～③の略称を，あとからそれぞれ選びなさい。
　①　世界貿易機関　　②　自由貿易協定
　③　経済連携協定
　④　環太平洋パートナーシップに関する包括的及び先進的な協定
　　ア　EPA　　イ　TPP11協定　　ウ　FTA　　エ　WTO

(3) 下線部bについて，雇用の流動化にあてはまらないものを次から選びなさい。
　ア　中途採用　　イ　非正規労働者　　ウ　成果主義　　エ　年功序列賃金

(1) A		B		C		D	
(2) ①		②		③		④		(3)

予習・復習　こつこつ　解答 p.21

3　金融のしくみとお金の大切さ

教科書の 要点 （　）にあてはまる語句を答えよう。

① 金融のしくみ　　教 p.154〜155

●お金のもつ役割/金融とは/銀行のはたらき

◆（①　　　　　　　　　　）▶貨幣・通貨。

◆預金▶振り込みという方法で支払いに利用。

◆金融▶お金に余裕がある人・企業と，お金が不足している人・企業のあいだのお金の貸し借り。

　■借り手は元金に（②　　　　　　　　　　）をつけて返す。　　　　　　　　　　　　　金利

◆（③　　　　　　　　　　）▶金融のなかだちをする企業。

　■代表的な金融機関は（④　　　　　　　　　　）。

　　・貸し付け利子＞預金利子の差額が銀行の収入。

　■間接金融▶金融機関をなかだちにお金を調達。

　■（⑤　　　　　　）金融▶借り手が株式や債券を発行し，直接貸し手からお金を調達。

↓主な金融機関

中央銀行	日本銀行	
民間金融機関	普通銀行	都市銀行，地方銀行，ゆうちょ銀行　など
	協同組織金融機関	信用金庫，労働金庫，信用組合　など
	農林水産金融機関	農業協同組合，漁業協同組合　など
	保険会社	生命保険会社，損害保険会社　など
	証券会社	証券会社　など
公的金融機関	日本政策金融公庫など	

② 日本銀行と金融政策　　教 p.156〜157

●日本銀行のはたらき

◆（⑥　　　　　　　　　　）▶日本の中央銀行。経済全体に流通する現金と預金の総額を管理。

　■（⑦　　　　　　　　　　）銀行▶紙幣を発行できる唯一の銀行。　　　　　　　　　　日本銀行券

　■銀行の銀行▶銀行から資金を預かったり貸し出したりする。

　■政府の銀行▶政府資金の取り扱い。

●金融政策/金融のしくみを安定させるために

◆金融政策▶通貨量を調整し，景気や物価の安定をはかる。

　■不景気▶銀行が国債を買う→市場の通貨量を増やす。　　　　　　　　　　　　　　景気を刺激

　■好景気▶銀行に国債を売る→市場の通貨量を減らす。　　　　　　　　　　　　　　景気を抑制する

↓日本銀行の金融政策

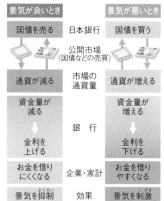

景気が良いとき		景気が悪いとき
国債を売る	日本銀行	国債を買う
	公開市場（国債などの売買）	
通貨が減る	市場の通貨量	通貨が増える
資金量が減る	銀　行	資金量が増える
金利を上げる		金利を下げる
お金を借りにくくなる	企業・家計	お金を借りやすくなる
景気を抑制	効果	景気を刺激

③ 金融のグローバル化と為替相場　　教 p.158〜159

●国際取引の増加と外国為替/円高と円安/為替相場の変化

◆外国為替市場▶通貨と通貨を交換する。

◆（⑧　　　　　　　　　　）▶通貨と通貨の交換比率。

　■円高▶外国通貨に対し円の価値が上がること。

　　・輸出に（⑨　　　　　　　　　　），輸入に有利。

　　・日本では外国への工場移転が進み，産業の空洞化。

　■円安▶外国通貨に対し円の価値が下がること。

　　・輸出に（⑩　　　　　　　　　　），輸入に不利。

↓為替相場の影響（円高の場合）

円高 1ドル＝100円から，1ドル＝80円になった場合

輸出

200万円／2万ドル　　　　200万円／2.5万ドル

外国では日本産の自動車の価格が高くなり，売れづらくなる。

輸入

2万ドル／160万円　　　　2万ドル／200万円

日本では外国産の小麦が安くなり，売れやすくなる。

 まるごと暗記 日本銀行 日本の中央銀行。発券銀行・銀行の銀行・政府の銀行

教科書の 資料 次の問いに答えよう。

(1) 右の図は，日本銀行のはたらきを示しています。A～Cにあてはまる語句を，それぞれ書きなさい。

A （　　　　　　　　）　B （　　　　　　　　）

C （　　　　　　　　）

(2) 日本銀行が通貨の量を調節して日本の景気や物価の安定をはかる政策を何といいますか。

（　　　　　　　　　　　）

(3) (2)のなかでも重要な役割を担う，主に国債（こくさい）の売買によって通貨量の調整を行う方法を何といいますか。

（　　　　　　　　　　　）

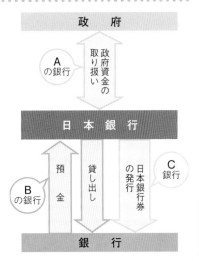

第3編

教科書 一問一答 （チェック） 次の問いに答えよう。

/10問中

★は教科書の太字の語句

1 金融のしくみ

①銀行に口座を開いて預け，振り込みなどの形で支払いに使えるお金を何といいますか。

☐① ＿＿＿＿＿＿＿＿

②資金に余裕のある人・企業と，資金が不足している人・企業とのあいだのお金の貸し借りを何といいますか。

☐★② ＿＿＿＿＿＿＿＿

③家計や企業が金融機関をなかだちとしてお金を調達することを何といいますか。

☐★③ ＿＿＿＿＿＿＿＿

2 日本銀行と金融政策

④日本銀行のように，国の金融の中核となる銀行を何といますか。

☐★④ ＿＿＿＿＿＿＿＿

⑤不景気のとき，日本銀行は一般の銀行に対し，国債を買いますか，売りますか。

☐⑤ ＿＿＿＿＿＿＿＿

⑥好景気のとき，日本銀行が通貨量を減らすのは，景気の過熱によって何が起こるのを防ぐためですか。

☐⑥ ＿＿＿＿＿＿＿＿

3 金融のグローバル化と為替相場

⑦円とドルのように，異なる国の通貨と通貨の交換市場を何といいますか。

☐⑦ ＿＿＿＿＿＿＿＿

⑧「1ドル＝100円」のようにあらわされ，為替レートともよばれるものは何ですか。

☐★⑧ ＿＿＿＿＿＿＿＿

⑨1ドル100円から1ドル80円になるように，外国通貨に対して円の価値が上がることを何といいますか。

☐★⑨ ＿＿＿＿＿＿＿＿

⑩1980年代の円高により企業が工場を海外に移すなどして進んだ，国内の産業の衰退を何といいますか。

☐⑩ ＿＿＿＿＿＿＿＿

 日本の紙幣は正式には日本銀行券といい，千円札，二千円札，五千円札，一万円札が流通しています。100円玉などの硬貨は補助貨幣といい，政府が発行しています。

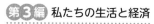

こつこつ テスト直前 解答 p.21

3　金融のしくみとお金の大切さ

1 金融のしくみ 　右の図を見て，次の問いに答えなさい。

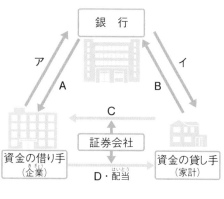

(1) 金融機関にあてはまらないものを，次から1つ
選びなさい。 　　　　　　　　（　　　　）

ア　信用金庫　　　イ　コンビニエンスストア
ウ　農業協同組合　　エ　生命保険会社

(2) A～Dにあてはまる語句を，　　　からそれぞれ
書きなさい。

A（　　　　　　）
B（　　　　　　）
C（　　　　　　）
D（　　　　　　）

資金
預金
株式
貸し付け

(3) 図中のア・イでは，どちらの利子率が高いですか。 （　　　　　　）

(4) 図中の①━━━▶・②━━━ の貸し借りの方法をそれぞれ何といいますか。

①（　　　　　　　　　） ②（　　　　　　　　　）

(5) 現金自動預け払い機をアルファベットで何といいますか。 （　　　　　　）

(6) 次の文中の　　　にあてはまる語句をそれぞれ書きなさい。

①（　　　　　　　　　） ②（　　　　　　　　　）

企業などが株式や債券を発行して直接貸し手からお金を調達する ① 金融では，貸し手が高い利子や配当を得られることがある。しかし，株式や債券などの金融商品の中には，② がもどってこないリスクがあるものもある。

ヒントの森
(3)受け取る利子より払う利子が多ければ，赤字になります。
(6)②漢字2字。

2 日本銀行のはたらき 　次の文を読んで，あとの問いに答えなさい。

　日本の（　　　）は日本銀行で， a経済全体に流通するお金の総額を管理している。日本銀行は， b銀行に資金を貸したり， c税金などの国の収入を預かり政府に代わって年金の支払いを行ったりする。また， d日本の紙幣を発行できる唯一の銀行である。

(1) （　　　）にあてはまる，国ごとに1つずつあり，特別なはたらきをする銀行を何といいますか。 （　　　　　　）

(2) 下線部 a のしくみを何といいますか。 （　　　　　　）

(3) 日本銀行の下線部 b ～ d の特徴をそれぞれ何といいますか。

b（　　　　　　） c（　　　　　　）
d（　　　　　　）

ヒントの森
(2)通貨の量を管理する制度です。
(4)お札にはこう書かれています。

(4) 下線部 d について，日本銀行が発行している紙幣を何といいますか。漢字5文字で書きなさい。 （　　　　　　）

全部できたら，➡に✔をかいて😊にしよう！ 😊😊😊

③ 金融政策 右の図を見て，次の問いに答えなさい。

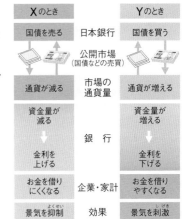

(1) 図のように，日本銀行が景気の調整のために行う政策を何といいますか。（　　　　　　　）

(2) 次の文中の**A～E**にあてはまる語句を，図中からそれぞれ書きなさい。

A（　　　　　　） B（　　　　　　）

C（　　　　　　） D（　　　　　　）

E（　　　　　　）

　　景気が悪いとき，日本銀行は，一般の銀行から（　A　）を買う。銀行はその代金で（　B　）量が増えるので，（　C　）を下げて，企業や家計がお金を借り（　D　）する。その結果，市場に出回る（　E　）が増える。

(3) デフレの危険があるのは，**X・Y**のどちらのときですか。

（　　　　　　）

ヒントの森

(3)デフレとは，ものが売れず，物価が下がり続けること。

第3編

④ 円高と円安 次の表を見て，あとの問いに答えなさい。

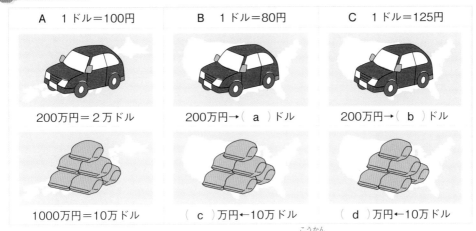

A　1ドル＝100円　　　200万円＝2万ドル

B　1ドル＝80円　　　200万円→（ a ）ドル

C　1ドル＝125円　　　200万円→（ b ）ドル

1000万円＝10万ドル　　　（ c ）万円←10万ドル　　　（ d ）万円←10万ドル

(1) 1ドル＝100円のように，異なる通貨と通貨の交換比率を何といいますか。

（　　　　　　　　　　　　）

(2) 通貨と通貨を交換する市場を何といいますか。

（　　　　　　　　　　　　）

(3) **A**から**B**になることを，何といいますか。

（　　　　　　　　　　　　）

(4) **A**から**C**になることを，何といいますか。

（　　　　　　　　　　　　）

(5) a～dにあてはまる数字を，それぞれ書きなさい。

a（　　　　　　） b（　　　　　　）

c（　　　　　　） d（　　　　　　）

ヒントの森

(3)1ドルと交換するのに，100円必要だったのが，80円ですむようになりました。

(5)a 2万ドル÷0.8円。
b 2万ドル÷1.25円。
c 80円×10万ドル。
d 125円×10万ドル。

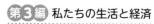

確認のワーク　ステージ1　4　財政と国民の福祉①

教科書の 要点　（　）にあてはまる語句を答えよう。

❶ 財政のはたらき　　　教 p.160〜161

● 財政の役割

◆（①　　　　　　　）▶政府が行う経済活動。

◆財政の役割

■ **資源配分の調整**▶（②　　道路や上下水道など　　）の建設などの公共事業，警察・消防・教育などの**公共サービス**の提供。

■ **所得の再分配**▶弱い立場の人の生活を守るための，（③　　　　　　　）サービスの提供。

■ **経済の安定化**▶景気の大きな変動を防止する**財政政策**。

● 財政の収入と支出

◆（④　　　　　　　）▶財政の収入。国民の税金と国債。

◆（⑤　　　　　　　）▶財政の支出。社会保障関係費や公共事業，国債の返済など。

❷ 国の収入を支える税と国債　　　教 p.162〜163

● 公正な税とは

◆税金の種類

■ 納税者と負担者が一致する（⑥　　　　　　　）と，納税者と負担者が異なる**間接税**。

■（⑦　　　　　　　）と**地方税**。

◆税の公正の考え方

■ 支払い能力に応じて負担する。
・（⑧　　　　　　　）税…所得が多い人ほど高い税率が課される**累進課税**の制度。

■ 支払い能力と関係なく同じ税率を負担。
・（⑨　　　　　　　）税…所得が低い人ほど所得に占める税の支払いの割合が増える**逆進性**。

標準税率10%，飲食料品などは軽減税率8％が適用

● 国債の発行と負担

◆**国債**▶国が発行する債券。税収で財政支出をまかなえない（⑩　　　　　　　）のときに発行。

■ 国の借金であり，元金の返済や利子の支払いが必要。将来的に国民が税金で負担することになる。

↓ 財政の役割

機能	目的	方法
資源配分の調整	個人や企業にまかせることができない事業を行う。	社会資本の整備，警察，消防，教育
所得の再分配	所得の多い人と少ない人の経済格差を是正する	累進課税，社会保障制度
経済の安定化	景気変動による失業やインフレなどを防ぐ	財政政策（公共事業，減税・増税）

↓ 国の歳入と歳出

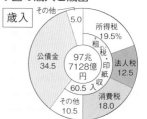

歳入　公債金 34.5／所得税 19.5%／相続税・印紙収入／法人税 12.5／消費税 18.0／その他 10.5／その他 5.0　97兆7128億円　60.5入

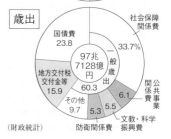

歳出　国債費 23.8／社会保障関係費 33.7%／一般歳出 60.3／地方交付税交付金等 15.9／その他 9.7／防衛関係費 5.3／文教・科学振興費 5.5／公共事業関係費 6.1　97兆7128億円

（財政統計）

↓ 主な税金の種類

		直接税	間接税
国税		所得税	消費税
		法人税	酒税，関税
		相続税	揮発油税
		贈与税	たばこ税
地方税	（都）道府県税	（都）道府県民税	地方消費税
		事業税	（都）道府県たばこ税
		自動車税	ゴルフ場利用税
		不動産取得税	
	市（区）町村税	市（区）町村民税	市（区）町村たばこ税
		固定資産税	入湯税
		軽自動車税	

😊 まるごと暗記　☺️ **所得税** 所得が多い人ほど税率が高くなる累進課税　☺️ **消費税** 標準税率 10% 軽減税率 8%

📖 教科書の 資料 次の問いに答えよう。

(1) 右の図は，政府の財政政策を示しています。A〜Dにあてはまる語句を， ▒ からそれぞれ書きなさい。

A（　　　　　　　　）
B（　　　　　　　　）
C（　　　　　　　　）
D（　　　　　　　　）

> 増やす
> 増税
> 減らす
> 減税

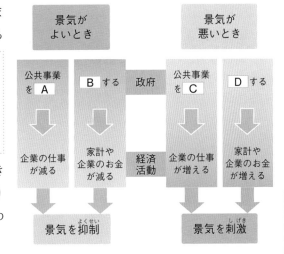

(2) 次の文中の □ にあてはまる語句を書きなさい。　（　　　　　　　　）

財政政策は，景気の □ 化のために行われる。

第3編

📖 チェック 教科書 一 問 一 答 次の問いに答えよう。

/10問中

★は教科書の太字の語句

1 財政のはたらき

①政府が行う，道路や上下水道などの社会資本を建設する事業を何といいますか。

☐① ＿＿＿＿＿＿＿

②財政のはたらきによって多くの人に提供される，警察や消防，教育などのサービスのことを何といいますか。

☐★② ＿＿＿＿＿＿＿

③政府が経済の安定のために行う，景気の大きな変動を防止する政策を何といいますか。

☐★③ ＿＿＿＿＿＿＿

④社会保障関係費や国債費が含まれるのは，歳入と歳出のどちらですか。

☐★④ ＿＿＿＿＿＿＿

2 国の収入を支える税と国債

⑤納税者と負担者が異なる税を何といいますか。

☐★⑤ ＿＿＿＿＿＿＿

⑥住んでいる都道府県や市区町村に納める税を何といいますか。

☐★⑥ ＿＿＿＿＿＿＿

⑦個人の所得にかかる税を何といいますか。

☐⑦ ＿＿＿＿＿＿＿

⑧⑦に取り入れられている，所得が多い人ほど高い税率が課されることを何といいますか。

☐★⑧ ＿＿＿＿＿＿＿

⑨消費税にみられる，所得が低い人ほど所得に占める税負担の割合が増える性質を何といいますか。

☐⑨ ＿＿＿＿＿＿＿

⑩歳出に必要な税収不足を補うため，国が発行する債券を何といいますか。

☐★⑩ ＿＿＿＿＿＿＿

 知識の泉　日本の消費税は1989年に導入され，そのときの税率は3％でした。1997年に5％，2014年に8％に引き上げられ，2019年に10％になりました。世界には25％以上の国もあります。

予習・復習　こつこつ　解答 p.22

4　財政と国民の福祉②

教科書の要点　（　）にあてはまる語句を答えよう。

1 社会保障のしくみ 　教 p.164〜165

● 生存権と社会保障/社会保障制度　憲法第25条

◆社会保障▶（①　　　　　　　）を実現するための制度。

■生存権▶「すべて国民は，（②　　　　　）で文化的な（③　　　　　　）の生活を営む権利を有する。」

◆社会保障制度の4つの柱

■（④　　　　　　）▶国が運営し，国民に加入の義務。個人や企業が保険料を支払い，必要なときに給付。

■公的扶助▶生活が困難な人々に生活費や教育費などを支給。

■社会福祉▶社会的弱者の生活の支援と福祉の充実。

■（⑤　　　　　　）▶国民の健康と安全を保つ。

↓社会保障制度

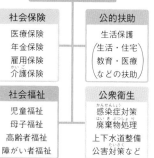

生存権
すべての国民は，健康で文化的な最低限度の生活を営む権利を有する。（憲法第25条）

社会保障制度

社会保険	公的扶助
医療保険 年金保険 雇用保険 介護保険	生活保護 （生活・住宅 教育・医療 などの扶助）

社会福祉	公衆衛生
児童福祉 母子福祉 高齢者福祉 障がい者福祉	感染症対策 廃棄物処理 上下水道整備 公害対策など

2 少子高齢社会における福祉の充実と財源 　教 p.166〜167

● 少子高齢社会を支えるもの

◆社会保障のための費用▶（⑥　　　　　）社会になり，年々増加。（⑦　　　　　），医療，介護保険などの福祉関係の順で多い。 国民年金や厚生年金などからなる

● 福祉の充実/持続可能な社会保障へ

◆社会保障の財源▶保険料と税金。日本では財源の約5割を保険料が占める。

◆社会保障の給付を受ける高齢者の割合が増え，保険料を支払う現役世代の負担が増える。

↓社会保障給付費の推移と財源の内訳

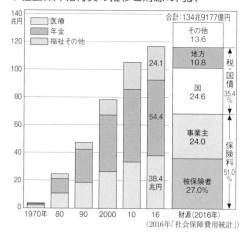

（2016年「社会保障費用統計」）

3 環境保全の担い手としての政府 　教 p.170〜171

● 公害問題の発生と改善/広がる環境問題

◆公害▶人間の生活や企業の活動が，健康や生活環境を悪化させる。大気や河川の汚染，騒音，振動，悪臭，土壌汚染など。

◆公害問題▶1950年代から発生し，社会問題に。 公害訴訟が起こる

■四大公害病▶新潟水俣病，（⑧　　　　　），イタイイタイ病，水俣病。

■公害防止のため（⑨　　　　　）法を制定。

◆（⑩　　　　　）法の制定▶地球温暖化の抑制や生態系の保存，リサイクルなどの取り組みを強化。

◆リサイクルや省エネ技術で持続可能な社会をきずく。

↓環境問題関連年表

1967	公害対策基本法成立
1971	環境庁発足
1972	国連人間環境会議
1973	自然環境保全法成立
1992	地球サミット
1993	環境基本法成立
1997	地球温暖化防止京都会議
2001	環境省発足
2011	福島第一原子力発電所の事故
2015	パリ協定採択

まるごと暗記 社会保障制度 社会保険・公的扶助・社会福祉・公衆衛生

教科書の 資料　次の問いに答えよう。

(1) 右の資料は，四大公害病についてまとめたものです。A〜Dにあてはまる公害名をそれぞれ書きなさい。

	（　A　）	（　B　）	（　C　）	（　D　）
被害地域	新潟県 阿賀野川下流域	三重県 四日市市	富山県 神通川下流域	熊本県・鹿児島県 八代海沿岸域
主な原因	メチル水銀化合物	亜硫酸ガス	カドミウム	メチル水銀化合物
訴訟提起	1967年6月	1967年9月	1968年3月	1969年6月
判決	1971年9月 （ X ）全面勝訴	1972年7月 （ X ）全面勝訴	1972年8月 （ X ）全面勝訴	1973年3月 （ X ）全面勝訴

A（　　　　　　　）
B（　　　　　　　）
C（　　　　　　　）
D（　　　　　　　）

(2) 訴訟の結果について，Xにあてはまるものを次から選びなさい。　（　　　）

ア　患者側　　イ　企業側

第3編

教科書 一問一答（チェック）　次の問いに答えよう。　/10問中

★は教科書の太字の語句

1 社会保障のしくみ

①生存権を保障するために国が整備している制度を何といいますか。
★①＿＿＿＿＿＿＿

②①のうち，個人や企業が保険料を支払い，病気・失業などのときに保険金が給付される制度を何といいますか。
★②＿＿＿＿＿＿＿

③①のうち，生活に困っている人に，生活費や教育費を支給する制度を何といいますか。
★③＿＿＿＿＿＿＿

④①のうち，自立が困難な児童や母子家庭，高齢者，障がい者の生活を保護し，福祉を進める制度を何といいますか。
★④＿＿＿＿＿＿＿

2 少子高齢社会における福祉の充実と財源

⑤国民年金や厚生年金などからなる，現役世代が保険料を支払い，高齢者が年金を受け取る制度を何といいますか。
⑤＿＿＿＿＿＿＿

⑥40歳以上の収入のある人が保険料を支払い，介護が必要なときに介護サービスが受けられる社会保険は何ですか。
⑥＿＿＿＿＿＿＿

3 環境保全の担い手としての政府

⑦大気や河川の汚染，騒音，振動など，人間の生活や企業の活動によって起こる災害を何といいますか。
★⑦＿＿＿＿＿＿＿

⑧新潟水俣病と水俣病の原因となった，企業から排出されていた物質を何といいますか。
⑧＿＿＿＿＿＿＿

⑨イタイイタイ病が起こった県はどこですか。
⑨＿＿＿＿＿＿＿

⑩1993年に制定された，環境保全についての国や自治体の責務を定めた法律を何といいますか。
★⑩＿＿＿＿＿＿＿

知識の泉　「大きな政府」と「小さな政府」という考え方があります。大きな政府では，税や社会保険料が高くなりますが，社会保障が充実しています。フランスやスウェーデンはその例です。

こつこつ　テスト直前　解答 p.22

定着のワーク ステージ2　**4　財政と国民の福祉**

1 財政のはたらき　右の図を見て，次の問いに答えなさい。

(1)　A～Cが主に行う経済活動を，それぞれ漢字2字で
書きなさい。

A（　　　　　　　　）　　B（　　　　　　　　）

C（　　　　　　　　）

(2)　a～cにあてはまる語句を，[　　]からそれぞれ書き
なさい。

a（　　　　　　　　）

b（　　　　　　　　）

c（　　　　　　　　）

```
賃金　　　税金
預金　　　労働力
```

経済全体のしくみと政府

```
          政府
         （ A ）
       a         a
         金融
   X 資本・      X 資本・
   Y サービス    Y サービス

  家計   財・サービス／ b   企業
 （ B ）               （ C ）
         代金／ c
```

(3)　X・Yにあてはまる語句を，それぞれ書きなさい。

X（　　　　　　　　）　　Y（　　　　　　　　）

(4)　政府が → の活動を行う目的を，次から1つ選びなさい。

（　　　　　　）

ア　資源配分の調整　　イ　所得の再分配　　ウ　経済の安定化

ヒントの森

(4)市場経済に任せず，
政府が税金を集め，
市場に提供します。

2 国の収入を支える税　右の表を見て，次の問いに答えなさい。

(1)　A～Dにあてはまる税の種類を，それぞ
れ書きなさい。　A（　　　　　　　）

B（　　　　　　　）

C（　　　　　　　）

D（　　　　　　　）

主な税金の種類

		A	B
C		所得税	消費税
		法人税	酒税，関税
		相続税	揮発油税
		贈与税	たばこ税
D	(都)道府県税	(都)道府県民税	地方消費税
		事業税	(都)道府県たばこ税
		自動車税	ゴルフ場利用税
		不動産取得税	
	市(区)町村税	市(区)町村民税	
		固定資産税	市(区)町村たばこ税
		軽自動車税	

(2)　次の文にあてはまる税を，表からそれぞ
れ書きなさい。

①　商品やサービスの売り上げにかかる税。

（　　　　　　　）

②　企業の利潤にかかる税。

（　　　　　　　）

(3)　所得税について，次の問いに答えなさい。

①　所得税の税率に取り入れられている制度を何といいますか。

（　　　　　　　）の制度

②　税の公正について，①のしくみはどのような考え方に基づい
ていますか。次から選びなさい。　　　　　　（　　　　　　）

ア　支払い能力に応じて負担するのが公正である。

イ　支払い能力に関係なく，同じ税率を負担するのが公正。

ヒントの森

(1)A・Bは納税者が負
担するかどうか，C・
Dは納め先がどこか
を考えます。

❸ **社会保障**　次の文を読んで，あとの問いに答えなさい。

> 日本国憲法の第25条には「_aすべて国民は，健康で文化的な最低限度の生活を営む権利を有する」とあり，これを政府の責務として実現しようとするしくみが（　A　）制度である。（　A　）制度には，_b社会保険，_c公的扶助，（　B　），_d公衆衛生の4つの柱がある。

⑴　A・Bにあてはまる語句を，それぞれ書きなさい。

　　　　A（　　　　　　　）　　B（　　　　　　　）

⑵　下線部aの権利を何といいますか。（　　　　　　　）

⑶　下線部bのうち，次の文にあてはまるものを，　　　からそれぞれ選びなさい。

　　①（　　　　　　）　②（　　　　　　）　③（　　　　　　）

　① 主に20歳以上の国民が保険料を支払い，65歳以上の人が受け取る。

　② 40歳以上の収入のある人が保険料を支払い，介護が必要になったら介護サービスを受ける。

　③ 病気になったとき，保険証をもって病院に行けば医療費の一部を支払うだけですむ。

> 医療保険
> 年金保険
> 雇用保険
> 介護保険

第3編

⑷　下線部cに含まれるものを，次から選びなさい。（　　　　　　　）

　ア　感染症対策　　イ　生活保護　　ウ　児童福祉

⑸　下線部dに含まれないものを，次から選びなさい。

（　　　　　　　）

⑶1つ残るものは，失業したときのための保険です。

　ア　公害対策　　イ　上下水道整備
　ウ　母子福祉　　エ　廃棄物処理

❹ **環境保全と政府の対策**　次の文を読んで，あとの問いに答えなさい。

> 日本では，1950年代から60年代に，大気や河川の汚染など，多くの（　A　）問題が発生した。政府による規制の強化や企業の取り組みにより，（　A　）問題は改善されてきた。
> 　環境を保全しながら発展する（　B　）な社会をきずくために，政府による法律の制定などだけでなく，消費者や企業の協力も重要である。

年	できごと
1967	（　X　）基本法成立
1971	環境庁発足
1972	国連人間環境会議
1973	自然環境保全法成立
1992	地球サミット
1993	（　Y　）基本法成立
1997	地球温暖化防止京都会議
2001	環境省発足
2011	福島第一原子力発電所の事故
2015	パリ協定採択

⑴　A・Bにあてはまる語句をそれぞれ書きなさい。

　A（　　　　　　　）　B（　　　　　　　）

⑵　下線部について，右の年表中のX・Yにあてはまる語句を，　　　からそれぞれ書きなさい。

　　X（　　　　　　　）
　　Y（　　　　　　　）

> 公害対策
> 環境　　消費者

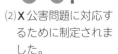

⑵X公害問題に対応するために制定されました。

こつこつ　テスト直前　解答 p.23

実力判定テスト　ステージ3　総合問題編

3　金融のしくみとお金の大切さ
4　財政と国民の福祉

30分　　/100

1 次の文を読んで，あとの問いに答えなさい。

5点×12(60点)

　　aお金にはb現金と預金がある。お金に余裕のある人とお金が足りない人とのあいだで行われる貸し借りを（ A ）といい，主にc銀行をなかだちに行われる。銀行の中でも，日本の中央銀行である（ B ）はd特別なはたらきをもつ。また，（ B ）はe景気変動をやわらげるため，政府の財政政策とともに，金融政策を行う。

　　日本とアメリカとはお金の単位がちがうので，支払いの際にはf円とドルを交換することが必要になる。1980年代，急激にg円高が進み，国内の製造業の多くが外国に工場を移し，産業の（ C ）化につながった。

(1)　A〜Cにあてはまる語句を，それぞれ書きなさい。

(2)　下線部aについて，お金がもつ役割にあてはまらないものを，次から選びなさい。

　　ア　ものを買う。　　　　イ　ものの価値をあらわす。
　　ウ　ものを生産する。　　エ　財産をたくわえる。

日本の通貨の構成比率

ア 6.9%　　　　　　　　（2017年平均残高）

イ 93.1%

（合計1395兆4847億円）

（2017年「マネーストック統計」）

(3)　下線部bについて，右のグラフのア・イのうち，預金を示しているものを選びなさい。

(4)　下線部cはどのようにして利益を上げていますか。「預金利子」,「貸し付け利子」の語句を使って，簡単に書きなさい。

(5)　下線部dにあてはまらないものを，次から選びなさい。

　　ア　銀行にお金を貸す。　　イ　政府の資金の出し入れをする。
　　ウ　通貨量を管理する。　　エ　株式や債券を発行する。

(6)　下線部eについて，インフレーションの危険があるときの①財政政策，②金融政策を，次からそれぞれ選びなさい。

　　ア　銀行から国債を買う。　　イ　増税する。
　　ウ　銀行に国債を売る。　　　エ　減税する。

(7)　下線部fの際の交換比率を何といいますか。

(8)　下線部gのときのようすを，次から2つ選びなさい。

　　ア　円の価値が下がった。　　イ　輸出に有利，輸入に不利になった。
　　ウ　円の価値が上がった。　　エ　輸出に不利，輸入に有利になった。

(1) A		B		C		(2)		(3)	
(4)									
(5)		(6) ①		②		(7)		(8)	

目標
- □ 金融のしくみをおさえる
- □ 日本銀行のはたらきをおさえる
- □ 国の財政と社会保障をおさえる

自分の得点まで色をぬろう!

0	60	80	100点
ⓐがんばろう	ⓑもう一歩	ⓒ合格!	

2 右の資料を見て, 次の問いに答えなさい。

5点×8(40点)

作図 (1) **資料1**の国の歳入のうち, 直接税にあてはまるものに色をぬりなさい。ただし, その他はのぞきます。

記述 (2) 所得税に取り入れられている累進課税とは, どのような制度ですか。次の資料を参考に, 簡単に書きなさい。

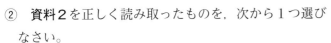

(2018年)　課税対象になる金額

※課税対象になる所得が400万円の場合
195万円×0.05+(330万円−195万円)×0.1
+(440万円−330万円)×0.2=37万2500円

195	330	695	900	1800	4000 (万円)
5%	10%	20%	23%	33%	40%	45%

(3) 国の歳出のうち, 次の支出にあてはまるものを, **資料1**からそれぞれ書きなさい。

① 社会資本を整備するための費用。

② 国債の返済と利子の支払い。

③ 地域間の財政収入のばらつきを補正する補助金。

(4) 国の歳出のうちの社会保障関係費について, 次の問いに答えなさい。

① 社会保障関係費が一般歳出に占める割合はどれくらいですか。次から選びなさい。

ア 約25%　イ 約33%　ウ 約55%　エ 約70%

レベルUP ② **資料2**を正しく読み取ったものを, 次から1つ選びなさい。

ア 2016年の社会保障給付費は約60兆円である。

イ 社会保障給付費のうち, 最も割合が大きい費用は医療費である。

ウ 2016年の社会保障給付費のうち54.4%を年金が占めている。

記述 ③ 少子高齢社会が公的年金制度にあたえる影響を,「高齢者」,「現役世代」の語句を使って簡単に書きなさい。

資料1　国の歳入と歳出

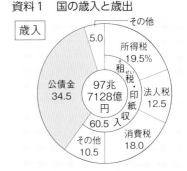

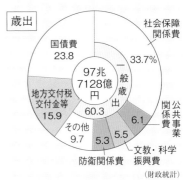

(財政統計)

資料2　社会保障給付費の推移

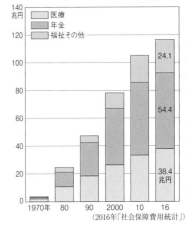

(2016年「社会保障費用統計」)

第3編

(1)	資料1に記入	(2)							
(3)	①		②		③		(4) ①		②
③									

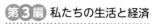

1 価格の決まり方について，次の資料を見て，あとの問いに答えなさい。　8点×3（24点）

A　冷害の影響で，米の生産量が少なくなる。

B　ゴールデンウィークに，航空券の価格が高くなる。

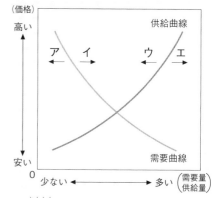

(1)　A・Bのとき，需要曲線もしくは供給曲線はどのように移動しますか。グラフ中のア～エから選びなさい。

(2)　ある年のトマトの価格が，例年に比べて高くなり，Aさんは，その理由を次のように予想しました。X に入る内容を，「需要量」，「移動」という語句を使って，簡単に書きなさい。

● トマトが不作で，生産量が少なくなり，供給曲線が左に移動した。

● トマトの健康効果が話題になって，（ X ）した。

(1)	A	B	
(2)			

2 次の資料を見て，あとの問いに答えなさい。　8点×3（24点）

● 貿易を始める前

A国	B国
・カメラ1台	・カメラ1台
：50人で生産	：200人で生産
・小麦10kg	・小麦10kg
：100人で生産	：80人で生産

自由貿易を行うことで，それぞれの国が自国の得意とする分野の製品を他国の市場で売ることができるようになり，大きな利益が得られる。

保護貿易を行い，他国の製品に高い関税をかけることで，自国の（ X ）ことができる。

(1)　A国とB国が自由貿易を始めたとき，A国の産業はどのように変化すると考えられますか。次から選び，その理由を書きなさい。

ア　カメラの生産を増やす。　　イ　変わらない。　　ウ　小麦の生産を増やす。

(2)　自由貿易に対し，保護貿易という考え方があります。保護貿易について，Xにあてはまる内容を考えて，簡単に書きなさい。

(1)	記号	理由
(2)		

円高・円安の問題は，円の価値が高くなっているか（円高），低くなっているか（円安）をおさえてその影響を考えよう。

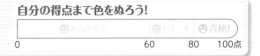

自分の得点まで色をぬろう！

😟がんばろう　　😐もう一歩　　😊合格！

0　　　　　　　60　　80　　100点

3 為替相場について，次の資料を見て，あとの問いに答えなさい。　(2)10点，他8点×2（26点）

資料1

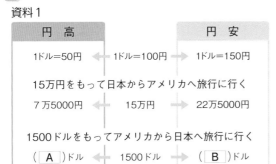

資料2

(1) 資料1は，日本とアメリカを旅行する場合に旅行者が受ける影響を示しています。**資料1**中のＡ・Ｂにあてはまる数字を書きなさい。

(2) **資料2**は，日本とアメリカの輸出・輸入を示しています。円高のときに日本の自動車メーカーが海外の工場での生産台数を増やすのはどうしてですか。簡単に書きなさい。

(1) A	B	
(2)		

第3編

4 日本の財政について，次の資料を見て，あとの問いに答えなさい。　(3)10点，他8点×2（26点）

資料1　国民負担率の国際比較

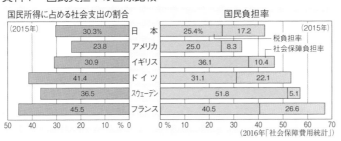

資料2　国債残高の推移

国民所得に占める社会支出の割合

国民負担率

(1) フランスやスウェーデンが「大きな政府」とよばれる理由を，簡単に書きなさい。

(2) 2019年度の国債の残高は，税収の何倍ですか。四捨五入して整数で書きなさい。

(3) 税収を増やすために消費税の税率を20％に引き上げるという意見に対し，「公正ではない」という意見が出ました。「公正ではない」という意見の理由を，簡単に書きなさい。

(1)		(2)	約　　　　　倍
(3)			

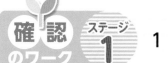

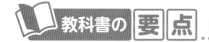

予習・復習 こつこつ 解答 p.25

確認のワーク ステージ1　1　国家と国際社会①

教科書の要点　(　　)にあてはまる語句を答えよう。

1 国際社会と持続可能性　教 p.178～179

● 持続可能性とは/持続可能な社会の実現のために

◆(①　　　　　　)▶将来の世代の必要性をみたしながら，現在の世代の必要性もみたすことができること。

◆持続可能な社会の実現▶**環境**・**経済**・**社会**などの角度で考える。

↓持続可能性

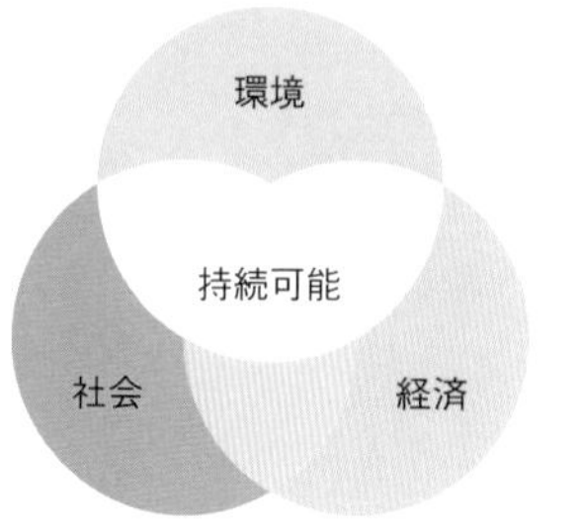

2 国家と国際関係　教 p.180～181

● 国家と国家主権

◆国家▶領土・国民・政府からなる。領域を統治し他国から支配を受けず，独立を保つ権利((②　　　　　　))をもつ。

■国旗・国歌を尊重し合うことが国際的な儀礼。

・日本の国旗は「**日章旗**」，日本の国歌は「**君が代**」。

◆領域▶国家主権がおよぶ範囲。(③　　　　　　)・**領海**・**領空**からなる。

◆(④　　　　　　)▶海岸線から**200海里**以内（領海をのぞく）。沿岸国が資源を利用できる。 日本は広い面積を有している

◆(⑤　　　　　　)▶排他的経済水域の外の海。

■**公海自由の原則**▶だれもが自由に航行や漁業ができる。

↓国家の領域

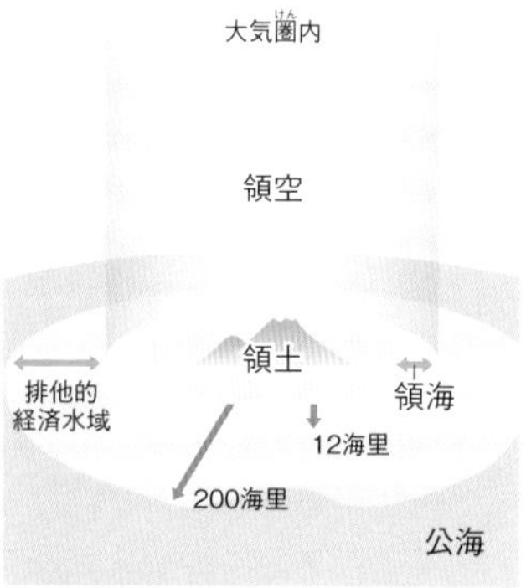

● 国際関係のなりたち/国際協調

◆第二次世界大戦後，民族自決の原則のもと，多くの国が独立。 現在，国の数は190をこえる

■**民族自決の原則**▶すべての民族が自らの政治を自ら決定。

■(⑥　　　　　　)▶他国から国内政治に干渉されない。

◆国際関係▶外交関係を結び，国際法のもとで形づくる。 条約など

◆**国際協調**▶国際社会で合意された価値や方針にしたがい，国際社会と一緒に行動する。

国際協調を大切にする多国間主義に対して，自国を第一に考えることを一国主義というよ。

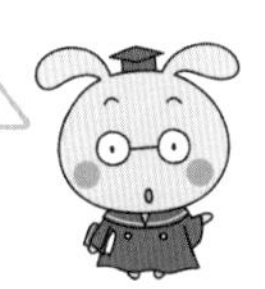

3 日本の領土をめぐる問題　教 p.182～183

● 日本の領土をめぐる問題

◆(⑦　　　　　　)▶**歯舞群島**・**色丹島**・**国後島**・**択捉島**。(⑧　　　　　　)が1945年に占領。現在は**ロシア**が不法占拠。

◆竹島▶(⑨　　　　　　)が不法占拠。

● 日本の領土をめぐる情勢

◆(⑩　　　　　　)▶**中国**が領有権を主張。

↓日本の領域と排他的経済水域

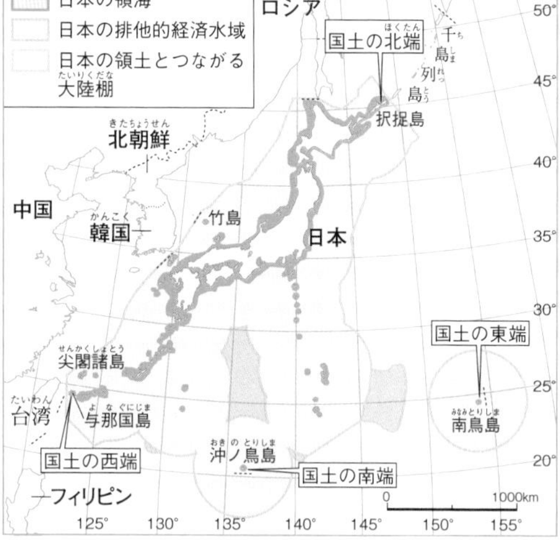

教科書の **資料**　次の問いに答えよう。

(1) 右の地図は，北海道の東にある日本の領土の周辺を示しています。A〜Dの島の名前を，　　から書きなさい。

A (　　　　　　　　)
B (　　　　　　　　)
C (　　　　　　　　)
D (　　　　　　　　)

色丹島　　国後島　　択捉島　　歯舞群島

(2) 現在A〜Dの島々を不法に占拠している国はどこですか。　(　　　　　　　　)

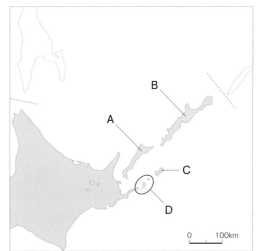

教科書 **一問一答** 〈チェック〉　次の問いに答えよう。

/10問中

★は教科書の太字の語句

1 ①将来の世代のために資源や環境を保全しつつ現在の世代の経済発展を続ける社会を何といいますか。

□①＿＿＿＿＿＿

2 ②法律で定められた日本の国旗を何といいますか。

□★②＿＿＿＿＿＿

③法律で定められた日本の国歌を何といいますか。

□★③＿＿＿＿＿＿

④国の領域を構成する，領土と領海の上空を何といいますか。

□★④＿＿＿＿＿＿

⑤すべての民族が，他国の支配を受けず，自らの政治を自らの手で決めるという国際社会の原則を何といいますか。

□★⑤＿＿＿＿＿＿

⑥排他的経済水域の外の海を，だれもが自由に航行したり漁業をしたりできる原則を何といいますか。

□⑥＿＿＿＿＿＿

⑦国際社会で守るべきルールである，条約などの国際的なルールを何といいますか。

□★⑦＿＿＿＿＿＿

⑧国際社会での話し合いで合意された価値や方針にしたがい，国際社会とともに行動することを何といいますか。

□★⑧＿＿＿＿＿＿

3 ⑨韓国とのあいだで領土問題がある，島根県の島はどこですか。

□★⑨＿＿＿＿＿＿

⑩1970年代から尖閣諸島の領有権を主張している国はどこですか。

□⑩＿＿＿＿＿＿

国家と国際関係

日本の領土をめぐる問題

知識の泉　地球の陸地のうち，南極大陸はどこの国の領土でもありません。また，宇宙空間にある月もどの国の領土でもありません。植民地には主権がないので，独立国家とは認められません。

第4編

予習・復習　こつこつ　解答 p.25

1　国家と国際社会②

教科書の 要点 （　　）にあてはまる語句を答えよう。

① 国際連合の目的とはたらき　教 p.186～187

●国際連合の成立/国連の目的とはたらき

◆1945年4月，サンフランシスコ会議で国際連合憲章を採択。

◆10月，51か国により（①　　　　　　　　　）（国連）設立。

　■本部▶ニューヨーク。　　■現加盟国数▶約190。

◆4つの目的▶世界の平和と安全の維持，国家間の友好関係の発展，まずしい人々の生活条件の向上とすべての人の人権の保障，国際協力の促進。

◆主な機関

　■総会▶すべての加盟国で問題を審議。1国が1票をもつ。

　■（②　　　　　　　　　）▶世界の平和と安全を維持。

　　・PKOの派遣。5つの常任理事国が拒否権をもつ。
　　　平和維持活動　　アメリカ，イギリス，フランス，ロシア，中国

　■経済社会理事会▶国際協力を進め，生活向上をめざす。

国連教育科学文化
機関，UNESCO　・ユネスコ，世界保健機関などの専門機関がある。

　■（③　　　　　　　　　）▶国家間の紛争の裁判を行う。

② グローバル化と地域統合　教 p.188～189

●地域統合と地域協力のうごき/EUの統合

◆グローバル化が進むなか，地域統合のうごき。

◆（④　　　　　　　　　）▶地域としてまとまること。経済やそのほかの問題で協力をしやすくするしくみづくりが進む。

　■（⑤　　　　　　）経済協力会議（APEC）
　　　　　　　　　　　　　　　　　　エイペック

　■東南アジア諸国連合（（⑥　　　　　　　　　））
　　とうなん　　しょこくれんごう

　■（⑦　　　　　　　　　）連合（AU）

◆（⑧　　　　　　　　　）連合（EU）
　　　　　　　　　　れんごう

　■ものや資金，人の移動が自由に。　■ユーロの導入。
　　　　　　　　　　　　　　　　　　　　共通通貨

　■EU域内の国の経済格差や，増加する（⑨　　　　　　　　）
　　　　　　　　　　　　　　　　　　　　仕事を求めて移り住む
　や難民への反発などの問題。イギリスはEUを離脱。
　　なんみん　　　　　　　　　　　　　　　　　　りだつ
　　中東など

③ 世界のさまざまな文化や宗教　教 p.190～191

●文化・宗教と政治/現代世界への影響/多様性への寛容
　　　　　　　　　　　えいきょう　　　　　　かんよう

◆宗教や民族・文化が原因とされる問題の背景に，政治的・経済的な問題もある。
　ざい

◆宗教が国内政治や国際政治に影響をあたえる原因の一つに。

◆文化の多様性を尊重する（⑩　　　　　　　　　）さが必要。
　ぶんか　　たようせい　　そんちょう

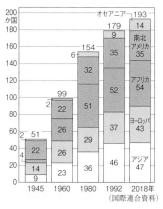

↓国連加盟国数の推移

オセアニア 193
　　　　　　　14
　　　　　　　南北
　　　　　　　アメリカ
　　179　　　35
　9
　35　　　　　アフリカ
　　　　　　　54
154
32
　　51　　　　ヨーロッパ
　　　　　　　43
99
22　　37
26
29　　46　　　アジア
2　51　　　　 47
4　22
14　26　　36
9　23
1945 1960 1980 1992 2018年
（国際連合資料）

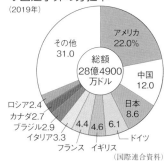

↓国連予算の分担率

（2019年）

その他
31.0

アメリカ
22.0%

総額
28億4900
万ドル

中国
12.0

ロシア2.4
カナダ2.7
ブラジル2.9
イタリア3.3　4.4 4.6 6.1

日本
8.6

ドイツ

フランス　イギリス
（国際連合資料）

↓世界の主な地域統合

● EU（ヨーロッパ連合）
● ASEAN（東南アジア
　アセアン
　諸国連合）
● AU（アフリカ連合）
● MERCOSUR（南米
　メルコスール
　南部共同市場）
● APEC（アジア太平洋
　経済協力会議）

パレスチナで起こっているイスラエルとアラブ諸国の対立には，宗教のちがいが大きく影響しているよ。

まるごと暗記　☺☺総会 国連の中心的な機関。1国1票　　☺☺安全保障理事会 世界平和と安全維持を担う。五大国に拒否権

教科書の 資料　次の問いに答えよう。

(1)　右の図のA～Cにあてはまる語句を書きなさい。

A（　　　　　　　　）

B（　　　　　　　　）

C（　　　　　　　　）

(2)　次の専門機関を図中から書きなさい。

①　教育や科学，文化の振興のための活動を行う専門機関。

（　　　　　　　　）

②　感染症対策など，すべての人々の健康のための活動を行う専門機関。

（　　　　　　　　）

国際連合の主な機関

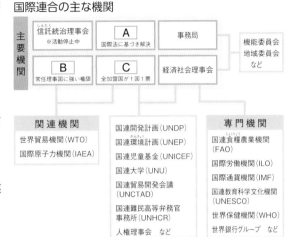

チェック

教科書 一 問 一 答　次の問いに答えよう。

/10問中

★は教科書の太字の語句

国際連合の目的とはたらき

①1945年4月，連合国がサンフランシスコ会議で採択した，平和を守る国際機関の設立を決めた文書は何ですか。

②1国が1票をもち，軍縮や開発と環境などのはば広い問題を審議する国連の中心的な機関を何といいますか。

③国連の安全保障理事会が行う平和維持活動を，アルファベットの略称で何といいますか。

④安全保障理事会の常任理事国がもつ，反対することで理事会の決定をできなくする権利を何といいますか。

グローバル化と地域統合

⑤経済活動やさまざまな問題で協力しやすいように，地域としてまとまることを何といいますか。

⑥アジア太平洋経済協力会議の略称を何といいますか。

⑦ASEANは何の略称ですか。

⑧EUで導入されている共通通貨を何といいますか。

⑨2016年に国民投票でEUの離脱を決め，2020年に離脱した国はどこですか。

⑩さまざまな異なる文化が社会に存在することを何といいますか。

□①＿＿＿＿＿＿＿＿＿

□★②＿＿＿＿＿＿＿＿＿

□③＿＿＿＿＿＿＿＿＿

□★④＿＿＿＿＿＿＿＿＿

□★⑤＿＿＿＿＿＿＿＿＿

□★⑥＿＿＿＿＿＿＿＿＿

□★⑦＿＿＿＿＿＿＿＿＿

□⑧＿＿＿＿＿＿＿＿＿

□⑨＿＿＿＿＿＿＿＿＿

□★⑩＿＿＿＿＿＿＿＿＿

 知識の泉　国際連合の機関である国連児童基金（UNICEF）は，募金を集め，きびしい生活を送る世界の子どもたちに食料や医療，教育などの支援活動を行っています。

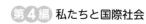

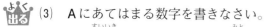

1　国家と国際社会

1 **国際社会と国家**　右の図を見て，次の問いに答えなさい。

(1)　国家がもつ，領域を統治しほかの国から支配を受けず，独立を保つ権利を何といいますか。（　　　　　）

(2)　(1)がおよぶ領域は，領土・領空と何によって構成されますか。（　　　　　）

(3)　Aにあてはまる数字を書きなさい。（　　　　　）

(4)　Bの水域で沿岸国以外の国に認められているのは，次のア・イのどちらですか。（　　　　　）
　　ア　船や航空機の移動　　イ　資源の採取

(5)　Bの外側の海を何といいますか。（　　　　　）

(6)　次の文中のa・bにあてはまる語句を，それぞれ書きなさい。　a（　　　　　）　b（　　　　　）

　　　国際的な行事では，（　a　）が掲げられ，（　b　）が歌われる。互いの（　a　）・（　b　）は尊重し合わなければならない。

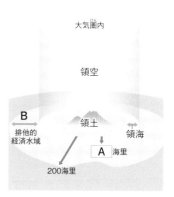

大気圏内

領空

B　領土　領海
排他的
経済水域

200海里

ヒントの森
(5)どこの国の領海や排他的経済水域でもない海。

2 **日本の領土**　右の地図を見て，次の問いに答えなさい。

(1)　次の島を，地図からそれぞれ書きなさい。
　①韓国に不法占拠されている。
　　　　　　（　　　　　）
　②日本が有効に支配しているが，中国が領有権を主張している。（　　　　　）
　③ロシアに不法占拠されている。
　　　　　　（　　　　　）

(2)　沖ノ鳥島の領海と排他的経済水域の面積はどれくらいですか。次から選びなさい。ただし，1海里は1852mです。（　　　　　）
　　ア　約1万km²　　イ　約4万km²
　　ウ　約10万km²　　エ　約40万km²

(3)　◯の島々をめぐる日本の主張について，次のA・Bにあてはまる語句を，それぞれ書きなさい。
　　　　A（　　　　　）　B（　　　　　）

　　　日本はこの島々を（　A　）時代から支配しており，（　B　）平和条約で放棄した千島列島には含まれない。

日本の領海
日本の排他的経済水域
日本の領土とつながる大陸棚

ロシア
国土の北端
千島列島
北朝鮮
択捉島
中国
韓国
竹島
日本
尖閣諸島
台湾
与那国島
沖ノ鳥島
国土の西端
国土の南端
国土の東端
南鳥島
フィリピン

ヒントの森
(2)日本の領土面積より広いです。
(3)A北海道が蝦夷地とよばれた時代。B太平洋戦争の講和条約。

全部できたら，➡に✔をかいて😊にしよう！ 😊😊😊

③ **国際連合の目的とはたらき** 次の文を読んで，あとの問いに答えなさい。

第二次世界大戦中の1945年４月，連合国は国際連盟^{れんめい}より強力な組織をつくろうと，（　A　）で会議を開き，国際連合憲章^{けんしょう さいたく}を採択した。同じ年の10月，（　B　）に本部をおく国際連合が設立された。国連の機関の中でも世界の（　C　）と安全の維持^{いじ}に責任を負うのが（　D　）である。（　D　）は５つの（　E　）と10の（　F　）からなるが，五大国のうち１か国でも反対すると決定できない。

(1) A～Fにあてはまる語句を，　　　からそれぞれ書きなさい。

A（　　　　　　　） B（　　　　　　　）

C（　　　　　　　） D（　　　　　　　）

E（　　　　　　　） F（　　　　　　　）

> 環境^{かんきょう}　ニューヨーク
>
> 平和　サンフランシスコ
>
> 経済社会理事会　常任理事国
> 安全保障理事会^{あんぜん ほ しょう り じ かい}　非常任理事国

(2) 下線部の五大国ではない国を，次から２つ選びなさい。　（　　　）（　　　）

ア　アメリカ　イ　日本　ウ　ロシア　エ　フランス

オ　イギリス　カ　中国　キ　ドイツ

(3) 下線部を可能にする，五大国がもつ権利を何といいますか。

（　　　　　　　　　　　　）

ヒントの森
(1)B世界経済の中心。
(2)連合国でない国。

第４編

④ **地域統合と文化・宗教** 右の地図を見て，次の問いに答えなさい。

(1) A～Cにあてはまる地域統合組^{ち いきとうごう}織を，アルファベットの略称でそれぞれ書きなさい。

A（　　　　　　　）

B（　　　　　　　）

C（　　　　　　　）

(2) 共通通貨を導入している地域統合組織をA～Cから選びなさい。

（　　　　　　　）

A	アフリカ連合（AU）
B	南米南部共同市場（MERCOSUR）
C	アジア太平洋経済協力会議（APEC）

(2020年)
(国連統計委員会資料)

(3) 次の文中の下線部a・bに関係の深い語句を，あとからそれぞれ２つ選びなさい。

a（　　　）（　　　）　b（　　　）（　　　）

> キリスト教徒の多いヨーロッパやアメリカでは，ₐキリスト教が日常生活に深く入り込んでいる。♭イスラム教が信仰^{しんこう}されている国々では，生活だけでなく，政治や経済などの活動の規範^{き はん}となることもある。

ア　クルアーン　イ　教会　ウ　ムハンマド　エ　聖書

(4) 第二次世界大戦後から長い宗教上の対立が続いているXの地域を何といいますか。次から選びなさい。　（　　　）

ア　シリア　イ　イラク　ウ　パレスチナ

ヒントの森
(4)ユダヤ人がイスラエルを建国しました。

予習・復習　こつこつ　解答　p.26

2　国際社会の課題と私たちの取り組み①

教科書の 要点 （　）にあてはまる語句を答えよう。

❶ 現代の戦争と平和　　教 p.194～195

●現代の紛争/東アジアの変化と課題

◆冷戦終結後▶国家と国家の戦争ではない新しい戦争が増加。

■宗教・民族の対立などによる（①　　　　　　　）が発生。

■国家とテロ組織の戦争。アメリカの同時多発テロなど。
（暴力を用いて政治目的を実現しようとする　2001年9月11日に発生）

■西アジアや北アフリカで民主化運動→難民・避難民の発生。
（アラブの春　しょく　きんちょう）

◆中国▶経済発展。海洋進出で、周辺諸国に緊張を生み出す。
（軍事的な目的や、資源開発）

◆朝鮮半島▶韓国が経済発展をとげる。

（②　　　　　　　）で核開発や拉致問題。

❷ 世界の軍縮と日本の役割　　教 p.196～197
（核保有国のアメリカ・ソ連・イギリス・フランス・中国以外の核兵器所有を禁止）

●軍縮への動きと課題/軍縮に対する日本の責任

◆核の軍縮▶（③　　　　　　　）（NPT）。アメリカとソ連の（④　　　　　　　）（START）。

◆核の拡散▶インド、パキスタン、北朝鮮が核実験。

◆日本▶非核三原則を掲げる。（核兵器を「もたず、つくらず、もちこませず」）
（唯一の被爆国）

❸ 日本の平和主義と国際貢献　　教 p.198～199

●平和主義/世界の紛争と日本の役割/人間の安全保障

◆日本の国際貢献▶平和主義のもと、国際紛争に介入せず、防衛費をGDPの1％程度におさえる。

◆（⑤　　　　　　　）（ODA）の実施▶アジアや中東、アフリカの発展途上国に技術協力や資金援助。

◆国連の平和維持活動（PKO）への参加▶1992年に（⑥　　　　　　　）を制定し、カンボジアなどに（⑦　　　　　　　）を派遣する。
（PKO協力法　青年海外協力隊など）

◆人間の安全保障▶生命と安全とおびやかす状況から人々を守る。日本政府は人間の安全保障基金を国連に設置。

❹ 発展途上国の現状と多様化する世界　　教 p.200～201

●世界人口の増大/南北問題/南南問題と南南協力

◆世界人口▶発展途上国を中心に増加が予測される。

◆（⑧　　　　　　　）▶北半球に多い先進国と赤道付近から南半球に多い（⑨　　　　　　　）の経済格差とその解消の問題。

◆（⑩　　　　　　　）▶発展をとげつつある国と貧しい国の経済格差。中国やインド、ブラジルなどは途上国を支援。
（ASEAN諸国やBRICS諸国　南南協力）

↓難民の発生数

サハラ以南アフリカ	718	
中東と北アフリカ	700	
アジア太平洋	479	
ヨーロッパ	40	
南北アメリカ	32	
無国籍・その他	26	

（2017年）（2017年「UNHCR年間統計報告書」）

同時多発テロが起こったあと、アメリカはアフガニスタン、イラクを攻撃したよ。

↓核兵器をめぐる状況

1945	アメリカ、原爆を日本に投下
1954	アメリカ、ビキニ環礁で水爆実験
1962	キューバ危機
1963	部分的核実験停止条約調印
1968	核兵器不拡散条約（NPT）調印
1989	冷戦の終結
1991	米ソ、戦略兵器削減条約（START）調印
1998	インド、パキスタンが核実験実施
2006	北朝鮮地下核実験
2010	米ロ、新戦略兵器削減条約（新START）調印
2017	核兵器禁止条約採択
2018	米朝首脳会談

↓世界人口の見通し

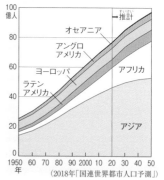

（2018年「国連世界都市人口予測」）

📖教科書の 資 料　次の問いに答えよう。

(1) 右の図は，各国が行っている政府開発援助の状況を示しています。政府開発援助を，アルファベットで何といいますか。（　　　　　　　　）

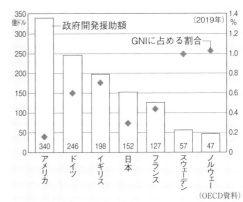

政府開発援助額　（2019年）
GNIに占める割合
（OECD資料）

アメリカ 340　ドイツ 246　イギリス 198　日本 152　フランス 127　スウェーデン 57　ノルウェー 47

(2) 次の①・②にあてはまる国を，グラフ中からそれぞれ書きなさい。

　① 政府開発援助額はグラフ中で最も低いが，ＧＮＩに占める割合は1.0％を超える国。
　（　　　　　　　　）

　② 政府開発援助額が最も多い国。
　（　　　　　　　　）

📖教科書 チェック 一 問 一 答　次の問いに答えよう。　　　／10問中

★は教科書の太字の語句

1 現代の戦争と平和

①冷戦終結後に増加した，国家と国家の戦争ではない形態の戦争を何といいますか。
　★□①＿＿＿＿＿＿＿＿＿

②暴力を用いて恐怖心をあおり，政治目的を実現しようとすることを何といいますか。
　★□②＿＿＿＿＿＿＿＿＿

③武力紛争や人権侵害（しんがい）をのがれ，家や財産を手放し，他の国に移った人々を何といいますか。
　★□③＿＿＿＿＿＿＿＿＿

2 世界の軍縮と日本の役割

④アメリカ・ソ連・イギリス・フランス・中国以外の国が核兵器をもつことを禁止した条約を何といいますか。
　□④＿＿＿＿＿＿＿＿＿

⑤日本が掲げている，核兵器を「もたず，つくらず，もちこませず」という原則を何といいますか。
　★□⑤＿＿＿＿＿＿＿＿＿

3 日本の平和主義と国際貢献

⑥日本が国際平和協力法を制定して参加するようになった，国連の活動を何といいますか。
　★□⑥＿＿＿＿＿＿＿＿＿

⑦⑥への参加で，初めて自衛隊が派遣された国はどこですか。
　□⑦＿＿＿＿＿＿＿＿＿

⑧内戦や人権侵害（じんけんしんがい），貧困（ひんこん），感染症（かんせんしょう）などから人間の生命や尊厳（そんげん）を守る考え方を何といいますか。
　★□⑧＿＿＿＿＿＿＿＿＿

4 発展途上国の現状

⑨経済発展をとげた，ブラジル，ロシア，インド，中国，南アフリカ共和国をアルファベットの略称で何といいますか。
　□⑨＿＿＿＿＿＿＿＿＿

⑩中国やインド，ブラジルなどの国による，発展途上国への技術支援や投資などを何といいますか。
　□⑩＿＿＿＿＿＿＿＿＿

知識の泉　核・生物・化学兵器などを大量破壊兵器といいます。一方，通常兵器も多くの一般（いっぱん）市民に被害をもたらしています。地雷（じらい）は戦後も被害を出すことから，1999年に全面禁止になりました。

予習・復習　こつこつ　解答　p.26

2　国際社会の課題と私たちの取り組み②

📖教科書の**要点**（　　）にあてはまる語句を答えよう。

❶ 限りある資源とエネルギー　教 p.202〜203

世界の資源・エネルギー消費/新しいエネルギーの開発

◆化石燃料▶（①　　　　　　　　　）・石炭・天然ガス。

資源量には限りがある。大量消費が二酸化炭素などの排出量を増やし，地球温暖化をもたらす。

◆（②　　　　　　　　　）▶水力・太陽光・風力・地熱・バイオマス。供給の安定と費用の削減が課題。

日本のエネルギー問題

◆（③　　　　　　　　　）発電▶東日本大震災後，発電量は減少。化石燃料と比べ，資源が安定的に供給でき，二酸化炭素の排出量が少ない。放射性廃棄物の処理や安全の確保が課題。

❷ 地球規模の環境問題と国際協力　教 p.204〜205

さまざまな環境問題/地球温暖化/気候変動と国際協力

◆地球規模の環境問題▶大量生産，大量消費，大量廃棄により，酸性雨，オゾン層の破壊，（④　　　　　　　　　）化などが発生。

◆地球温暖化▶化石燃料の大量消費が（⑤　　　　　　　　　）などの温室効果ガスを増やすことが原因とされる。生態系の変化，（⑥　　　　　　　　　）上昇などが心配される。

◆地球環境問題への取り組み

■国連人間環境会議 1972年。

■地球温暖化防止京都会議 1997年▶先進国に温室効果ガスの削減を義務づける（⑦　　　　　　　　　）の採択。

■パリ協定 2015年▶気温上昇を産業革命が進む以前から2℃以内におさえることをめざす。先進国だけでなく（⑧　　　　　　　　　）にも温室効果ガスの削減義務。

❸ 持続可能な社会をめざして　教 p.206〜207

ＳＤＧｓとは/持続可能な社会のための国際協力

◆「（⑨　　　　　　　　　）」（ＳＤＧｓ）▶2015年，国連の総会で合意。世界が直面している課題の解決のため，具体的な17の目標を設定。

◆政府・企業・市民に，地球全体・他国の社会・地域の社会・（⑩　　　　　　　　　）の世代を考えた行動が求められる。

↓諸外国の発電電源の割合

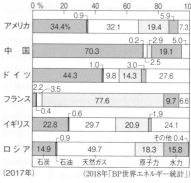

	石炭	石油	天然ガス	原子力	水力	
アメリカ	34.4%	0.9	32.1	19.4		7.3
					5.9	
中国	70.3	0.2	2.9	19.1	5.0	
ドイツ	44.3	1.0	9.8	14.3	27.6	
		3.0	2.5			
フランス	2.2 3.5	77.6			9.7	6.6
イギリス	22.8	0.4 0.6	29.7	20.9	1.9	24.1
ロシア	14.9	0.9	49.7	18.3	15.8	

（2017年）　　（2018年「BP世界エネルギー統計」）

その他 0.4

↓二酸化炭素排出量
（2017年）

その他 31.5 / 中国 27.6% / アメリカ 15.2 / EU 10.6 / インド 7.0 / ロシア / 日本 4.6 / 3.5 / 計 334.4億t

（2018年「BP世界エネルギー統計」）

↓地球温暖化のしくみ

太陽

温室効果ガスが増えすぎると，温室効果が高まり，地表の温度はどんどん上昇する。

温室効果ガス（二酸化炭素など）

地球

↓ＳＤＧｓ　17の目標のうち日本の達成度の低い目標

● 目標5　ジェンダー平等を実現しよう
● 目標12　つくる責任つかう責任
● 目標13　気候変動に具体的な対策を
● 目標14　海の豊かさを守ろう
● 目標17　パートナーシップで目標を達成しよう

まるごと暗記　😊パリ協定 先進国・発展途上国ともに温室効果ガス削減義務　　😊ＳＤＧｓ 持続可能な開発目標

📖教科書の 資料　次の問いに答えよう。

(1) 次の①・②にあてはまるエネルギー資源を，右のグラフ中からそれぞれ書きなさい。

① 化石燃料の１つで，2016年の日本の発電電力量に占める割合が２番目に高い。

（　　　　　　　）

② 地熱やバイオマスなどがある。

（　　　　　　　）

(2) 原子力による発電電力量が2011年に減少するきっかけとなった，2011年に起こった大規模な地震災害を何といいますか。

（　　　　　　　）

日本の発電電力量の推移

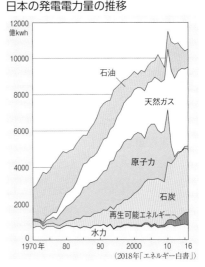

(2018年「エネルギー白書」)

📖教科書 一 問 一 答　次の問いに答えよう。

/10問中

★は教科書の太字の語句

1 限りある資源とエネルギー

①石油・石炭・天然ガスなどの燃料を何といいますか。

★①＿＿＿＿＿＿＿

②①の大量消費がもたらすとされる地球規模の環境問題を何といいますか。

★②＿＿＿＿＿＿＿

③原子力発電により発生する，長期間にわたって管理する必要のある廃棄物を何といいますか。

③＿＿＿＿＿＿＿

2 地球規模の環境問題と国際協力

④化学物質を含み，森林を枯らしたり湖の魚を死滅させたりする雨を何といいますか。

④＿＿＿＿＿＿＿

⑤フロンガスが破壊する，大気中の層を何といいますか。

⑤＿＿＿＿＿＿＿

⑥二酸化炭素など，地表の温度を上昇させる気体を何といいますか。

★⑥＿＿＿＿＿＿＿

⑦1972年にストックホルムで開かれた環境に関する国際会議を何といいますか。

★⑦＿＿＿＿＿＿＿

⑧2015年に採択された，発展途上国にも温室効果ガスの削減を義務づけた協定を何といいますか。

★⑧＿＿＿＿＿＿＿

3 持続可能な社会をめざして

⑨2015年に国連の総会で採択された，「持続可能な開発目標」をアルファベットで何といいますか。

★⑨＿＿＿＿＿＿＿

⑩⑨の具体的な目標は，全部でいくつありますか。

⑩＿＿＿＿＿＿＿

 知識の泉　最近は，シェールガスやバイオエタノールなどの新しい燃料も開発されています。日本近海はメタンハイドレートという天然ガスの一種が豊富で，利用に向けて研究が続けられています。

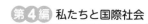

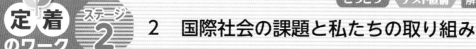

定着のワーク　ステージ2　**2　国際社会の課題と私たちの取り組み**

こつこつ　テスト直前　解答 p.27

1 現代の世界の戦争と平和・軍縮　右の年表を見て，次の問いに答えなさい。

(1)　A〜Cにあてはまる語句を，それぞれ書きなさい。

A（　　　　　　　）　B（　　　　　　　）

C（　　　　　　　）

レベルUP (2)　次の①・②にあてはまる条約を，年表中からそれぞれ書きなさい。

①　アメリカ・ソ連・イギリス・フランス・中国以外の国が核兵器を保有することを禁止する。

（　　　　　　　）

②　アメリカとソ連が，核兵器の数を減らす。

（　　　　　　　）

よく出る (3)　下線部aのアルファベットの略称を書きなさい。

（　　　　　　　）

年	できごと
1945	第二次世界大戦終結
1962	キューバ危機
1968	核兵器不拡散条約
1989	（ A ）の終結
1991	米ソ，戦略兵器削減条約
1992	自衛隊が a 平和維持活動に参加
1996	包括的核実験禁止条約
2001	アメリカで同時多発（ B ）アメリカが（ C ）を攻撃
2006	b 北朝鮮地下核実験
2010	米ロ，新戦略兵器削減条約
2017	核兵器禁止条約
2018	米朝首脳会談

(4)　下線部bの国と日本とのあいだにある問題を，次から選びなさい。

ア　北方領土問題　　イ　拉致問題　　　　　　　　（　　　　）

ウ　感染症対策　　　エ　貿易摩擦

(5)　日本が核兵器について掲げている原則を何といいますか。

（　　　　　　　）

ヒントの森

(1)Cテロ組織を支援しているとされた国です。

(2)①はNPT，②はSTARTとよばれます。

2 日本の平和主義と国際貢献　右のグラフを見て，次の問いに答えなさい。

よく出る (1)　政府開発援助をアルファベットの略称で何といいますか。

（　　　　　　　）

(2)　次の文中のA・Bにあてはまる数字や語句を，それぞれ書きなさい。

A（　　　　　　　）　B（　　　　　　　）

2019年の日本の政府開発援助額はグラフ中の国のなかで（ A ）番目に多いが，国民総所得に占める割合は，ヨーロッパの国々に比べて（ B ）。

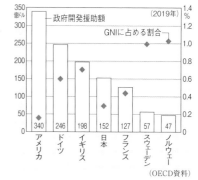

政府開発援助の国際比較

(OECD資料)

(3)　政府開発援助は，発展途上国に対して行われています。発展途上国と先進国とのあいだの経済格差にかかわる問題を何といいますか。

（　　　　　　　）

(4)　発展途上国のなかでも，経済発展をとげた国と貧しい国とのあいだの経済格差が広がっていることを何といいますか。

（　　　　　　　）

ヒントの森

(3)(4)どちらにも，発展途上国が多い「南半球」に基づく語句が入ります。

❸ 国際社会の課題 次の文を読んで，あとの問いに答えなさい。

● 世界の（ A ）が増え続け，a 食料や b エネルギー資源への需要が高まっている。
● （ B ）燃料の大量消費により，c 二酸化炭素の排出量が増えている。
● d 酸性雨や e オゾン層の破壊，f 砂漠化など，地球規模の（ C ）問題が広がっている。

(1) A～Cにあてはまる語句を，それぞれ漢字2字で書きなさい。

A（　　　　　　）
B（　　　　　　）
C（　　　　　　）

資料1　世界の飢餓状況

(2017年)

飢餓率（各国の総人口に対する栄養不足人口の割合）
■ 35％以上　■ 25％～34％　■ 15％～24％
□ 5％～14％　■ 5％未満ほか　□ データなし
(Hunger Map 2018)

(2) 下線部 a について，食料不足が最も深刻な地域はどこですか。**資料1**を見て，次から選びなさい。（　　　　　）

ア　南アメリカ　　イ　アジア
ウ　アフリカ

(3) 下線部 b について，次の文中の X・Y にあてはまる語句を，**資料2**中からそれぞれ書きなさい。

X（　　　　　　）　Y（　　　　　　）

2011年を境に，日本では二酸化炭素を排出しない（ X ）発電の割合が減り，（ Y ）・石炭を燃料にした火力発電の割合が高くなった。

資料2　日本の発電電力量の推移

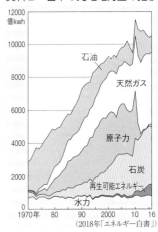

12000
億kwh
10000
8000
6000
4000
2000
0
1970年　80　90　2000　10　16
石油
天然ガス
原子力
石炭
再生可能エネルギー
水力
(2018年「エネルギー白書」)

 (4) 下線部 c について，現在，二酸化炭素排出量が最も多い国はどこですか。**資料3**から書きなさい。

（　　　　　　）

 (5) 下線部 d ～ f の原因を，次からそれぞれ選びなさい。

d（　　）　e（　　）　f（　　）

ア　フロンガス　　　イ　工場からの化学物質
ウ　温室効果ガス　　エ　過剰な耕作や放牧

(6) 次の文中の X にあてはまる語句を漢字で，Y にあてはまる語句をアルファベットで書きなさい。

X（　　　　　　）　Y（　　　　　　）

（ X ）な社会を実現するため，国連の総会は17の具体的な目標を設定した（ Y ）に合意した。（ Y ）未来都市に選定されている神奈川県と鎌倉市では，リサイクルされないプラスチックごみを出さなくすることをめざす取り組みを行っている。

資料3　二酸化炭素排出量

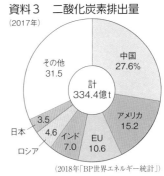

(2017年)

その他
31.5
中国
27.6％
計
334.4億t
アメリカ
15.2
日本
3.5
ロシア
4.6
インド
7.0
EU
10.6
(2018年「BP世界エネルギー統計」)

(5) d 排出された酸性の物質が雨にとけて起こります。

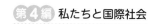

第4編　私たちと国際社会

1 次の文を読んで，あとの問いに答えなさい。

(5)10点，他4点×10(50点)

　　　a 国際連合が1945年に設立されたときの加盟国は51か国だったが，その後 b しだいに加盟国が増え，現在はおよそ190の c 国家が加盟している。国際連合の主な機関には，d 総会，e 安全保障理事会，経済社会理事会などがある。

(1) 下線部 a の目的である，①〜④と関係する活動を，あとからそれぞれ選びなさい。

　①世界の平和と安全の維持　　②国家間の友好関係の発展

　③人々の生活向上と人権保障　④国際協力の促進

　ア　ユニセフによる教育支援

　イ　環境問題に関する国際会議の開催

　ウ　ユネスコによる世界遺産修復

　エ　PKOによる選挙の監視

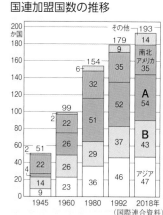

国連加盟国数の推移

（国際連合資料）

(2) 下線部 b について，右のグラフの A・B にあてはまる地域を，次からそれぞれ選びなさい。

　ア　アフリカ　　　　イ　ヨーロッパ

　ウ　オセアニア

(3) 下線部 c について，次の問いに答えなさい。

　① 国家が，ほかの国から支配を受けず，独立を保つ権利を何といいますか。

　② 第二次世界大戦後広く受け入れられ，多くの国が独立するもととなった，すべての民族が，他国の支配を受けず，自らの政治を自らの手で決定するという原則を何といいますか。

　③ 他国による国内政治への干渉は許されないという原則を何といいますか。

(4) 下線部 d での議決について，正しいものを次から選びなさい。

　ア　1国が平等に1票をもつ。　　　イ　各国が国連予算の分担率に応じた票数をもつ。

　ウ　各国が人口に応じた票数をもつ。　エ　加盟が早い国ほど多くの票をもつ。

記述 (5) 下線部 e の常任理事国に認められている拒否権とはどのようなものですか。「反対」，「決定」の語句を使って簡単に書きなさい。

(1)	①		②		③		④		(2) A		B	
(3)	①						②					
③							(4)					
(5)												

目標	現在の国際社会のしくみをおさえる 日本の国際貢献をおさえる 人口と資源の課題をおさえる	自分の得点まで色をぬろう! 0　　　　　　　　60　80　100点

2 右のグラフを見て，次の問いに答えなさい。　　4点×5（20点）

(1) Aについて，日本がPKOに派遣しているのは主に何という組織の隊員ですか。

(2) Bについて，地球温暖化防止のための国際会議が開かれた日本の都市はどこですか。

記述
(3) Cについて，日本がとっている非核三原則の内容を，「核兵器を」に続けて書きなさい。

よく出る
(4) Dについて，日本が発展途上国に対して行っている資金援助や技術協力を何といいますか。

(5) E・Fについて，人間の生命や尊厳をおびやかす状況から人々を守ることを何といいますか。

日本は国際社会でどのような役割を果たすべきか

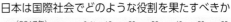
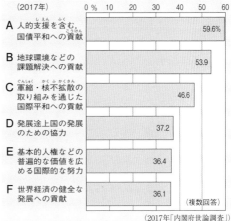

- A 人的支援を含む，国際平和への貢献　59.6%
- B 地球環境などの課題解決への貢献　53.9
- C 軍縮・核不拡散の取り組みを通じた国際平和への貢献　46.6
- D 発展途上国の発展のための協力　37.2
- E 基本的人権などの普遍的な価値を広める国際的な努力　36.4
- F 世界経済の健全な発展への貢献　36.1

（複数回答）
（2017年「内閣府世論調査」）

第4編

(1)		(2)		(3) 核兵器を	
		(4)		(5)	

3 右の資料を見て，次の問いに答えなさい。　　5点×6（30点）

(1) 今後，人口が増えていくと予想されている地域を，資料1中から2つ書きなさい。

(2) 人口増加がもたらす問題を，次から選びなさい。
　ア　冷戦　　イ　食料問題
　ウ　軍縮　　エ　少子高齢化

(3) 資料2について，次の問いに答えなさい。

作図
① 化石燃料を利用した発電に色をぬりなさい。
② 原子力発電の問題を，次から1つ選びなさい。
　ア　二酸化炭素排出量が多い。
　イ　電力供給が不安定。
　ウ　放射性物質の処理が難しい。
　エ　天候に左右される。

記述
③ 再生可能エネルギーの課題を「費用」，「発電量」の語句を使って，簡単に書きなさい。

資料1　世界人口の見通し

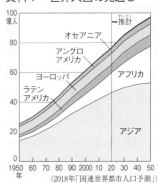

（2018年「国連世界都市人口予測」）

資料2　日本の発電電源の割合

			原子力 1.7		
（2016年） 石炭	石油	天然ガス		水力	その他
32.3%	9.3	42.2		7.6	6.9

（2018年「エネルギー白書」）

(1)		(2)	(3)① 資料2に記入	②
③				

 公民重要語句

⭐ なぞった後，漢字を書いて覚えましょう。読みも覚えておきましょう！

| おろしうり
卸売 | 卸売 | .... | かせん
寡占 | 寡占 | .... | かそ
過疎 | 過疎 | .... |

卸売 卸売 ...... 寡占 寡占 ...... 過疎 過疎 ......

貨幣 貨幣 ...... 為替 為替 ...... 飢餓 飢餓 ......

棄権 棄権 ...... 供給 供給 ...... 金融 金融 ......

契約 契約 ...... 好況 好況 ...... 控訴 控訴 ......

国債 国債 ...... 雇用 雇用 ...... 歳入 歳入 ......

首長 首長 ...... 需要 需要 ...... 象徴 象徴 ......

世論 世論 ...... 租税 租税 ...... 貯蓄 貯蓄 ......

賃金 賃金 ...... 被告 被告 ...... 貧困 貧困 ......

紛争 紛争 ...... 与党 与党 ...... 利潤 利潤 ......

拒否権 拒否権 ...... 公企業 公企業 ......

三審制 三審制 ...... 請願権 請願権 ......

介護保険 介護保険 ...... 規制緩和 規制緩和 ......

均衡価格 均衡価格 ...... 公衆衛生 公衆衛生 ......

公的扶助 公的扶助 ...... 国民審査 国民審査 ......

少子高齢 少子高齢 ...... 弾劾裁判 弾劾裁判 ......

累進課税 累進課税 ......

簡易裁判所 簡易裁判所 ......

環境基本法 環境基本法 ......

公共の福祉 公共の福祉 ......

裁判員制度 裁判員制度 ......

循環型社会 循環型社会 ......

違憲立法審査権 違憲立法審査権 ......

友達と漢字クイズを
出し合ってみよう！

全部書けたら
きみは
公民博士だ！

公民 経済図解

需要・供給と価格

いちごが 1000 円のとき
需要 10 個＜供給 100 個

高い　売れない
売れ残り

十分あるので　**価格が下がる**

需要量 増　供給量 減

いちご 500 円
需要 50 個＝供給 50 個

価格

需要曲線　　　　　供給曲線

90 個余り

1000円

需要量増　供給量減

均衡価格

500円

供給量増　需要量減

300円

90 個不足

0　　10 個　　　50 個　　　100 個　　**数量**

いちごが 300 円のとき
需要 100 個＞供給 10 個

買えない　もっと売りたい
品不足

希少なので　**価格が上がる**

需要量 減　供給量 増

いちご 500 円
需要 50 個＝供給 50 個

需要曲線の移動

例 給料が増えてたくさん買えるようになる

↑UP

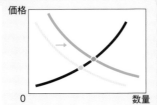
価格
0　　　　　数量

供給曲線の移動

例 技術が上がり生産費用が安くなる

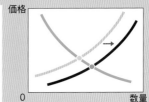
価格
0　　　　　数量

円高・円安

円高　▶円の価値が高い

1 ドル＝50 円のとき
1 ドルで 50 円の物しか買えない

ドル安　1 ドル＝50 円
円高　100 円＝2 ドル

1 ドル＝100 円

円安　▶円の価値が安い

1 ドル＝200 円のとき
1 ドルで 200 円も物が買える

ドル高　1 ドル＝200 円
円安　100 円＝0.5 ドル

---

1 ドル＝50 円のとき

 ←輸入
50 万円で輸入　　1 万ドルで輸出

 輸出
200 万円で輸出　　4 万ドルで輸入

円高になると輸入が好調

1 ドル＝100 円のとき

100 万円＝1 万ドル

200 万円＝2 万ドル

1 ドル＝200 円のとき

 ←輸入
200 万円で輸入　　1 万ドルで輸出

 輸出
200 万円で輸出　　1 万ドルで輸入

円安になると輸出が好調

公民 よく出る数字

選挙権・被選挙権と任期　国の政治　地方自治

	選挙権	被選挙権	任期
衆議院議員	18歳以上	25歳以上	4年（解散あり）
参議院議員	18歳以上	30歳以上	6年（3年ごとに半数改選）
市(区)町村長	18歳以上	25歳以上	4年
市(区)町村議会議員	18歳以上	25歳以上	4年
都道府県知事	18歳以上	30歳以上	4年
都道府県議会議員	18歳以上	25歳以上	4年

住民の直接請求権　地方自治

	必要な署名	請求先
条例の制定・改廃の請求	有権者の50分の1以上	首長
監査請求	有権者の50分の1以上	監査委員
議会の解散請求	有権者の3分の1以上*	選挙管理委員会
解職請求　議員・首長	有権者の3分の1以上*	選挙管理委員会
副知事・副市(区)町村長・各委員		首長

＊有権者数が40万人をこえる場合、40万人の3分の1に、40万人をこえる人数の6分の1を足した数以上。有権者数が80万人をこえる場合、40万人の3分の1に、40万人の6分の1と80万人をこえる人数の8分の1を足した数以上。

国会の種類　国の政治

常会（通常国会）	毎年1回、1月中に召集（会期は150日間）
臨時会（臨時国会）	内閣が必要と認めたとき、または、いずれかの議員の総議員の4分の1以上の要求があったときに召集
特別会（特別国会）	衆議院解散後の総選挙の日から30日以内に召集
参議院の緊急集会	衆議院の解散中、緊急の必要があるときに、内閣の求めにより召集

憲法改正の手続き　日本国憲法と人権

憲法改正原案 → 衆(参)議院 総議員の3分の2以上の賛成 → 参(衆)議院 総議員の3分の2以上の賛成 → 憲法改正の発議 → 国民投票 有効投票の過半数の賛成 → 国民の承認 → 天皇が国民の名において公布

総議員の3分の2未満の賛成 → 廃案
総議員の3分の2未満の賛成 → 廃案
有効投票の半数以下の賛成 → 廃案

内閣不信任の決議　国の政治

内閣不信任の決議
↓ 10日以内
衆議院の解散
↓ 40日以内
総選挙
↓ 30日以内
特別国会の召集
↓
内閣の総辞職
内閣総理大臣の指名

領域と排他的経済水域　国際社会

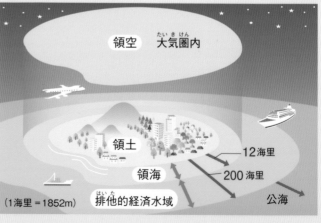

領空 大気圏内
領土
領海
排他的経済水域
12海里
200海里
公海
（1海里＝1852m）

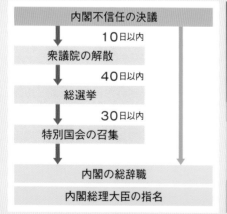

定期テスト対策

得点アップ！ 予想問題

1
この「**予想問題**」で
実力を確かめよう！

時間も
はかろう

2
「**解答と解説**」で
答え合わせをしよう！

3
わからなかった問題は
戻って復習しよう！

この本での
学習ページ

スキマ時間でポイントを確認！
別冊「**スピードチェック**」も使おう

●予想問題の構成

回数	教科書ページ	教科書の内容	この本での学習ページ
第1回	8〜23	第1編　私たちと現代社会①	2〜5, 8〜9
第2回	24〜31	第1編　私たちと現代社会②	6〜9
第3回	36〜43	第2編第1章　1　法に基づく政治と日本国憲法	14〜19
第4回	44〜57	第2編第1章　2　日本国憲法と基本的人権①	20〜23, 26〜27
第5回	58〜73	第2編第1章　2　日本国憲法と基本的人権②／3　日本の平和主義	24〜31
第6回	78〜85	第2編第2章　1　民主政治と政治参加	36〜41
第7回	88〜95	第2編第2章　2　国の政治のしくみ①	44〜49
第8回	98〜107	第2編第2章　2　国の政治のしくみ②	50〜55
第9回	108〜115	第2編第2章　3　くらしを支える地方自治	58〜63
第10回	124〜135	第3編　1　経済のしくみと消費生活	68〜73
第11回	136〜151	第3編　2　生産の場としての企業	74〜81
第12回	154〜159	第3編　3　金融のしくみとお金の大切さ	84〜87
第13回	160〜171	第3編　4　財政と国民の福祉	88〜93
第14回	178〜191	第4編　1　国家と国際社会	98〜103
第15回	194〜207	第4編　2　国際社会の課題と私たちの取り組み	104〜109

社会公民　日本文教版

解答 ▶ p.29

第**1**回
予想問題

第1編　私たちと現代社会①

15分

/100

1 現代社会について，右の資料を見て，次の問いに答えなさい。

(1)10点，他各9点×10(100点)

(1) 右のグラフは何の推移を示していますか。次から書きなさい。

〔 高齢化率　　合計特殊出生率　　平均寿命 〕

(2) 日本で進んでいる，子どもが少なくなり，高齢者の割合が増えることを何といいますか。

(3) (2)が進むことによる課題にあてはまるものを，次から選びなさい。

　ア　医療，介護，年金などの制度にかかるお金が減る。

　イ　働く世代が減り，社会の活力が低下する。

　ウ　国や地方公共団体の収入が増加する。

(4) 次の①〜④にあてはまるものを，あとからそれぞれ選びなさい。

　① 情報通信技術の発達で，私たちの日々のくらしや社会において，情報が大きな役割を果たしている。

　② 大量の人，商品，お金などが，国境をこえて容易に移動できるようになり，世界の一体化が進んでいる。

　③ 日本でくらす外国人が増え，さまざまな文化をもった人が共生している。

　④ 人権を尊重し正しい情報を送るなど，情報を取りあつかうときの適正な態度。

　　ア　多文化共生社会　　イ　情報化　　ウ　伝統文化

　　エ　グローバル化　　　オ　情報モラル

(5) 右の表について，次の問いに答えなさい。

　① Xにあてはまる，毎年同じ時期に家庭や地域で行われる行事を何といいますか。

　② A〜Cにあてはまるものを，次からそれぞれ書きなさい。

〔 七五三　　節分　　端午の節句 〕

	1月	2月	3月	4月	5月	6月	7月	8月	9月	10月	11月	12月
X	初詣	A	彼岸 ひな祭り	花祭り(灌仏会)	B	更衣	七夕	お盆	お月見 彼岸	秋祭り 更衣	C	大みそか

(1)		(2)		(3)	
(4)①		②		③		④	
(5)①		②A		B		C	

第**2**回
予想問題

第１編　私たちと現代社会②

解答 ▶ p.29

15分

/100

1 社会生活について，次の文を読んで，あとの問いに答えなさい。　10点×7（70点）

　人間は，さまざまな社会集団と関わって生きていることから，（　A　）存在といわれる。最初に所属する社会集団は，家族である。
　日本国憲法は，家族生活の根本として（　B　）の尊厳と両性の本質的（　C　）を定めている。（　B　）の尊重は，政治のあり方の根本でもある。

⑴　A〜Cにあてはまる語句を書きなさい。

⑵　下線部について，近年増加している，夫婦と未婚の子ども，あるいは夫婦だけ，一人親と子どもからなる家族を何といいますか。

⑶　社会生活を営むうえで必要なきまり（ルール）について，次の①〜③にあてはまるものをあとからそれぞれ書きなさい。
　①　ある社会でみんなに認められているならわしやしきたり。
　②　人々が善悪・正邪を判断し，正しい行いをするための規範。
　③　社会生活を維持・統制するため，強制力をもって行われる規範。
　〔　法　　道徳　　慣習　〕

⑴A		B		C		⑵	
⑶①		②		③			

2 きまりについて，次の問いに答えなさい。　6点×5（30点）

⑴　３年生のクラスが，体育館の使い方について話し合いをしています。１組は１週間に４回の使用，２組は毎日午後の使用，４組は月曜日と木曜日の使用を希望しています。
　①　このときクラスのあいだで生じているものは何ですか。
　②　①の状態を解消するため，解決策をたがいに受け入れることを何といいますか。
　③　話し合いには３組が参加していませんでした。この話し合いがみたしていない考え方を，次から選びなさい。
　　ア　効率　　イ　公正

⑵　クラスのきまりをつくるとき，採決の方法として適切なものを，次から選びなさい。
　　ア　全員一致　　イ　多数決　　ウ　先生が決める

⑶　個人と個人のあいだや個人と企業のあいだなどで結ばれている，たがいに納得したうえで結ぶ約束を何といいますか。

⑴①		②		③	
⑵		⑶			

第3回 予想問題 第2編第1章　個人の尊重と日本国憲法
1　法に基づく政治と日本国憲法

解答 ▶ p.29

15分 /100

---

1 法に基づく政治について，次の問いに答えなさい。 (5)9点，他7点×5（44点）

(1) 次の文の（　　）にあてはまる語句を書きなさい。

　　憲法は，政治の権力を制限して国民の人権を保障するという（　　）の思想に基づい
て，政治権力の濫用を防ぎ，国民の自由や権利を守っている。

(2) 右の図のA・Bにあてはまるものを，次からそれぞれ選びなさい。

　ア　政治権力　　イ　法

(3) 権力を分割し，たがいに抑制と均衡をはかるしくみのことを何といいますか。

(4) 憲法によって保障される，私たちが人間として自分らしく生きるために必要な権利のことを何といいますか。

(5) 日本では，国会がつくる法律も内閣が制定する政令も，憲法に違反してはいけません。その理由を簡単に書きなさい。

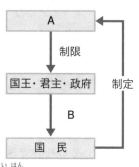

(1)		(2) A		B		(3)	
(4)		(5)					

---

2 日本国憲法について，次の問いに答えなさい。 7点×8（56点）

(1) 1889年に制定された，日本で最初の立憲主義の憲法を何といいますか。

(2) 日本国憲法の3つの基本原則は，基本的人権の尊重，平和主義と，あと1つは何ですか。

(3) 国民が，国会を通じて政治のあり方を決めることを何といいますか。

(4) 日本国憲法での天皇の位置づけは，日本国と日本国民統合の何とされていますか。

(5) 天皇が内閣の助言と承認によって行う，内閣総理大臣の任命などの行為を何といいますか。

(6) 憲法改正の手続きを示す右の図のA〜Cにあてはまる語句や数字をそれぞれ書きなさい。

(1)		(2)		(3)		(4)	
(5)			(6) A		B		C

第**4**回
予想問題

第2編第1章　個人の尊重と日本国憲法

2　日本国憲法と基本的人権①

15分

/100

1 次の日本国憲法の条文を読んで，あとの問いに答えなさい。

(8)9点，他7点×13(100点)

第11条　……a基本的人権は，侵すことのできない（　A　）の権利として，現在及び将来の国民に与へられる。

第14条　①すべて国民は，（　B　）の下にb平等であって，人種，（　C　），性別，社会的身分又は門地により，政治的，経済的又は社会的関係において，差別されない。

第19条　c思想及び良心の自由は，これを侵してはならない。

第25条　①すべて国民は，d健康で文化的な最低限度の生活を営む権利を有する。

(1)　A〜Cにあてはまる語句をそれぞれ書きなさい。

(2)　右の図は，下線部aの種類を示したものです。次の①〜③を何といいますか。図からそれぞれ書きなさい。

①　等しく生きるための権利

②　人間らしく生活するための権利

③　自由に生きるための権利

(3)　下線部bに関する次の文の（　）にあてはまる語句を書きなさい。

①　被差別部落の出身者に対する部落差別の問題は，（　）問題ともいう。

②　仕事での採用や昇給などでの女性差別をなくすため，1985年に（　）が制定された。

③　障がいの有無や年齢などにかかわらず，だれもが使いやすいように配慮した（　）デザインの施設や製品が増えてきている。

(4)　下線部cは，自由権のうちのどれにあてはまりますか。次から選びなさい。

　ア　精神の自由　　イ　経済活動の自由　　ウ　生命・身体の自由

(5)　下線部dの権利を何といいますか。

(6)　(5)の権利をもとに，どのような制度が整えられていますか。次から選びなさい。

　ア　選挙制度　　イ　バリアフリー　　ウ　教育の無償制度　　エ　社会保障制度

(7)　社会権にあたるものを，次から1つ選びなさい。

　ア　裁判を受ける権利　　イ　教育を受ける権利　　ウ　刑事補償請求権

(8)　選挙権や被選挙権は，人権の保障を実現するための権利のうち，何という権利に含まれますか。

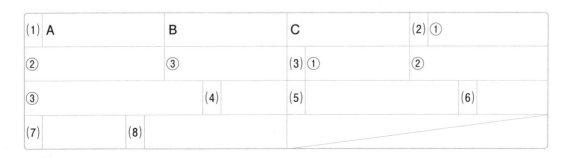

(1)A		B		C		(2)①	
②		③		(3)①		②	
③			(4)		(5)		(6)
(7)		(8)					

第 **5** 回
予想問題

第2編第1章　個人の尊重と日本国憲法
2　日本国憲法と基本的人権②
3　日本の平和主義

解答 ▶ p.30

15分

/100

1 次の日本国憲法の条文を読んで，あとの問いに答えなさい。　　　(1)10点，他9点×6（64点）

第12条　この憲法が国民に保障する自由及び権利は，国民の不断の努力によって，これを保持しなければならない。又，国民は，これを濫用してはならないのであって，常に（　　　）のためにこれを利用する責任を負ふ。

第13条　すべて国民は，個人として尊重される。生命，自由及び a 幸福追求に対する国民の権利については，（　　　）に反しない限り，立法その他の国政の上で，最大の尊重を必要とする。

第27条　①すべて国民は，勤労の権利を有し， b 義務を負ふ。

(1) 文中の（　　　）に共通してあてはまる語句を書きなさい。

(2) 下線部 a を根拠に保障される権利と考えられている，知る権利やプライバシーの権利など，社会の変化にともなって主張されるようになった権利をまとめて何といいますか。

(3) (2)のうち，次の①・②と関連する権利をそれぞれ書きなさい。
① インフォームド・コンセント
② 環境アセスメント

(4) 下線部 b について，日本国憲法で規定されている国民の3つの義務のうち，「勤労の義務」以外の2つの義務を書きなさい。

(5) 1948年，国際連合で採択された，世界各国の人権保障の模範となっている宣言を何といいますか。

(1)		(2)		(3)①		②	
(4)					(5)		

2 日本の平和主義について，次の問いに答えなさい。　　　9点×4（36点）

(1) 日本国憲法で，戦争や武力の行使の放棄，戦力の不保持，交戦権の否認について定めているのは，第何条ですか。

(2) 日本の防衛の原則について，次の①・②にあてはまる語句をそれぞれ書きなさい。
① 相手の攻撃を受けてから初めて防衛する。
② 自衛隊を指揮・統括する内閣総理大臣や国務大臣は現役の軍人ではない人でなければならず，国会が法律や予算で自衛隊を統制する。

(3) 自衛隊が参加している国連の平和維持活動を，アルファベットの略称で書きなさい。

(1)		(2)①		②		(3)	

第**6**回 予想問題　第2編第2章　国民主権と日本の政治

1　民主政治と政治参加

解答 ▶ p.30

15分

/100

1 民主主義と政治について，次の問いに答えなさい。　　　(5)9点，他7点×5(44点)

(1)　現在，多くの国で，選挙で代表者を選び，その代表者が議会でものごとを話し合って決めるというしくみで政治が行われています。このしくみを何といいますか。

(2)　現在の日本の選挙の原則にあてはまらないものを次から選びなさい。
　　ア　直接選挙　　イ　制限選挙　　ウ　秘密選挙　　エ　平等選挙

(3)　選挙区・選挙運動・投票などの選挙の方法を定めた法律を何といいますか。

(4)　右の図のA・Bにあてはまる選挙制度をそれぞれ書きなさい。

(5)　右の図のBの選挙制度には，Aの選挙制度と比較してどのような長所がありますか。簡単に書きなさい。

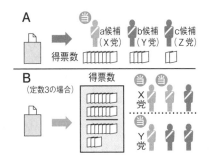

(1)		(2)		(3)		(4) A	
B		(5)					

2 政党と政治参加について，次の問いに答えなさい。　　　8点×7(56点)

(1)　右の図で政権を担当するA党・B党のことを何といいますか。

(2)　(1)に対して，C党・D党のことを何といいますか。

(3)　どの政党も議会の過半数に達しないとき，複数の政党によって組織される政権を何といいますか。

(4)　右の図のXは，選挙のときに政党がまとめる，社会が直面する課題や解決方法などを示したものです。Xにあてはまる語句を書きなさい。

(5)　2016年に選挙権年齢は何歳に引き下げられましたか。

(6)　政治や社会について国民がもっている意見を何といいますか。

(7)　近年の(6)の調査では，「支持政党なし」の層が大きな割合を占めています。「支持政党なし」の層のことを何といいますか。

(1)		(2)		(3)		(4)	
(5)		(6)		(7)			

解答　▶　p.30

第**7**回
予想問題

第2編第2章　国民主権と日本の政治
2　国の政治のしくみ①

15分
/100

1　国会について，次の問いに答えなさい。　8点×8（64点）

(1)　次の文のA・Bにあてはまる語句を，それぞれ漢字2字で書きなさい。

　　国会は，日本国憲法の第41条で，「（　A　）の最高機関であって，国の唯一の（　B　）機関である」とされている。

(2)　衆議院と参議院の2つの議院から成り立っている国会のしくみを何といいますか。

(3)　毎年1回，1月中に召集される国会を，次から選びなさい。
　　ア　常会　　イ　特別会　　ウ　臨時会　　エ　緊急集会

(4)　参議院議員の任期は何年ですか。

(5)　国会のさまざまな事項について，衆議院の意思が参議院の意思よりも優先されることがあります。これを何といいますか。

(6)　予算や法律案は，本会議の前にどこで審議されますか。

(7)　衆議院と参議院には，それぞれ国の政治について証人をよんで質問をしたりする権限があります。この権限を何といいますか。

(1) A		B	(2)		(3)	
(4)		(5)		(6)	(7)	

2　右の図を見て，次の問いに答えなさい。　9点×4（36点）

(1)　Xにあてはまる語句を書きなさい。

(2)　右の図のように，内閣は国会の信任に基づき，国会に対して責任を負います。このしくみを何といいますか。

(3)　内閣の仕事としてあやまっているものを，次から選びなさい。
　　ア　条約の締結　　　　イ　予算の議決
　　ウ　最高裁判所長官の指名
　　エ　法律の執行

（図）
国　会
衆議院
参議院
内閣不信任の決議
衆議院の解散
X の中から指名
過半数は X
連帯責任
選挙
内　閣
内閣総理大臣（ X ）
任命・罷免
国務大臣
世論
国　民

(4)　衆議院の内閣不信任の決議について，次の文の（　）にあてはまる語句を書きなさい。

　　衆議院が内閣不信任の決議を可決したとき，内閣は衆議院を解散して総選挙を行うか，（　）をしなければならない。

(1)	(2)	(3)	(4)

第8回 予想問題 ｜ 第2編第2章 国民主権と日本の政治

2 国の政治のしくみ②

15分 /100

定期テスト対策 予想問題

1 裁判所について，次の問いに答えなさい。

(2)10点，他7点×6（52点）

(1) 裁判所のうち，「憲法の番人」といわれる裁判所はどこですか。

(2) (1)が「憲法の番人」とよばれる理由を，簡単に書きなさい。

(3) (1)に対して，高等裁判所，地方裁判所，家庭裁判所，簡易裁判所のことを何といいますか。

(4) 日本の裁判では，裁判所の判決に不服があれば控訴，上告し，同一の事件について3回まで裁判を受けられるしくみがとられています。このしくみを何といいますか。

(5) 右の図が示している裁判を，次から選びなさい。
　ア　民事裁判　　イ　刑事裁判

(6) 右の図のXにあてはまるものを，次から選びなさい。
　ア　原告　　イ　被疑者　　ウ　被告人

(7) 2009年からスタートした，くじで選ばれた20歳以上の国民が，刑事裁判に参加し，裁判官といっしょに被告人の有罪・無罪や刑の内容を決める制度を何といいますか。

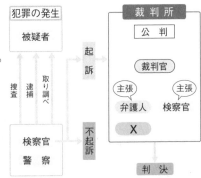

(1)		(2)	
(3)	(4)	(5)	(6)	(7)

2 右の図を見て，次の問いに答えなさい。

8点×6（48点）

(1) 右の図のように，国の権力はたがいに抑制することで均衡を保っています。このしくみを何といいますか。

(2) A・Bにあてはまる語句をそれぞれ書きなさい。

(3) a〜cにあてはまる語句を，次からそれぞれ書きなさい。
　〔　選挙　　世論　　国民審査　〕

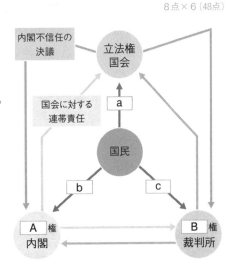

(1)		(2)A		B	
(3) a		b		c	

第**9**回 予想問題

第2編第2章 国民主権と日本の政治
3 くらしを支える地方自治

15分

/100

1 地方自治について，次の問いに答えなさい。　　　　　　(5)8点，他6点×7 (50点)

(1) 地方自治は，民主主義の原点ということから，何とよばれていますか。

(2) 地方公共団体が行う業務のうち，①都道府県が行うものと②市（区）町村が行うものを，次からそれぞれ2つずつ選びなさい。

ア　小学校の設置・運営　　イ　高校の設置・運営
ウ　警察業務　　　　　　　エ　消防業務

(3) 地方公共団体の選挙について，正しいものを，次から選びなさい。

ア　都道府県知事は，都道府県議会議員の中から選ばれ，議会に指名される。

イ　市（区）町村長の立候補は，30歳以上でないとできない。

ウ　都道府県知事は，住民の直接選挙によって選ばれる。

エ　市（区）町村長は，都道府県知事によって任命される。

(4) 地方議会が定める，地方公共団体独自のきまりを何といいますか。

(5) 地方公共団体では，地方議会と首長がたがいに抑制するしくみがとられています。議会が首長を抑制するしくみを，簡単に書きなさい。

(1)		(2)①		②		(3)	
(4)		(5)					

2 地方財政について，右の図を見て，次の問いに答えなさい。　　(5)10点，8点×5 (50点)

(1) 右の図のXは，地方公共団体間の格差を小さくするために国から配分される，使いみちが特定されない財源です。この財源を何といいますか。

(2) 右の図のA・Bにあてはまる語句をそれぞれ書きなさい。

(3) 地方自治で住民に認められている，議会の解散や監査などの請求をする権利のことを何といいますか。

(4) 条例の制定・改廃の請求には，原則有権者の何分の1以上の署名が必要ですか。

(5) 住民が首長の解職請求を行う場合，どのような手続きが必要ですか。数字を用い，請求先を明らかにして，簡単に書きなさい。

	A 財源			B 財源		
歳入 58.4兆円	地方税 32.8%	その他 15.2	X 14.8	国庫支出金 15.7	地方債 8.4	その他 13.1

国からのお金

農林水産費 2.4
商工費 3.1
消防費 3.3

歳出 56.5兆円	民生費 37.2%	総務費 12.1	土木費 11.8	教育費 10.2	公債費 10.1	衛生費 8.3		

その他 1.5

0% 20 40 60 80 100
(2018年度)　　　　　　　　　　　(2018年版「地方財政白書」)

(1)		(2)A		B		(3)	
(4)	以上	(5)					

第**10**回
予想問題

第3編　私たちの生活と経済

1　経済のしくみと消費生活

解答 ▶ p.31

15分

/100

1 経済と消費について，次の問いに答えなさい。

8点×7（56点）

(1)　家計の支出のうち，財に対する支払いにあてはまるものを，次から選びなさい。

ア　学習塾の授業料　　イ　パソコンの購入代金

ウ　銀行への預金　　　エ　携帯電話の通話料金

(2)　家計の支出のうち，貯蓄にあたらないものを次から選びなさい。

ア　現金　　イ　生命保険　　　ウ　株式　　エ　社会保険料

(3)　家計の所得のうち，会社などで働いて得る所得を何といいますか。

(4)　次の①・②にあてはまる法律・制度を書きなさい。

①　欠陥品によって消費者が被害を受けた際の生産者の責任について定めた法。

②　訪問販売などで購入した商品の契約を，8日以内であれば解除できる制度。

(5)　コンビニエンスストアは，流通の面から見ると，何という業種にあたりますか。

(6)　大規模な小売業者が自前で流通を行って費用を削減するなど，流通のむだをなくすことを何といいますか。

(1)		(2)		(3)		(4)①	
②		(5)			(6)		

2 市場と価格について，次の問いに答えなさい。

(3)12点，他8点×4（44点）

(1)　右の図は，需要・供給の関係を示したものです。これを見て，次の文のＡに｛　｝からあてはまる語句を選び，Ｂ・Ｃにはあてはまる語句を書きなさい。

需要曲線はＡ｛ア　消費者　イ　生産者｝の行動を示したもので，この商品の価格がP₁のとき，需要量が供給量を下回っているので価格は（　Ｂ　）がり，需要量と供給量が一致するP₂の価格に落ち着く。この価格を（　Ｃ　）という。

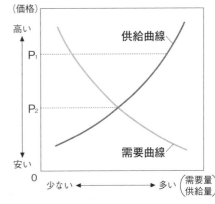

(2)　世界のほとんどの国で経済の基本的なしくみになっている，市場での自由な取り引きを中心とする経済のしくみを何といいますか。

(3)　きゅうりが天候不順で不作だったとき，価格はどうなりますか。「供給量」という語句を使って，簡単に書きなさい。

(1) A		B		C		(2)	
(3)							

解答 ▶ p.31

第11回 予想問題 第3編 私たちの生活と経済

2 生産の場としての企業

⏱ **15**分 /100

1 企業について，右の図を見て，次の問いに答えなさい。 (3)5点×2，他6点×7(52点)

(1) 国営企業や地方公営企業など，利潤を目的としない企業のことを何といいますか。

(2) 右の図は，株式会社のしくみを示したものです。次の①〜③にあてはまる語句を，図中から書きなさい。

① 企業をつくるときに元手となる資金

② 企業が発行し，出資者が購入するもの

③ 株主が，企業の利潤から受け取るもの

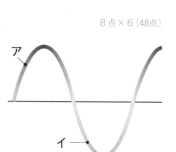

(3) 株主総会について正しく述べているものを，次から2つ選びなさい。

ア 出資額の多い株主のみ出席できる。 **イ** 事業の具体的な方針を決定する。

ウ 会社の基本方針を決定する。 **エ** 株主は全員出席できる。

(4) 生産が少数の企業に集中することを何といいますか。

(5) 独占禁止法の運用にあたる行政機関はどこですか。

(6) 自由な国際貿易を守る国際機関を，次から選びなさい。

ア EPA **イ** FTA **ウ** CSR **エ** WTO

(1)		(2)①		②		③	
(3)		(4)		(5)		(6)	

2 景気と雇用について，右の図を見て，次の問いに答えなさい。 8点×6(48点)

(1) 右の図は，景気の変動を示しています。次の①・②にあてはまる景気の段階を，ア・イからそれぞれ選びなさい。

① 企業の倒産や失業者の増加が起こる。

② 消費が増え，物価が上がる。

(2) 物価が下がり続けることを何といいますか。

(3) 労働者が，経営者と対等な立場で交渉するために結成する組織を何といいますか。

(4) アルバイト，パート，派遣労働者，契約労働者などの雇用形態を何といいますか。

(5) 近年の日本の雇用の傾向にあてはまるものを，次から選びなさい。

ア 終身雇用の増加 **イ** 成果主義をとる企業の増加 **ウ** 中途採用の減少

(1)①		②		(2)		(3)	
(4)			(5)				

第**12**回
予想問題

第3編　私たちの生活と経済
3　金融のしくみとお金の大切さ

解答 ▶ p.31

15分 /100

1 金融のしくみについて，次の問いに答えなさい。　　　　　　　　　　　　6点×9（54点）

(1) 家計や企業が金融機関をなかだちとしてお金を調達することを何といいますか。

(2) ある会社が，金融機関にお金を預けた場合（ **ア** ）とお金を借りた場合（ **イ** ），会社から
みて利子率が高いのはア・イのどちらですか。

(3) 日本銀行など，それぞれの国にあり，国の金融の中核となる銀行を何といいますか。

(4) 日本銀行は，次の①～③のはたらきから，何とよばれますか。それぞれ書きなさい。

①　政府資金を取り扱う。

②　銀行の預金を預かったり，銀行に資金を貸したりする。

③　日本の紙幣を発行できる唯一の銀行である。

(5) 日本銀行が行う金融政策について，次の文の**A**～**C**にあてはまる語句を書きなさい。

景気がよく，物価が上がり続ける（ **A** ）の危険があるとき，日本銀行は，もってい
る（ **B** ）を銀行に売る。銀行から代金を吸い上げることで，市場に出まわる通貨量を
減らす。このように，日本銀行が（ **B** ）の売買で通貨量の調整を行うことを，（ **C** ）
という。

(1)		(2)		(3)		(4)①		②	
③		(5) A			B			C	

2 次の問いに答えなさい。　　　　　　　　　　　　　　　　　　(5)11点，他7点×5（46点）

(1) 円とドルなど，通貨を交換する市場を何といいますか。

(2) 1ドル＝100円のように，異なる通貨と通貨の交換比率を何といいますか。

(3) 次の①・②の状態を何といいますか。次からそれぞれ選びなさい。

①　1ドル＝100円から，1ドル＝80円になった。

②　1ドル＝100円から，1ドル＝125円になった。

ア　円高　　イ　円安

(4) 円高・円安の経済への影響について，正しいものを次から選びなさい。

ア　円安になると，日本から外国への輸出品の価格が高くなり，輸出先で売れづらくなる。

イ　円高になると，外国からのものを多く買えるようになり，輸入がしやすくなる。

(5) かつて日本で円高が進んだときに，国内で産業の空洞化が進んだのはなぜですか。簡単
に書きなさい。

(1)		(2)		(3)①		②	
(4)		(5)					

第13回 予想問題

第3編　私たちの生活と経済

4　財政と国民の福祉

15分　解答▶p.32

/100

1 右の資料を見て，次の問いに答えなさい。　　　　　　　　　7点×10（70点）

(1)　A～Cにあてはまる費目を，次からそれぞれ選びなさい。

　　ア　地方交付税交付金等　　イ　公共事業関係費

　　ウ　社会保障関係費

(2)　国の借金の利子の支払いや返済にあたる項目を，資料中から書きなさい。

(3)　景気と国の財政の関係について，正しく述べているものを，次から選びなさい。

　　ア　不景気のとき，公共事業関係費は減る傾向がある。

　　イ　好景気のとき，国税の収入は増える傾向がある。

　　ウ　好景気のとき，社会保障関係費は増える傾向がある。

　　エ　不景気のとき，公債金は減る傾向がある。

(4)　所得税には，所得に応じて税率が異なる方法がとられています。これを何といいますか。

(5)　消費税にみられる，所得が低い人ほど所得に占める消費税支払いの割合が高くなる性質を何といいますか。

歳入

その他 5.0／所得税 19.5%／租税・印紙収入 60.5／法人税 12.5／消費税 18.0／その他 10.5／公債金 34.5

97兆7128億円

歳出

国債費 23.8／A 一般歳出 33.7%／60.3／B 6.1／文教・科学振興費 5.5／防衛関係費 5.3／その他 9.7／C 15.9

97兆7128億円

（財政統計）

(6)　次の①～③と関係する社会保障制度を，あとからそれぞれ選びなさい。

　　①　生活に困っている人に生活費や教育費などを支給する。

　　②　一定の年齢に達すると年金が支給される。

　　③　自立が困難な人たちの生活を保障し福祉を進める。

　　ア　社会保険　　イ　社会福祉　　ウ　公的扶助　　エ　公衆衛生

(1)A		B		C		(2)				(3)	
(4)			(5)			(6)①		②		③	

2 環境保全について，次の問いに答えなさい。　　　　　10点×3（30点）

(1)　公害病と被害地域の組み合わせとして正しいものを，次から選びなさい。

　　ア　四日市ぜんそく―富山県神通川下流域

　　イ　水俣病―熊本県・鹿児島県八代海沿岸域

　　ウ　イタイイタイ病―新潟県阿賀野川下流域

(2)　公害問題の発生後，1971年に発足した行政機関を当時の名称で書きなさい。

(3)　1993年に制定された，環境保全の基本理念や国や地方公共団体，事業者，国民の責務を定めた法律を何といいますか。

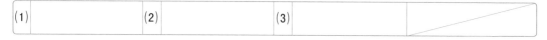

(1)		(2)		(3)		

第14回 予想問題

第4編　私たちと国際社会

1　国家と国際社会

15分　/100

解答 p.32

1 日本の領域について，次の問いに答えなさい。　　　　　　　7点×6（42点）

(1) 国家が領域を統治し，他の国から支配を受けず，独立を保つ権利を何といいますか。

(2) 右の図は，国家の領域を示したものです。図のA～Dにあてはまる語句を，次からそれぞれ選びなさい。

　ア　排他的経済水域　　　イ　領土
　ウ　領空　　エ　公海　　オ　領海

(3) 日本とロシアとのあいだで領土問題がある地域を，次から選びなさい。
　ア　尖閣諸島　　イ　竹島　　ウ　北方領土

(1)			(2) A	B	C	D	(3)

2 右の国際連合（国連）のしくみの図を見て，次の問いに答えなさい。　(3)8点，5点×10（58点）

(1) 国連の本部がある都市はどこですか。

(2) 次の文にあてはまる，国連の機関，専門機関を図中の a～g から選びなさい。

　① 世界の平和と安全を維持することを目的にした，国連の中心機関である。

　② すべての加盟国から構成され，1国1票の投票権がある。

　③ 発展途上国や内戦などで被害を受けている子どもたちを支援している。

　④ 世界の人々の健康の維持と増進に奉仕する活動を行っている。

　⑤ 教育，科学，文化の国際協力を進め，世界遺産の登録を行っている。

主要機関

信託統治理事会 ※活動停止中　a 国際司法裁判所　事務局　機能委員会 地域委員会 など

b 安全保障理事会　c 総会　経済社会理事会

関連機関
世界貿易機関（WTO）
国際原子力機関（IAEA）

国連開発計画（UNDP）
国連環境計画（UNEP）
d 国連児童基金（UNICEF）
国連大学（UNU）
国連貿易開発会議（UNCTAD）
e 国連難民高等弁務官事務所（UNHCR）
人権理事会　など

専門機関
国連食糧農業機関（FAO）
国際労働機関（ILO）
国際通貨機関（IMF）
f 国連教育科学文化機関（UNESCO）
g 世界保健機関（WHO）
世界銀行グループ　など

(3) 安全保障理事会の拒否権について，簡単に説明しなさい。

(4) 現在の安全保障理事会の常任理事国について，アメリカと中国のほかの3国を書きなさい。

(5) 2015年に国連の総会が採択した，世界が直面している課題の解決に向けた17の目標を何といいますか。

(1)		(2) ①	②	③	④	⑤
(3)						
(4)			(5)			

第15回
予想問題

第4編　私たちと国際社会
2　国際社会の課題と私たちの取り組み

解答▶p.32

15分

/100

1　国際社会の課題について，次の問いに答えなさい。

(5)③10点，他9点×10(100点)

冷戦の終結後，a国内紛争や地域紛争などの（　A　）がめだつようになった。2001年に起こったアメリカの（　B　）のように，国家とテロ組織の戦争も増えている。世界のb平和や軍縮の問題のほかにも，地球温暖化などの地球規模のc環境問題，d経済的な格差の問題など，国際協調が求められる課題がある。

(1)　A・Bにあてはまる語句をそれぞれ書きなさい。

(2)　下線部aについて，中東や北アフリカの国々で紛争などの影響で発生し，ドイツなどのＥＵの国で受け入れられている，住んでいた土地を追われた人々のことを何といいますか。

(3)　下線部bについて，次の問いに答えなさい。

①　1968年に締結された，アメリカ・ソ連・イギリス・フランス・中国以外の国が核兵器をもつことを禁じた条約を何といいますか。

②　日本が掲げている，核兵器に関する原則を何といいますか。

(4)　下線部cについて，次の問いに答えなさい。

①　地球温暖化の原因とされる二酸化炭素などを何といいますか。

②　2015年に採択された，①の排出量の削減を先進国と発展途上国のすべての国に義務づけた協定を何といいますか。

(5)　右の資料を見て，次の問いに答えなさい。

①2011年に発電量が最も減少している発電電源をグラフ中から書きなさい。

②　①が減少した原因となった，大地震による災害を何といいますか。

③　再生可能エネルギーの課題を，コストに着目して簡単に書きなさい。

(6)　下線部dについて，発展途上国のなかでも，発展をとげつつある国と貧しい国とのあいだで広がっている経済格差の問題を何といいますか。

日本の発電電力量の推移

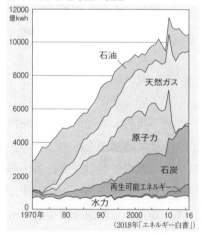

(2018年「エネルギー白書」)

(1)	A		B		(2)	
(3)①			②		(4)①	
②			(5)①		②	
③					(6)	

教科書ワーク 社会 特別ふろく

無料アプリ どこでもワーク

こちらにアクセスして、ご利用ください。
https://portal.bunri.jp/app.html

重要事項を
3択問題で確認！

ポイント
解説つき

ピンチアウト

地図は大きく
確認できる

間違えた問題だけを何度も確認できる！

無料ダウンロード ホームページテスト

無料でダウンロードできます。
表紙カバーに掲載のアクセス
コードを入力してご利用くだ
さい。
https://www.bunri.co.jp/infosrv/top.html

問題▶

テスト対策や
復習に使おう！

同じ紙面に解答があって，
採点しやすい！

▼解答

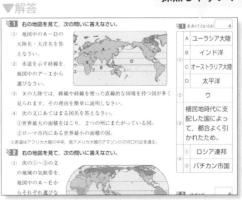

注意 ●サービスやアプリの利用は無料ですが，別途各通信会社からの通信料がかかります。
●アプリの利用には iPhone の方は Apple ID，Android の方は Google アカウントが必要です。対応 OS や対応機種については，各ストアでご確認ください。
●お客様のネット環境および携帯端末により，ご利用いただけない場合，当社は責任を負いかねます。ご理解，ご了承いただきますよう，お願いいたします。

中学教科書ワーク

解答と解説

日本文教版

社会公民

この「解答と解説」は，取りはずして 使えます。

第1編 私たちと現代社会

p.2～3　ステージ1

● 教科書の要点

①少子高齢化　　　②少子高齢
③年金　　　　　　④育児
⑤情報通信技術　　⑥情報リテラシー
⑦グローバル　　　⑧分業
⑨国際協力　　　　⑩持続可能な社会

● 教科書の資料

(1)65歳以上
(2)少子高齢化
(3)ウ

● 教科書チェック☆一問一答

①高齢者　　　　　②出産
③インターネット　④ICT
⑤情報化　　　　　⑥人工知能
⑦情報モラル　　　⑧グローバル化
⑨多文化共生社会　⑩社会参画

ミス注意！

★国際競争と国際的な分業…取りちがいに注意しよう。

国際競争	国際的な分業
世界の国々の中で，ある商品の生産・販売をめぐり，品質がよいもの，価格の安いものが競争に勝ち，よく売れる。	各国がそれぞれ国際競争力の高い商品（ある国は自動車，ある国は小麦など）を生産し，それを貿易でやり取りすること。

★介護…漢字に注意しよう。

○ 介護	✕ 介後
食事やトイレなどの手助けをすること。	

p.4～5　ステージ1

● 教科書の要点

①文化　　　　　②科学
③芸術　　　　　④宗教
⑤温帯　　　　　⑥伝統文化
⑦年中行事　　　⑧和食
⑨多様

● 教科書の資料

(1)A初詣　　Bひな祭り　　C七夕　　D秋祭り
(2)①四季　　②自然

● 教科書チェック☆一問一答

①文化　　　　　②バイオテクノロジー
③環境問題　　　④年中行事
⑤伝統文化　　　⑥仏教
⑦伝統工芸　　　⑧地域文化
⑨無形文化遺産　⑩柔道

ミス注意！

★無形文化遺産…漢字に注意しよう。

○ 無形文化遺産	✕ 無形文化遺産
芸能や伝統工芸など，形のない文化。	

p.6～7　ステージ1

● 教科書の要点

①社会集団　　　②個人
③きまり　　　　④対立
⑤合意　　　　　⑥話し合い
⑦効率　　　　　⑧公正
⑨責任　　　　　⑩変更

● 教科書の資料

(1)兄・（2人の）祖父・（2人の）祖母
(2)核家族
(3)母500万　　私250万

なぞろう 重要語句 少子高齢化　多文化共生社会　核家族

2

●教科書チェック☆一問一答
① 社会的存在（しゃかいてきそんざい）　② 家族（かぞく）
③ 両性の本質的平等（りょうせいほんしつてきびょうどう）
④ 道徳（どうとく）　⑤ 個人の尊重（こじんのそんちょう）
⑥ 全員一致（ぜんいんいっち）　⑦ 多数決（たすうけつ）
⑧ 手続きの公正　⑨ 結果の公正
⑩ 契約（けいやく）

p.8〜9 ■■■ ステージ❷

❶ (1)① 少子高齢化（しょうしこうれいか）　② ア・エ
　　③ a 減少　b 医療（いりょう）
　(2)① モバイル端末全体（たんまつ）
　　　B パソコン
　　　C スマートフォン
　　② 90　③ 情報化
　(3)① 中国　② グローバル化
　　③ 多文化共生社会

❷ (1)① i P S 細胞
　　② バイオテクノロジー
　(2) イ
　(3)① 神道（しんとう）　② 仏教
　(4) 文化の多様性

❸ (1) A 利害　B 対立
　　C 解決　D 合意
　(2) 地域社会（ちいき）　(3) 効率
　(4) 機会
　(5)① 慣習　② 道徳　③ 法

━━━━━━━━━━━━━━ ▶ 解 説 ◀

❶ (1)① A を富士山型，B をつぼ型という。年少人口の割合が低くなり，高齢者人口の割合が高くなっている。② ア によって子どもの数が減り，エ によって長生きする高齢者が増えた。一人の女性が一生のうちに生む子どもの数の平均（合計特殊出生率）が2.1人を下回ると人口は減少する。③現在の生産年齢人口が将来的に高齢者となるが，少子化で生産年齢人口が減るため，高齢者の年金や医療，介護などにかかる費用をだれが負担するかが課題になっている。
(2)①1990年代後半から携帯電話（PHS含む）やパソコンが普及したことで，情報化が進んだ。

(3)①地理的に近い中国や韓国籍の人が多い。
③身のまわりに，世界各国の料理店があったり，外国で作られた製品が多く売られたりしている。

❷ (1)①山中伸弥さんは，i P S 細胞を作製したことにより，2012年にノーベル医学・生理学賞を受賞した。
②バイオテクノロジーは，生物のもつ能力や性質を活用し，人間の生活に役立たせる技術のこと。
(3)神道と仏教はもともとは別の宗教である。

❸ (1) A 利害とは利益と損害。ある人の利益がほかの人の損害になることがある。
(4)機会を不当に制限されていないか，ということ。なお，みんなが参加して決めているかが手続きの公正であり，立場が変わっても受け入れられるかが結果の公正である。

p.10〜11 ■■■ ステージ❸ 総合

❶ (1)① イ　② ア　③ ア　④ ウ
　(2)① イ　② ウ　③ ア　④ イ
❷ (1) ア
　(2)① イ・エ・カ　② ア・ウ・オ
　(3) イ
❸ (1) 右図
　(2) 社会集団
　(3) ア・エ

（2017年「国民生活基礎調査」）

❹ (1) ア・ウ
　(2) エ
　(3)① 例 あいているレジがない
　　② 例 並んだ順に対応される

━━━━━━━━━━━━━━ ▶ 解 説 ◀

❶ (2)①これを情報リテラシーという。②女性が子どもを産み育てやすくなる。③多文化共生社会をつくる取り組み。

❷ (1) イ 関東と関西，沖縄と北海道など，地域によって異なる文化が見られる。
(2) イ は中国や朝鮮半島，エ はスペインやポルトガル，カ は欧米の文化を取り入れた。
(3)仏教はインドで生まれた。

❸ (1)夫婦のみ，夫婦と子ども，一人親と子どもの3つをぬる。

━━━━━━━━━━━━━━━━━━━━━━━

なぞろう 重要語句　契約（けいやく）　効率（こうりつ）　個人の尊重（こじんのそんちょう）　慣習（かんしゅう）

(3)**イ**は個人と国（政府）の関係。**ウ**は戦前の家族の根本である。

4 (1)個人や一部の人のことをクラス全体で決めてはいけない。

(2)きまりは見直し，必要に応じて変更することも大切である。

p.12〜13 ステージ3 資・思

1 (1)例日本語以外の言語でも情報を提供し，外国人でも避難場所がわかるようにしている。

(2)例学校の授業でタブレットが使われるようになった。

(3)例中学校の数が減る。

例1クラスの生徒数が減る。

2 (1)A ア・エ　　B イ・ウ

(2)例原子力発電所の事故など，人間の健康や生活に被害を与えることがある。

3 (1)効率　　(2)イ

(3)例コンビニでレジごとに列を作らず，1列でならんで空いたレジに移動する。

4 例すべてのクラスがグラウンドと体育館をそれぞれ1回ずつ使って練習ができている。

例すべてのクラスの代表が話し合いに参加している。

解説

1 (1)日本に住んでいる外国人や海外からの観光客に向け，複数の言語やピクトグラムで表示をする例が増えている。

(3)少子高齢化により子どもの数が減ることで，学校の統廃合が行われて学校数が減ったり，学校の生徒数が少なくなったりすると予想できる。

2 (2)科学技術の発展は，くらしを快適にする一方，原子力発電所の事故のように，それ自身が災いとなることもある。バイオテクノロジーの分野では，人体や環境への影響も考慮する必要がある。

3 (2)この事例では，1人乗り用の列の人がほかのグループの空いている席に乗れるよう，列を分けている。アトラクションの空席を効率よく埋められており，2人以上のグループの列の人がアトラクションに乗るまでの時間も短くできている。

ポイント

■現代社会の特徴をおさえる。

現代の日本の社会の特色▶少子高齢化，情報化，グローバル化。

■現代社会をとらえる見方や考え方をおさえる。

対立───→話し合い───→合意

（効率・公正）

■公正の考え方をおさえる。

手続きの公正▶みんなが参加して決めているか。

機会の公正▶差別的なあつかいをしていないか。

結果の公正▶立場が変わっても受け入れられるか。

第2編 私たちの生活と政治

第1章 個人の尊重と日本国憲法

p.14〜15 ステージ1

●教科書の要点

①政治権力　　②専制
③民主　　④多数決
⑤尊重　　⑥憲法
⑦立憲　　⑧最高法規
⑨基本的人権　　⑩法の支配

●教科書の資料

(1)A 憲法　　B 法律　　C 命令

(2)①最高法規　　②改正

●教科書チェック☆一問一答

①政治　　②政治権力
③民主主義　　④リンカーン
⑤国民　　⑥少数意見
⑦個人の尊重　　⑧基本的人権
⑨人の支配　　⑩権力分立

p.16〜17 ステージ1

●教科書の要点

①大日本帝国憲法　　②ポツダム
③連合国軍総司令部　　④国民
⑤基本的人権　　⑥平和
⑦主権　　⑧国民投票
⑨天皇　　⑩国事行為

なぞろう 重要語句　専制政治　憲法　最高法規　権力分立

●教科書の資料

(1)国会

(2)B 3分の2　　C過半数

(3)国事行為

●教科書チェック☆一問一答

①大日本帝国憲法〔明治憲法〕

②天皇

③臣民の権利　　④日本国憲法

⑤1946年11月3日　⑥国民主権

⑦議会制民主主義　⑧憲法改正

⑨象徴　　⑩内閣

ミス注意！

★憲法の公布と施行…取りちがいに注意しよう。

公布	施行
成立した法律を広く国民に知らせること。日本国憲法の公布は1946年11月3日。11月3日は文化の日。	法律を実際に実施すること。日本国憲法の施行は1947年5月3日。5月3日は憲法記念日。

p.18〜19　ステージ2

❶ (1)専制政治

(2)民主政治

(3)ウ

(4)多数決

❷ (1)立憲主義

(2)①個人　②基本

(3)①濫用　②抑制　③均衡

(4)最高法規

❸ (1)A欽定　B民定　C天皇

　　D国民　E法律　F尊重

(2)①公布　②施行

(3)象徴

(4)平和主義

❹ (1)A選挙　B国民投票

(2)議会制民主主義

(3)①総議員

　②3分の2以上

　③国会

(4)ア・エ・カ

解説

❶ (1)イギリスやフランスでは，かつて国王が強大な権力をもち政治を行っていた。17世紀にイギリスでピューリタン革命と名誉革命，18世紀のフランスでフランス革命が起こった。

(2)民主主義の精神を，アメリカのリンカーン大統領は「人民の，人民による，人民のための政治」と表現した。

(3)国民が定めた法で権力をもつ人を制限するのが法の支配である。法律があっても，権力者の手によるものしかなく，国民が権力者を制限できない場合は，人の支配の状況にある。

❷ (1)憲法に基づいて政治を行うという意味。

(2)人権保障は，立憲主義の目的である。

(3)権力分立は，立憲主義の手段である。

(4)一度制定された法律でも，裁判で憲法に違反しているとされれば，その法律は無効になる。

❸ (1)A大日本帝国憲法は，天皇が国民にあたえるという形で発布された。E国民の自由を法律で制限することができ，実際に治安維持法などが制定された。

❹ (4)天皇は政治的な権能をもたない。エの国会の召集やカの衆議院の解散については，天皇の国事行為ではあるが，決めるのは内閣であり，天皇は形式的にそれを発表するだけである。イの条約は，「公布」，ウの最高裁判所長官は「任命」であれば天皇の国事行為にあたる。オは選挙による。

p.20〜21　ステージ1

●教科書の要点

①自由　　②社会

③資本主義　　④ワイマール憲法

⑤精神の自由　　⑥表現

⑦生命・身体の自由　⑧経済活動の自由

⑨契約自由　　⑩私有財産

●教科書の資料

(1)Aロック　　Bモンテスキュー

　Cルソー

(2)a社会契約説　　b権力分立

　c人民主権

なぞろう 重要語句　立憲主義　りっけんしゅぎ　濫用　らんよう　象徴　しょうちょう　国事行為　こくじこうい

●教科書チェック☆一問一答
①基本的人権〔人権〕　②マグナ＝カルタ
③権利の章典　④ドイツ
⑤世界人権宣言　⑥精神の自由
⑦検閲　⑧生命・身体の自由
⑨裁判官　⑩経済活動の自由

p.22～23　ステージ1
●教科書の要点
①雇用機会　②部落
③アイヌ　④韓国・朝鮮
⑤教育　⑥勤労
⑦労働基本　⑧請願
⑨請求　⑩裁判

●教科書の資料
(1)バリアフリー
(2)ユニバーサルデザイン
(3)平等権
(4)障害者差別解消法

●教科書チェック☆一問一答
①法
②男女共同参画社会
③社会権　④生存権
⑤労働基準法　⑥団結権
⑦団体交渉権　⑧団体行動権〔争議権〕
⑨参政権　⑩選挙権

ミス注意！
★請願権と請求権…取りちがいに注意しよう。

請願権	請求権
法律の制定など政治について希望を述べる。参政権の一つ。	人権が侵害されたときのために，国に対して法による救済を求める権利。国家賠償請求権，裁判を受ける権利，刑事補償請求権がある。

★裁判…漢字に注意しよう。

○　裁判	✕　裁判
裁判は，犯罪や利害の衝突を裁判官などの第三者の判定により解決すること。	

p.24～25　ステージ1
●教科書の要点
①情報公開　②個人情報保護
③アセスメント　④自己決定権
⑤遺伝子　⑥国際人権規約
⑦NGO　⑧公共の福祉
⑨普通教育　⑩勤労

●教科書の資料
(1)臓器提供
(2)自己決定権
(3)日照権
(4)景観　　(5)公共の福祉

●教科書チェック☆一問一答
①新しい人権　②知る権利
③プライバシーの権利
④自己情報コントロール権
⑤肖像権　⑥環境権
⑦世界人権宣言
⑧児童〔子ども〕の権利条約
⑨国民の義務　⑩納税の義務

ミス注意！
★情報公開制度と個人情報保護制度
　…取りちがいに注意しよう。

情報公開制度	個人情報保護制度
知る権利を保障する制度。ここでいう情報とは，行政機関がもつ，国民の政治参加に必要な情報のこと。国は情報公開法を制定。	プライバシーの権利を保障する制度。ここでいう情報とは，行政機関や企業がもつ個人情報のこと。地方公共団体は個人情報保護条例を制定。

p.26～27　ステージ2
❶ (1)Aロック　Bモンテスキュー　Cルソー
(2)イギリス
(3)自由権・平等権
(4)社会権
(5)①努力　　②濫用
　　③公共の福祉　　④個人
(6)国際連合〔国連〕

なぞろう　重要語句
請願権　納税　国際人権規約　肖像権

6

❷ (1)①イ　②ア
　　　③ウ　④イ
　　　⑤ア　⑥ウ
　(2)①共同参画(きょうどうさんかく)　②同和
　　③アイヌ

❸ (1)A教育(きょういく)　B勤労(きんろう)
　(2)①健康　②文化
　　③最低限度
　(3)社会保障(ほしょう)
　(4)労働組合
　(5)被選挙権(ひ)
　(6)エ

❹ (1)A知る権利
　　B自己決定権(じこけっていけん)
　　Cプライバシーの権利
　　D環境権
　(2)幸福追求権
　(3)Aウ　Bイ
　　Cア　Dエ

━━━━━━━━━━ **解説** ━━━━━━━━━━

❶ (1)ロックはイギリスの学者。モンテスキューとルソーはフランスの学者。このころ，科学の発明などにより合理的な考えが広まり，人間や政治に関しても新しい考え方が生まれた。これを啓蒙思想という。
　(2)イギリスは世界に先がけて議会政治が発達した。1642年のピューリタン革命と1688年の名誉革命を通じて，議会が国王の権力を制限し，立憲主義が確立した。
　(3)国王などによる専制政治に対して，自由や平等が求められた。自由権の中でも，信仰の自由や私有財産を保障することが強く求められた。
　(4)ワイマール憲法は，ドイツで定められた憲法である。社会権において，生存権や，労働者の権利，男女普通選挙も定められていた。
　(6)国際連合（国連）は，世界の平和と安全を守るために，さまざまな条約を採択して，人権の保障に取り組んでいる。国連が採択した人権に関する条約には，ほかに，難民条約，人種差別撤廃条約，児童（子ども）の権利条約などがある。

❷ (2)②部落問題を同和問題ともいう。③アイヌ民族は北海道などに古くから住んでいたが，明治時代に北海道が設置されて開発が進むと，土地や権利を奪われていった。また，日本人に同化する政策がとられ，文化の継続が難しくなっていった。

❸ (1)A教育を受ける権利とともに，子どもに普通教育を受けさせる義務がある。B勤労の権利とともに，勤労の義務がある。
　(2)(3)憲法第25条の第2項には，「国は，すべての生活部面について，社会福祉，社会保障及び公衆衛生の向上及び増進に努めなければならない。」とある。
　(6)かつてハンセン病患者に対して，必要以上にきびしい隔離政策がとられていた。この国の行為により人権を侵害されたとして損害賠償を求めた。

❹ (1)A〜Dはすべて新しい人権である。
　(2)憲法第13条に，「生命，自由及び幸福追求に対する国民の権利については，公共の福祉に反しない限り，立法その他の国政の上で，最大の尊重を必要とする。」とある。
　(3)尊厳死とは，延命治療をやめ，人間らしく尊厳を保ったまま死をむかえることをいう。

p.28〜29　≡ステージ1

● **教科書の要点**

①9　　　　　　　②放棄
③戦力(せんりょく)　　　④交戦権(けん)
⑤自衛　　　　　⑥非核三原則(ひかく)
⑦文民統制　　　⑧日米安全保障条約(にちべいあんぜんほしょうじょうやく)
⑨沖縄(おきなわ)　　　⑩平和維持活動(へいわいじかつどう)

● **教科書の資料**

(1)第二次世界大戦〔太平洋戦争〕　　(2)ウ
(3)日米安全保障条約　　(4)エ

● **教科書チェック☆一問一答**

①平和主義(へいわしゅぎ)　　②前文
③自衛隊　　　　　④自衛権
⑤専守防衛　　　　⑥非核三原則
⑦文民統制〔シビリアンコントロール〕
⑧アメリカ（合衆国）⑨集団的自衛権(しゅうだんてきじえいけん)
⑩PKO

なぞろう
重要語句　日米安全保障条約（にちべいあんぜんほしょうじょうやく）　専守防衛（せんしゅぼうえい）

p.30〜31 ステージ2

❶ (1)日中戦争
　(2)①沖縄
　　②アメリカ（合衆国）
　(3)C 広島　　D 長崎

❷ (1)A 戦争　　B 武力
　　C 紛争　　D 戦力
　　E 交戦
　(2)イ
　(3)平和主義
　(4)前文

❸ (1)アメリカ
　(2)7
　(3)国会
　(4)1
　(5)ア

❹ (1)A 日米安全保障　　B 自衛隊
　(2)朝鮮戦争
　(3)平和維持活動
　(4)つくらず
　(5)エ
　(6)集団的自衛権

━━━━━━━━━ 解 説 ━━━━━━━━━

❶ (2)①沖縄島の約15%はアメリカ軍基地。騒音や地域の治安，事故などの問題がある。
　(3)広島へは1945年8月6日，長崎へは同年8月9日にそれぞれ原子爆弾が投下された。

❷ (2)(3)(4)平和主義は，日本国憲法の前文と第9条に明記されている。
　(3)その他の日本国憲法の基本原則とは，国民主権と基本的人権の尊重である。

❸ (1)アメリカは，日本国内だけでなく，世界各地に基地をもっている。
　(3)国防費など国の予算は，内閣が作成し，国会が決定する。これも文民統制の一部。
　(5)先制攻撃や国外での軍事活動を行わず，相手から攻撃されても必要最小限の防衛力を使うだけとされている。エの後方支援活動は，紛争地で国際貢献のために行われる，人道・復興支援のための活動である。

❹ (1)A 日米安全保障条約は，サンフランシスコ平和条約と同時に結ばれ，日本が独立を回復した後もアメリカ軍が日本国内に残ることになった。B 戦後，日本の軍隊は解散させられていたが，朝鮮戦争で，日本を統治していたアメリカ軍が出動したため，日本国内の治安維持を目的に警察予備隊が設置された。その後，その組織を発展させる形で1954年に自衛隊が発足した。
　(2)1950年に起こった朝鮮戦争は，資本主義体制の韓国をアメリカが，社会主義体制の北朝鮮を中国がそれぞれ支援した。1953年には休戦したが，韓国と北朝鮮は分断された状態が続いている。
　(3)1991年の湾岸戦争をきっかけに国際的な平和貢献が問われ，1992年にPKO協力法（現在の国際平和協力法）が成立した。
　(4)非核三原則は，当時内閣総理大臣であった佐藤栄作がうちだし，国会の決議によって表明された。

p.32〜33 ステージ3 総合

❶ (1)A 国民主権
　　B 基本的人権の尊重
　　C 平和主義
　(2)①イ　　②エ
　　③ア

❷ (1)A 表現
　　B 職業
　　C 拷問
　(2)Ⅰイ　　Ⅱウ
　　Ⅲア
　(3)検閲
　(4)エ

❸ (1)A 法　　B 身分
　(2)イ
　(3)ユニバーサルデザイン
　(4)バリアフリー
　(5)例 ボタンを下の方につける。
　　例 改札口を広くとる。
　　例 点字表記をする。
　　例 スロープを設ける。
　　例 点字ブロックを設ける。

なぞろう　重要語句　自衛隊　紛争　平和維持活動

4 (1)A 教育　B 団結
　　C 請願　D 裁判
　　E 刑事　F 環境
　(2)イ
　(3)私生活

━━━━━━━━ 解説 ━━━━━━━━

1 (2)ウの国民審査は，最高裁判所裁判官が適任かどうか，国民が投票するしくみのことで，衆議院議員総選挙のときに行われる。国民投票や国民審査は参政権の1つ。

2 (4)エ内閣を批判する記事を禁止することは，検閲という国家からの干渉にあたる。アの表現の自由はほかの人のプライバシーの権利を侵害するため制限される。イは公共の福祉の観点から職業選択の自由が制限される。ウの道路建設のための土地収用には公共の利益が優先されるが，土地の持ち主には正当な補償を受ける権利がある。

3 (2)アの部落差別解消推進法は被差別部落出身の人々への差別，ウの差別的言動解消推進法は特定の国籍や民族への差別をなくすために制定された。
(3)写真の製品は，ふたを開けるツール，計量カップ，はさみ，画びょう，ステープラーである。だれもが使いやすいよう，工夫されている。
(5)公共施設や交通機関にはバリアフリーが義務づけられている。ここでは，障がいのある人や高齢者を対象としたくふうがみられるものが記述できていれば正解になる。

4 (2)国家賠償請求権が，公務員の不法行為によって損害を受けた人が，国や地方公共団体に損害の賠償を求める権利である。ハンセン病訴訟やB型肝炎訴訟は，国家賠償を求め争われた。アの場合は，E 刑事補償請求権に基づいて国に補償を求めることになる。

p.34〜35 ═══ ステージ3 資・思

1 (1)イ
　(2)例最高法規である憲法の改正は法律の改正よりも慎重に行う必要があり，主権者である国民の承認を得る必要があるから。

2 (1)9
　(2)例投票所の減少が，国民に保障されている選挙権を行使しづらくすることになりかねないこと。
　(3)①例病院から郵便で投票できる制度。
　　　例投票用紙を代理人に預けられる制度。
　　②例海外の日本大使館などで投票できる制度。

3 (1)X 表現
　　Y プライバシー
　(2)記号ア　理由例AもBも公表している人がおり，保護すべき個人情報にはあたらないと考えられるから。
　　記号イ　理由例Aは公表されても私生活に影響はないと考えられるが，Bは勝手に公表されるとファンがお店に訪れるなどして私生活がおびやかされると考えられるから。
　　記号エ　理由例AもBも，タレントが公表されたくない情報である可能性があるから。
　　記号オ　理由例AとBの掲載のどちらもよいというタレントもいると考えられるため，タレントの判断にもよると考えられるから。

4 (1)平等権
　(2)男女共同参画社会
　(3)例男性も女性も家事・育児ができるよう，配慮しました。

━━━━━━━━ 解説 ━━━━━━━━

1 (1)イは国民が制定した法が政府に制限をかけており，「法の支配」に基づく政治を表している。ア・ウ・エでは，国民の制定した法で政府を制限できておらず，「法の支配」とはいえない。

2 (3)身体に障がいのある人や介護状態にある人などが郵便で投票できる郵便投票や，外国に居住する日本人が国政選挙の投票ができる在外投票は現在でも実施されており，インターネット投票についても議論が進められている。

3 (2)Bの出身中学やよく行く店のほうがAの誕生日や血液型よりも個人の私生活に関わるため，Bのみならよいとするウを選択するのは不適切であるといえる。

なぞろう
重要語句　国家賠償請求権　｜｜　刑事補償請求権

④ (3)男女共同参画社会は，家庭生活を含めたあらゆる分野で責任を担い協力する社会である。一方，**資料2**の下線部は，女性だけが家事・育児をすることを前提とし，男性は仕事，女性は家事・育児を担当するものと考えているように読み取れるため，平等ではないといえる。

ポイント

■日本国憲法の三つの基本原則をおさえる。
日本国憲法の基本原則▶国民主権，基本的人権の尊重，平和主義。

■基本的人権の種類をおさえる。
基本的人権▶自由権，平等権，社会権，人権の保障を実現するための権利，新しい人権。

■新しい人権をおさえる。
新しい人権▶知る権利，プライバシーの権利，環境権，自己決定権。

第2章 国民主権と日本の政治

p.36〜37 ステージ1

●教科書の要点
①地方分権　②立法
③行政　④司法
⑤直接民主　⑥間接民主
⑦直接　⑧平等
⑨小選挙区　⑩大選挙区

●教科書の資料
(1)資料1 小選挙区制
　資料2 比例代表制
(2)小選挙区比例代表並立制
(3)公職選挙法

●教科書チェック☆一問一答
①権力分立　②地方分権
③三権分立　④民主政治
⑤議会制民主主義〔代議制〕
⑥普通選挙　⑦制限選挙
⑧秘密選挙　⑨一票の格差
⑩政党交付金

★**一票の格差**…漢字に注意しよう。

〇 一票の格差	✕ 一表の格差
各選挙区における議員一人あたりの有権者数が異なること。	

p.38〜39 ステージ1

●教科書の要点
①政党　②政権公約
③内閣　④野党
⑤多党　⑥二大政党
⑦世論　⑧マスメディア
⑨リテラシー

●教科書の資料
(1)政党政治
(2)A・B与党　　C・D野党
(3)①選挙　②公約

●教科書チェック☆一問一答
①連立政権　②自由民主党〔自民党〕
③民主党　④政治参加
⑤直接請求　⑥利益団体
⑦投票率　⑧無党派層
⑨マスメディア　⑩インターネット

p.40〜41 ステージ2

① (1)三権分立
(2)A国会　B内閣
　C裁判所
(3)ウ
(4)間接民主制〔議会制民主主義／代議制〕
(5)ヒトラー
② (1)A格差
　B法の下の平等
(2)①違憲状態　②合憲
③ (1)与党
(2)野党
(3)A自由民主党　B民主党
(4)連立政権
(5)政権交代
(6)多党制

なぞろう 重要語句　小選挙区比例代表並立制　与党　野党

④ (1)①20歳代　②18歳
(2)①マスメディア
　②メディア・リテラシー
(3)無党派層

━━━━━ 解　説 ━━━━━

❶ (1)(2)同じ機関が立法権と行政権をもてば，政治を進めるのに都合のよい法律を制定して，それを国民に強制するおそれがある。同じ機関が立法権と司法権をもてば，法律を都合のよいように解釈して裁判を行うことができる。すべての権力を手にすれば独裁政治となる。

❷ (2)参議院は常に衆議院より一票の格差が大きいが違憲判決は出ていない。これは参議院が都道府県ごとの大選挙区制度をとっており，人口が少ない県にも一様に議員数が配置されているためである。

❸ (3)1955年以降自由民主党が政権をとり続ける55年体制ができた。自由民主党は，自民党と略される。

❹ (1)若い世代の意見を政治にとり入れるため，2016年に選挙権年齢が18歳以上に引き下げられた。
(2)マスメディアを通さず，政党と国民が双方向の関係をきずくことのできる政治参加の方法として，SNSも活用されている。インターネットを使用した選挙活動は，2013年の公職選挙法の改正により，条件付きで解禁された。

p.42～43 ステージ3 総合

❶ (1)Aア　Bウ
(2)間接民主制〔議会制民主主義／代議制〕
(3)与党
(4)例権力が1つに集中することを防ぎ，国民の自由や権利を守るため。
❷ (1)小選挙区制
(2)A秘密　B直接
(3)①イ　②1人
❸ (1)A少数　B安定　C政権交代
(2)①ドイツ
　②アメリカ・イギリス

④ (1)A参加　B投票　C世論
(2)公約
(3)例情報に対して何が真実であるかを判断し活用できる能力。

━━━━━ 解　説 ━━━━━

❶ (2)国民の代表者とは国会議員のこと。国民が議員を通して間接的にものごとを決定している。
(3)内閣の長である内閣総理大臣は，国会の議決で選ばれる。議決は多数決で行われるため，議席が多い政党の党首が選ばれることになる。
❷ (1)小選挙区制では，得票数が最も多い候補者1人が当選する。
(3)比例代表制の当選者の決め方をドント式という。ドント式では，各政党の得票数を1，2，3…の整数で順に割り，その商の大きな順に定数まで議席を配分していく。
❸ 多党制の国には，ドイツのほかに日本，イタリア，フランスなどがある。
❹ (2)特に政権を担当したときに実施する政策のことを政権公約という。

ポイント

■重要事項をおさえる。
　選挙の原則▶直接選挙，普通選挙，秘密選挙，平等選挙。
■政党制をおさえる。
　多党制▶少数意見を反映できる。有権者の選択肢が増える。日本，イタリア，ドイツ，フランス。二大政党制▶政局が安定する。政権交代による緊張感がある。アメリカ，イギリス。一党制▶党が強い指導力を発揮できる。長期的に政策を実行できる。中国，キューバ，北朝鮮。

p.44～45 ステージ1

●教科書の要点
①立法　②国権
③参議院　④優越
⑤法律　⑥予算
⑦内閣総理大臣　⑧弾劾
⑨常会　⑩多数決

なぞろう 重要語句　無党派層　衆議院の優越　弾劾裁判　内閣

●教科書の資料
(1)A 内閣　　B 委員会
　　C 公聴会
　　D 本会議
(2)① 出席議員
　　② 3分の2以上

●教科書チェック☆一問一答
① 議会制民主主義〔間接民主制／代議制〕
② 国会
③ 二院制
④ 両院協議会
⑤ 衆議院の優越
⑥ 議員立法
⑦ 国政調査権
⑧ 常会〔通常国会〕　⑨ （参議院の）緊急集会
⑩ 内閣総理大臣の指名

ミス注意！
★国政調査権…漢字に注意しよう。

○ 国政調査権	✕ 国勢調査権
国会がもつ，国政全般について調査することができる権利。国勢調査は，総務省が5年ごとに行う，人口や世帯の実態の調査である。	

★公聴会と両院協議会…取りちがいに注意しよう。

公聴会	両院協議会
専門家や利害関係者の意見をきく会。国会での審議のほか，地方公共団体が開くこともある。	両院の議決が一致しないとき，衆議院・参議院から10名ずつが選ばれて，意見の調整をはかる会。それでも意見が一致しない場合は衆議院の意思を優先する。

p.46〜47 ■ステージ1

●教科書の要点
① 予算
② 政令
③ 国事行為
④ 内閣総理大臣〔首相〕
⑤ 国務大臣
⑥ 国会議員
⑦ 衆議院
⑧ 総辞職
⑨ 公務員
⑩ 規制緩和

●教科書の資料
(1)A 不信任　　B 解散
　　C 指名　　D 任命
(2)議院内閣制

●教科書チェック☆一問一答
① 行政
② 内閣
③ 内閣総理大臣〔首相〕
④ 閣議
⑤ 大統領制
⑥ 全体の奉仕者
⑦ たてわり行政
⑧ 行政改革
⑨ 規制緩和
⑩ 情報公開

ミス注意！
★議院内閣制…漢字に注意しよう。

○ 議院内閣制	✕ 議員内閣制
内閣が国会の信任にもとづいて成立し，国会に対して責任を負うしくみ。内閣総理大臣は国会議員から選出される。	

p.48〜49 ■ステージ2

❶ (1)二院制
(2)A 4　　B 6
　　C 25　　D 30
(3)X 任期
　　Y 解散
(4)両院協議会
(5)緊急集会

❷ (1)a 議決　　b 承認
　　c 発議　　d 指名
(2)A・B・C・F
(3)ア
(4)証人喚問

❸ (1)衆議院
(2)特別会〔特別国会〕
(3)首相
(4)イ
(5)閣議
(6)X 信任
　　Y 議院内閣制
　　Z 行政

❹ (1)a 執行　　b 締結
　　c 制定　　d 作成
　　e 指名　　f 任命
(2)行政
(3)① エ　　② イ

なぞろう
重要語句

りょう いん きょう ぎ かい	こく む だい じん	かく ぎ	き せい かん わ
両院協議会	国務大臣	閣議	規制緩和

━━━ 解 説 ━━━

❶ (1)両院制ともいう。審議を慎重に行うためのしくみで，さまざまな意見を代表できるように，任期や被選挙権を得る年齢，選挙制度にちがいを設けている。

(2)A衆議院議員の任期は4年だが，解散すると任期途中でもやめなければならない。したがって，衆議院議員総選挙は不定期に行われる。

(3)衆議院の優越が認められている理由である。国民は選挙のたびに意思を示すことができる。

(5)緊急集会で議決された内容は，次の国会で衆議院の同意がないと，効力を失う。

❷ (1)a予算の作成は内閣の仕事。b条約の締結は内閣，条約の公布は天皇の国事行為。d内閣総理大臣を任命するのは天皇の国事行為。

(3)議案は議長に提出され，まずは少人数の委員会で審議される。委員会には，常任委員会と特別委員会がある。予算は衆議院に先に提出しなければならないが，法律案は衆議院・参議院のどちらに先に提出してもよい。

❸ (1)内閣不信任決議が行えるのは衆議院だけである。参議院は問責決議を行うが，法的拘束力はない。

(2)衆議院議員総選挙後に開かれるのは特別会。最初に内閣が総辞職し，新しい内閣総理大臣が指名される。

(4)過半数が国会議員であれば，その他は民間人を任命してもよい。また，内閣総理大臣と国務大臣は文民（軍人ではない人）でなければならない。

(5)閣議は非公開で，議決は全員一致。2014年から議事録の公開が始まった。

(6)大統領制は，議会と大統領がたがいに独立しているのに対し，議院内閣制ではたがいに関係している。内閣は，議会の与党の支持を得られるので，政治を円滑に進めることができる。

❹ (1)e最高裁判所長官を任命するのは天皇。その他の裁判官は，最高裁判所が指名した名簿に基づき，内閣が任命する。

(3)省の下にはさまざまな庁がおかれている。ア環境省は公害対策や自然環境の保護などを行う。ウ財務省は予算の作成や税に関する仕事を行う。

---

p.50～51 ■ステージ**1**

● **教科書の要点**
① 裁判　　　　　② 司法
③ 裁判所　　　　④ 三審制
⑤ 裁判　　　　　⑥ 司法権
⑦ 裁判官　　　　⑧ 弾劾裁判
⑨ 違憲審査　　　⑩ 最高裁判所

● **教科書の資料**
(1)A 最高　　　B 高等
　　C 地方　　　D 簡易
(2)X 控訴　　　Y 上告
(3)三審制

● **教科書チェック☆一問一答**
① 法　　　　　　　② 裁判所
③ 家庭裁判所　　　④ 下級裁判所
⑤ 裁判を受ける権利　⑥ 司法権の独立
⑦ 良心　　　　　　⑧ 傍聴
⑨ 違憲審査権〔違憲立法審査権〕
⑩ 憲法の番人

---

p.52～53 ■ステージ**1**

● **教科書の要点**
① 民事　　　　　② 刑事
③ 被告人　　　　④ 推定無罪
⑤ 裁判員制度　　⑥ 裁判員
⑦ 三権分立　　　⑧ 国会
⑨ 内閣　　　　　⑩ 裁判所

● **教科書の資料**
(1)三権分立
(2)A 立法権　　　B 行政権
　　C 司法権
(3)X 選挙　　　Y 世論
　　Z 国民審査

● **教科書チェック☆一問一答**
① 原告　　　　　② 被告
③ 検察官　　　　④ 弁護人〔弁護士〕
⑤ 罪刑法定主義　⑥ 適正手続の保障
⑦ 疑わしきは罰せず
⑧ 司法制度改革
⑨ 法テラス　　　⑩ 裁判員制度

なぞろう　重要語句　三審制　違憲審査　検察官　罪刑法定主義

ミス注意！••••••••••••••••••••••••••••••

★被告と被告人…取りちがいに注意しよう。

被告	被告人
民事裁判で訴えられた人。	刑事裁判で訴えられた人。

p.54～55 ■■■ ステージ②

❶ (1)①被告　②原告
　　③検察官　④裁判官
　　⑤弁護人
(2)和解
(3)a 高等　b 控訴
　　c 最高　d 上告

❷ (1)A 良心　B 法律
(2)裁判官の独立
(3)ア・ウ

❸ (1)A 令状　B 拷問
　　C 自白　D 起訴
(2)刑事裁判
(3)裁判官
(4)黙秘権
(5)傍聴
(6)国選弁護人

❹ (1)A 内閣総理大臣の指名
　　B 衆議院の解散
　　C 行政処分の違憲審査
　　D 最高裁判所長官の指名
　　E 裁判官の弾劾裁判
　　F 法律の違憲審査
(2)ウ
(3)民主政治

■■■■■■■■■ 解 説 ■■■■■

❶ (1)③警察は，犯罪の捜査や被疑者の逮捕，取り調べを行う。
(2)話し合いによる解決には調停もある。
(3)民事裁判では，第二審は地方裁判所・高等裁判所のいずれかになるが，刑事裁判の第二審は必ず高等裁判所で行われる。

❷ (2)裁判官がほかの権力の圧力や干渉を受けない司法権の独立に含まれる原則。

(3)第78条は，裁判官の身分保障を定めている。裁判が公正に行われるためである。アは国会，ウは国民によるもの。イは国や地方公共団体を相手に起こす民事裁判の一種，エは裁判所が国会や内閣に対してもっている権限。

❸ (3)捜索令状や逮捕令状は裁判官が発行する。
(5)国民の関心が高い裁判は，抽選になることもある。裁判を撮影・録音することはできない。

❹ (1)Aには内閣不信任の決議，Dには裁判官の任命もあてはまる。
(2)資料は国民審査の投票用紙で，衆議院議員総選挙の際に行われる。

p.56～57 ■■■ ステージ③ 総合

❶ (1)A 常会　B 臨時会
　　C 特別会
(2)予算の先議
(3)両院協議会
(4)例 任期が短く，解散があり，世論を反映しやすいから。
(5)①10　②総辞職

❷ (1)A ア　B ウ
(2)イ

❸ (1)A 民事裁判
　　B 刑事裁判
(2)B
(3)a 起訴　b 判決
(4)エ
(5)例 裁判を慎重に行うため。
　　例 えん罪を防ぐため。

❹ (1)①イ　②ア
　　③ア　④イ
(2)A ウ　B オ　C エ
(3)例 違憲審査についての最終的な決定権をもっているから。

■■■■■■■■■ 解 説 ■■■■■

❶ (1)A毎年1月に開かれる。C直前に衆議院の解散と総選挙がある。
(3)衆議院と参議院で議決が異なったので，意見の調整のために開かれた。

なぞろう 重要語句 被告　起訴　控訴　黙秘権　違憲

(5)衆議院を解散した場合でも，特別会の最初に内閣は総辞職する。

2 (1)エ司法制度改革は，裁判制度に関する改革。

(2)アはたてわり行政の解消，ウは司法制度改革。

3 (2)検察官や裁判員がいることから刑事裁判であることがわかる。

(4)裁判は少年事件などをのぞき，公開で行われる。

4 (2)ア内閣総理大臣を任命するのは天皇。イ行政処分などに対して行う。カ内閣はその他の裁判官を任命する。

(3)違憲審査権はすべての裁判所がもっている。

ポイント

■国会の主な仕事をおさえる。

国会の主な仕事▶法律案の議決，予算の議決，条約の承認，国政調査，憲法改正の発議，内閣総理大臣の指名，内閣不信任の決議（衆議院），弾劾裁判所の設置。

■内閣の主な仕事をおさえる。

内閣の主な仕事▶天皇の国事行為への助言と承認，法律の執行，外交関係の処理，条約の締結，政令の制定，予算の作成，衆議院の解散，臨時会の召集，最高裁判所長官の指名，その他の裁判官の任命。

■裁判所の種類をおさえる。

最高裁判所▶上告された事件についての最終的な判決を出す。憲法の番人。高等裁判所▶控訴された事件の主に第二審。地方裁判所▶家庭裁判所や簡易裁判所で取りあつかわないすべての事件の第一審。家庭裁判所▶家庭に関する事件や少年事件の第一審。簡易裁判所▶140万円以下の民事事件と一部の刑事事件の第一審。

p.58〜59 ■ステージ1

●教科書の要点
①地方自治　②住民自治
③地方分権　④学校
⑤地方公務員　⑥地方議会
⑦首長　⑧予算
⑨不信任決議　⑩解散

●教科書の資料
(1)A選挙　B不信任　C解散
(2)知事・市（区）町村長
(3)①30　②25

●教科書チェック☆一問一答
①地方自治　②住民自治
③地方公共団体〔地方自治体〕
④地方分権　⑤民主主義の学校
⑥市（区）町村　⑦都道府県
⑧首長　⑨条例
⑩再議権

ミス注意！

★都道府県知事と市（区）町村長…取りちがいに注意しよう。

都道府県知事	市（区）町村長
都道府県の首長。被選挙権は満30歳以上。	市（区）町村の首長。被選挙権は満25歳以上。

p.60〜61 ■ステージ1

●教科書の要点
①地方財政　②地方交付税交付金
③地方債　④中央集権
⑤地方分権　⑥市町村合併
⑦直接請求　⑧住民投票
⑨情報公開　⑩NPO

●教科書の資料
(1)A条例　B監査請求　C議会　D首長
(2)aイ　bア

●教科書チェック☆一問一答
①地方財政　②自主財源
③地方税　④地方交付税交付金
⑤国庫支出金　⑥市町村合併
⑦リコール　⑧住民投票
⑨住民運動　⑩ＮＰＯ〔非営利組織〕

ミス注意！

★地方交付税交付金と国庫支出金…取りちがいに注意しよう。

地方交付税交付金	国庫支出金
歳入不足を補う。使いみちは自由。	国の進める事業の促進のため使いみちは特定。

なぞろう　重要語句　地方分権　再議権　直接請求権

p.62〜63 ステージ2

1 (1)A地方自治　　B民主主義
　　C地方公共団体〔地方自治体〕
　(2)住民自治
　(3)エ
　(4)地方分権

2 (1)A首長　　B地方議会〔議会〕
　(2)25
　(3)Xア・エ
　　Yイ・ウ
　(4)①知事　　②地方

3 (1)①地方税
　　②地方交付税交付金
　　③地方債
　(2)ア・ウ
　(3)エ

4 (1)A条例　　B直接請求
　　C住民投票　　Dボランティア
　(2)X 3分の1
　　Y選挙管理委員会
　(3)非営利組織
　(4)情報公開

━━━━ 解説 ━━━━

1 (1)B地方自治が「民主主義の学校」といわれるのは，住民が政治に直接参加することで，民主主義を学ぶことができることによる。
　(3)ア・イは市（区）町村，ウは都道府県，エは国の仕事。
　(4)地方分権を進めるため，仕事や財源の一部が国から地方公共団体に移された。

2 (3)地方議会が首長の不信任決議をした場合，首長は議会を解散して議員の選挙を行い，住民の意思を問うことができる。また，予算案や条例案をつくるのは執行機関の仕事。

3 (2)ア・イ人口が多い東京都では，地域の住民や企業が納める地方税の割合が高い。ウ地方交付税交付金は，税収の不均衡を補うための補助金なので，地方税の割合が大きい都道府県における割合は小さくなる傾向にある。エ国庫支出金の割合が最も高いのは，秋田県ではなく沖縄県。

4 (1)A地方公共団体が制定できるのは条例。憲法や法律に違反する条例は制定できない。
　(2)選挙管理委員会は，選挙に関する事務を行う組織である。首長や議員の解職に関わる請求には，原則，有権者の3分の1以上の署名が必要である。50分の1以上なのは，条例の制定や改廃，監査について必要な有権者の署名数。
　(3)Non-Profit Organizationの略。特に国から法人の認定を受けたものをさす。国はNPOの資格の認定を受けやすくし，寄付する人に税金が優遇されるなどの措置をとって，支援している。
　(4)情報公開制度が整えられている。

p.64〜65 ステージ3 総合

1 (1)①間接　　②直接
　(2)不信任決議
　(3)ア

2 (1)
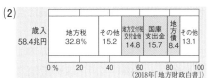

| 民生費 35% | 総務費 15% | 公債費 12% | 教育費 10% | 衛生費 8% | 商工費 6% | 土木費 4% | 消防費 3% | 農林水産業費 2% | その他 5% |

(2)
| 歳入 58.4兆円 | 地方税 32.8% | その他 15.2 | 地方交付税交付金 14.8 | 国庫支出金 15.7 | 地方債 8.4 | その他 13.1 |

(2018年「地方財政白書」)

　(3)公債費
　(4)自主財源
　(5)例地方交付税交付金は，歳入不足を補うため国から交付される財源で，使いみちは特定されない。

3 (1)平成　　(2)地方分権
　(3)5
　(4)例地域の実情にあった政策が行われにくくなる。

4 (1)A解職〔リコール〕　　B住民投票
　　C情報公開
　(2)例有権者の50分の1以上の署名を集めて，監査委員に請求する。
　(3)ウ

なぞろう　重要語句

しゅちょう　首長
ふしんにんけつぎ　不信任決議
ひえいりそしき　非営利組織

▶ 解 説 ◀

❶ (1)地方自治では，地方公共団体のトップである首長は住民が直接選挙で選ぶ。一方，内閣総理大臣は，国民が選挙で選んだ国会議員の中から指名される。

(2)議会は首長に対して不信任決議ができる一方，首長はそれに対抗して議会を解散することもできる。

(3)**イ**は国の仕事，**ウ**は市（区）町村の仕事である。

❷ (4)地方の住民や企業から集められる地方税などを自主財源という。自主財源の割合は，東京都など，人口の多い地域で多くなっている。地方税ではまかなえない額は，依存財源によってまかなわれる。地方債，地方交付税交付金，国庫支出金は依存財源にあたる。

(5)地方交付税交付金は，地方公共団体の財政格差を是正するためにある。国庫支出金は，国の進める事業などに使われる。

❸ (4)市町村合併をすると，財政の規模が大きくなり，より良質なサービスができるようになるという長所がある。一方，市町村の規模が大きくなると，住民の声が届きにくくなり，地域に合わせた行政が行われにくくなることもある。

❹ (3)住民参加は，市民の意思決定への参加やボランティア活動などを指し，政治家の政治活動は含まれない。

p.66~67 ■ステージ**3** 資・思

❶ (1)例**A**党は，政党支持率よりも獲得議席が全体の議席に占める割合が高くなっている。

(2)死票

(3)例選挙制度を大選挙区制や比例代表制に変更する。
例**B**党が**C**党や**D**党と協力し，連立政権をめざす（選挙協力をする）。
例**B**党が魅力ある公約をつくり，政党支持率を上げる。

❷ (1)**A**立法機関　　**B**党首

(2)例内閣は与党が構成しており，国会で法案を採決する際に過半数の賛成を得やすいため。

❸ (1)**A**イ　　**B**ウ　　**C**ア

(2)例死刑制度があると，えん罪で罪のない人の命をうばってしまうおそれがある。

❹ (1)依存財源

(2)記号 a　理由例高齢化が進み，福祉にかかるお金が増えると考えられるから。
記号 e　理由例人口が減少して税収が減り，地方債の発行と返済が増えることが予想されるから。

▶ 解 説 ◀

❶ (1)**A**党の政党支持率は半数に満たない40%だが，獲得議席は全体の議席の75%になっている。

(2)比例代表制，または一つの選挙区から複数の候補が当選する大選挙区制であれば，小政党の候補も当選しやすく，少数意見が反映されやすい。

❷ (2)内閣は，国会で多数を占める与党の支持を受けて成立している。そのため，内閣の提出した法案は与党の賛成が過半数をこえることで成立しやすい。一方，議員の提出した法案の場合，少数派である野党の議員が提出するものもある。そうした法案は，国会の多数の賛成を得られず成立しないことも多い。

❸ (1)法テラスは，誰でも気軽に弁護士に相談できるよう設けられた。取り調べの可視化は，警察や検察による強引な取り調べを防ぐもの。裁判員制度は，くじで選ばれた国民が，重大な刑事事件について裁判に参加する制度で，国民が裁判への信頼を深めるために導入された。

❹ (2)少子高齢化など，日本の社会の変化をふまえて記述する。

ポイント

■地方自治のしくみをおさえる。

　住民▶首長と地方議会の議員を選挙で選ぶ。首長▶都道府県知事，市（区）町村長。条例案・予算案の作成。議会の解散，議決の再議。地方議会▶都道府県議会，市（区）町村議会。条例・予算の議決，首長への不信任決議。

なぞろう 重要語句

じょう れい
条例

い そん ざい げん
依存財源

ち ほう さい
地方債

こっ こ し しゅつ きん
国庫支出金

第3編 私たちの生活と経済

p.68～69 ステージ1

●教科書の要点
① 経済
② 消費
③ サービス
④ 家計
⑤ 所得
⑥ 貯蓄
⑦ クーリングオフ
⑧ 消費者主権
⑨ 製造物責任法
⑩ 消費者庁

●教科書の資料
(1) 貯蓄
(2) 所得
(3) 給与所得
(4) 社会保険料

●教科書チェック☆一問一答
① 希少性
② 分業
③ 財
④ 税金
⑤ 可処分所得
⑥ 消費支出
⑦ 電子マネー
⑧ 契約
⑨ 消費者主権
⑩ 消費者基本法

ミス注意！

★消費支出と貯蓄…取りちがいに注意しよう。

消費支出	貯蓄
食料費，住居費，保健・医療費，交通・通信費，教養・娯楽費など。	現金，銀行預金，生命保険，株式など。

★消費者契約法と消費者基本法
…取りちがいに注意しよう。

消費者基本法	消費者契約法
消費者主権を守るための国や自治体などの責務を定める。	悪質な商法を規制する。

p.70～71 ステージ1

●教科書の要点
① 小売
② 卸売
③ 流通
④ ビッグデータ
⑤ 需要
⑥ 供給
⑦ 上
⑧ 下
⑨ 均衡価格
⑩ 市場経済

●教科書の資料
(1)① 増加　②減少
(2) 供給量
(3) 需要量
(4) 均衡

●教科書チェック☆一問一答
① 小売店
② 商業
③ 流通の合理化
④ 製造小売業
⑤ ビッグデータ
⑥ 価格
⑦ 市場
⑧ 市場価格
⑨ 均衡価格
⑩ 市場経済

ミス注意！

★小売業と卸売業…取りちがいに注意しよう。

卸売業	小売業
生産者から仕入れ，小売業に卸す。	卸売業から仕入れ，小分けにして消費者に売る。

★需要…漢字に注意しよう。

○　需要	✕　需用
消費者が買おうとすること。	

p.72～73 ステージ2

❶ (1) 財
(2) 3
(3) 給与所得
(4) 消費支出
(5)① 預金　②保険
　　③ 株式

❷ (1) 契約
(2) 消費者主権
(3) ア・エ
(4)① 製造物責任法
　　② 消費者庁

❸ (1)① 大型スーパー
　　② 百貨店
　　③ 通信販売
(2) 卸売業
(3) 流通
(4) A現金
　　Bクレジットカード

なぞろう
重要語句

か へい	しょう ひ しゃ しゅ けん	じゅ よう	きょう きゅう	おろし うり
貨幣	消費者主権	需要	供給	卸売

④ (1)①増え　②下がった

　　　③減り　④上がった

　(2)市場価格

　(3)ウ

━━━━━━ 解説 ━━━━━━

❶ (2)アの衣料品と**オ**のパソコンは財にあたる。外食には，料理の価格以外に，食事を提供するサービスが含まれている。

(3)給与所得は，働いている企業などから支払われる給料。配当所得は，保有している株式から得られる配当である。

(5)貯蓄は，将来に備えて行うものなので，現金や銀行預金だけでなく，生命保険や株式も含まれる。

❷ (3)ウは双方が合意して結ぶ。

(4)①商品の欠陥で消費者が被害を受けたとき，製造者が責任を負うという法律。ＰＬ法ができる以前は，消費者が企業の過失を証明する必要があり，その証明は困難であった。

❸ (4)クレジットカードを使って支払った場合，カード会社が一時的に支払ってくれた分が，あとで銀行の口座から引き落とされる。電子マネーは，情報通信技術（ＩＣＴ）を使った支払い手段で，現金をもち歩かなくてもその場で決済ができる。

❹ (3)農産物が不作だった場合，生産量（供給量）は減るため，価格が上昇する。

---

p.74〜75 ■ステージ**1**

●教科書の要点

①生産　　　　②利潤

③土地　　　　④設備

⑤人間　　　　⑥技術革新

⑦資本　　　　⑧株主

⑨株価　　　　⑩社会的責任

●教科書の資料

(1)株式会社

(2)私企業

(3)A株主

　B資本

　C配当

　D取締役

●教科書チェック☆一問一答

①企業　　　　②公企業

③自然　　　　④資本財

⑤労働力　　　⑥知的資源

⑦イノベーション　⑧株式

⑨株主総会　　⑩CSR

ミス注意！

★私企業と公企業…取りちがいに注意しよう。

私企業	公企業
利潤を得ることを目的に設立される。株式会社，個人の商店など。	国や地方公共団体が資金を出して経営。水道，ガスなど，私企業では提供が難しいものをあつかう。

★株主と取締役…取りちがいに注意しよう。

株主	取締役
株式を購入した人や企業。株主総会に参加できる。経営にかかわらない場合が多い。	株主総会で選出される社長や専務などの役員。

---

p.76〜77 ■ステージ**1**

●教科書の要点

①競争　　　　②起業

③独占価格　　④独占禁止

⑤地方公共団体　⑥輸出

⑦自由貿易協定　⑧世界貿易機関

⑨景気　　　　⑩不景気

●教科書の資料

(1)寡占

(2)独占

(3)Aカルテル

　B独占価格

●教科書チェック☆一問一答

①資本主義経済　②ベンチャー企業

③公正取引委員会　④公共料金

⑤貿易　　　　⑥自由貿易

⑦TPP11協定　⑧WTO

⑨インフレーション〔インフレ〕

⑩デフレーション〔デフレ〕

なぞろう 重要語句

きんこう かかく
均衡価格

りじゅん
利潤

かぶぬしそうかい
株主総会

けいき
景気

ミス注意！

★独占と寡占…取りちがいに注意しよう。

独占	寡占
生産が１つの企業に集中している状態。	生産が少数の企業に集中している状態。

★インフレとデフレ…取りちがいに注意しよう。

インフレ	デフレ
物価が上がり続けること。	物価が下がり続けること。物価の下落で経済が悪循環におちいるのはデフレスパイラル。

p.78～79 ステージ１

● **教科書の要点**

①労働時間　②労働組合
③終身雇用　④年齢
⑤転職　⑥外国人
⑦非正規雇用　⑧低く〔安く〕
⑨失業　⑩セーフティネット

● **教科書の資料**

(1)①正社員
　②パート・アルバイト
　③派遣社員
(2)非正規雇用

● **教科書チェック☆一問一答**

①労働契約　②労働基準法
③労働組合　④終身雇用
⑤年功序列賃金　⑥成果主義
⑦雇用の流動化
⑧セクシュアルハラスメント
⑨ワーク・ライフ・バランス
⑩セーフティネット〔安全網〕

ミス注意！

★労働基準法と労働組合法
　…取りちがいに注意しよう。

労働基準法	労働組合法
賃金や労働時間，休日，最低年齢など，労働条件の最低基準を定める。	労働三権の保障を目的とする。

★年功序列賃金と成果主義
　…取りちがいに注意しよう。

年功序列賃金	成果主義
年齢や務めた年数とともに賃金が上がる。	労働者の能力や成果を賃金に反映させる。

p.80～81 ステージ２

❶ (1)A私企業　B公企業
　(2)①株式　②株主
　　③配当
❷ (1)A資本
　　B独占禁止法
　　C公正取引委員会
　　D（企業の）社会的
　(2)寡占
❸ (1)①↑　②↑　③↓
　　④↑　⑤↑
　(2)デフレーション〔デフレ〕
❹ (1)個人事業主
　(2)A年功序列
　　B成果主義
　(3)セクシュアルハラスメント
　(4)①同一　②8　③1
　(5)労働組合
❺ (1)ア
　(2)A 4割　B正規雇用
　　C非正規雇用
　(3)ワーク・ライフ・バランス

解説

❶ (2)取締役は，株式会社で経営についての意思決定を行う役員。利子は，借りた金額（元金）につく，上乗せして支払うお金。

❷ (1)B独占禁止法は，独禁法ともよばれる。正式には「私的独占の禁止及び公正取引の確保に関する法律」という。C公正取引委員会は，独占禁止法への違反がないかを調査する組織。

❸ (1)好景気のときは生産や消費が増加し，賃金や雇用も増加し，物価が上昇する。物価が上がり続けるインフレーション（インフレ）が起こることもある。

なぞろう
重要語句

独占禁止法　公正取引委員会　寡占

❹ (4)③労働基準法では，週最低１日の休日を義務
付けている。現在は，完全週休２日制を実施して
いる企業も多い。

❺ (2)男性労働者は正規雇用の割合が大きいが，女
性労働者は男性に比べ非正規雇用の割合が大きい。
非正規雇用は給料が安いため，男女の収入格差の
問題につながっている。

p.82～83 ■ステージ**3** 総合

❶ (1)A 家計
　　　B 消費支出
(2)ウ
(3)ウ
(4)例 欠陥品によって消費者が被害を受けたと
き生産者の過失を証明しなくても，生産者
に損害賠償を負わせる法律。

❷ (1)例 需要量が変わらないのに，供給量が減っ
たから。
(2)右図
(3)右図
(4)均衡価格

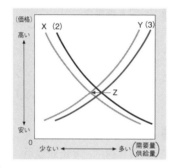

（価格）
高い
安い
X (2)　　　Y (3)
Z
0　少ない ← → 多い　需要量
供給量

❸ (1)a 市場価格
　　　b 独占価格
　　　c 公共料金
(2)ア
(3)ウ
(4)例 国民生活を支えるサービスの価格だから。
　　例 国民生活に与える影響が大きいから。

❹ (1)A 保護
　　　B 関税
　　　C 自由
　　　D 外国人
(2)① エ　　② ウ
　　　③ ア　　④ イ
(3)　エ

■■■■■■■■■■■ ▶解説◀ ■■■■■■■■■■■

❶ (2)アのバスに乗る，イの映画を観る，エの外食
をするは，サービスにあたる。
(3)税金の納入は，消費支出と貯蓄のどちらにも入
らない。
(4)製造物責任法では，生産の過失を証明しなくて
も救済が受けられる。

❷ (1)不作により供給量が減ると，例年より価格が
高くなることが多い。
(2)Bで海外旅行の代金が高くなるのは，旅行に行
きたい人（＝需要量）が増えるからである。需要
量が増えるとき，需要曲線は右に移動する。
(3)Cの供給量が増えて価格が下がっている状況は，
供給曲線を右に移動させることであらわせる。

❸ (3)下線部 c は公共料金。ウの米の値段は，公共
料金ではなく，市場で決まる。不作の年は米が高
くなる。また，品質の高い米は値段が高い。

❹ (1)A B 輸入品に高い関税をかける貿易を，自由
貿易に対して保護貿易という。世界恐慌のときに
イギリスやフランスが行ったブロック経済政策が
これにあたる。
(2)① 世界貿易機関は国際連合の機関で，自由貿易
の促進のためにつくられた。社会主義の中国も
2001年に加盟している。

ポイント

■経済の三主体の活動をおさえる。
　家計▶消費。所得を得て財・サービスを買う。
消費者を守る製造物責任法（PL法）・クーリングオ
フ。企業▶生産。株式会社。流通は商業，金融は
銀行が担う。政府▶財政政策。社会保障制度の整備。
■価格の決まり方をおさえる。
　市場価格▶需要量と供給量の関係。独占価格▶
独占企業が決める。独占禁止法。公共料金▶政府
が決定・認可。
■雇用の変化をおさえる。
　これまでの日本▶長期雇用，終身雇用，年功序
列賃金。近年の日本▶非正規雇用労働者，外国人
労働者の活用。成果主義。

なぞろう
重要語句　終身雇用　　年功序列　　成果主義

p.84～85　ステージ1

●教科書の要点

①現金　②利子
③金融機関　④銀行
⑤直接　⑥日本銀行
⑦発券
⑧外国為替相場〔為替レート〕
⑨不利　⑩有利

●教科書の資料

(1)A政府　B銀行　C発券
(2)金融政策
(3)公開市場操作

●教科書チェック☆一問一答

①預金　②金融
③間接金融　④中央銀行
⑤買う
⑥インフレ〔インフレーション〕
⑦外国為替市場
⑧（外国）為替相場
⑨円高　⑩空洞化〔産業の空洞化〕

ミス注意！……………………………………

★直接金融と間接金融…取りちがいに注意しよう。

直接金融	間接金融
企業が株式や債券を発行し，出資者から直接資金を借りること。	企業が銀行などの金融機関を通じて資金を集めること。

★円高と円安…取りちがいに注意しよう。

円高	円安
外国通貨に対して円の価値が上がる。	外国通貨に対して円の価値が下がる。

p.86～87　ステージ2

❶ (1)イ
(2)A貸し付け　B預金
　C資金　D株式
(3)ア
(4)①間接金融
　②直接金融
(5)ATM
(6)①直接　②元金

❷ (1)中央銀行
(2)管理通貨制度
(3)b銀行の銀行
　c政府の銀行
　d発券銀行
(4)日本銀行券

❸ (1)金融政策
(2)A国債　B資金　C金利
　Dやすく　E通貨
(3)Y

❹ (1)（外国）為替相場〔為替レート〕
(2)外国為替市場
(3)円高
(4)円安
(5)a 2万5000
　b 1万6000
　c 800
　d 1250

■■■■■■■■■■ 解説 ■■■■■■■■■■

❶ (1)コンビニエンスストアは小売店。
(3)アをイより高くすることで銀行は利益を得ている。
(4)①金融機関をなかだちとしている。②株式を発行し，家計から直接資金を調達している。

❷ (2)管理通貨制度は，国の信用を裏づけとして通貨の価値が決まり，中央銀行などが通貨の量を管理する制度である。
(4)日本の紙幣は「日本銀行券」といい，日本銀行だけが発行できる。なお，硬貨を発行しているのは日本銀行ではなく造幣局。

❸ (3)デフレ（デフレーション）は不況（Y）のときに起こりやすい。

❹ (3)1ドル＝100円から1ドル＝80円になると，より少ない円でドルが買えるようになる。円の価値が上がっているため，円高という。
(4)1ドル＝100円から1ドル＝125円になると，ドルを買うのにより多くの円が必要になる。円の価値が下がっているため，円安という。
(5)円高のときは輸出品の値段が高くなり，売れにくくなる。円安のときは輸入品が高くなる。

なぞろう　重要語句　金融政策　外国為替相場　産業の空洞化

p.88〜89 ステージ1

●教科書の要点
① 財政
② 社会資本
③ 社会保障
④ 歳入
⑤ 歳出
⑥ 直接税
⑦ 国税
⑧ 所得
⑨ 消費
⑩ 財政赤字

●教科書の資料
(1) A 減らす
　 B 増税
　 C 増やす
　 D 減税
(2) 安定

●教科書チェック☆一問一答
① 公共事業
② 公共サービス
③ 財政政策
④ 歳出
⑤ 間接税
⑥ 地方税
⑦ 所得税
⑧ 累進課税
⑨ 逆進性
⑩ 国債

ミス注意！
★直接税と間接税…取りちがいに注意しよう。

直接税	間接税
納税者と負担者が一致する。所得税, 法人税, 相続税など。	納税者と負担者が異なる。消費税, 酒税, 関税など。

p.90〜91 ステージ1

●教科書の要点
① 生存権
② 健康
③ 最低限度
④ 社会保険
⑤ 公衆衛生
⑥ 少子高齢
⑦ （公的）年金
⑧ 四日市ぜんそく
⑨ 公害対策基本
⑩ 環境基本

●教科書の資料
(1) A 新潟水俣病
　 B 四日市ぜんそく
　 C イタイイタイ病
　 D 水俣病
(2) ア

●教科書チェック☆一問一答
① 社会保障（制度）
② 社会保険
③ 公的扶助
④ 社会福祉
⑤ 公的年金制度
⑥ 介護保険
⑦ 公害
⑧ メチル水銀化合物
⑨ 富山県
⑩ 環境基本法

ミス注意！
★社会保障…漢字に注意しよう。

○　社会保障	✕　社会保証・社会補償
生活上の不安を取り除き, 生存権を実現するしくみ。社会保険・公的扶助・社会福祉・公衆衛生からなる。責任をもったり（保証）, 補ったり（補償）することではない。	

p.92〜93 ステージ2

❶ (1) A 財政　　B 消費
　　　C 生産
　(2) a 税金　　b 賃金
　　　c 労働力
　(3) X 社会　　Y 公共
　(4) ア

❷ (1) A 直接税
　　　B 間接税
　　　C 国税
　　　D 地方税
　(2) ① 消費税
　　　② 法人税
　(3) ① 累進課税
　　　② ア

❸ (1) A 社会保障
　　　B 社会福祉
　(2) 生存権
　(3) ① 年金保険
　　　② 介護保険
　　　③ 医療保険
　(4) イ
　(5) ウ

❹ (1) A 公害　　B 持続可能
　(2) X 公害対策　　Y 環境

なぞろう
重要語句

るいしんかぜい	ぎゃくしんせい	しゃかいほしょう	こうてきふじょ
累進課税	逆進性	社会保障	公的扶助

解説

❶ (2)預金は，家計・企業から金融機関に行う。
(4)社会資本の整備など，個人や企業にまかせることができない事業を政府が行うことを，資源配分の調整という。**イ**の所得の再分配は，政府が所得の多い人と少ない人の経済格差を是正すること。**ウ**の経済の安定化は，政府が景気変動による失業やインフレなどを防ぐこと。

❷ (1)間接税では，税の負担者と納税者が異なる。消費税は，店で買い物をした人が負担するが，消費税分は店が預かり，まとめて国に納める。
(2)②企業が納める税には事業税もあるが，こちらは事業を営むことに対してかかる税である。問題文に「利潤にかかる」とあるので，法人税が正答。
(3)①相続税や贈与税も累進課税。②**イ**の支払い能力に関係なく，同じ税率を負担するのが公正であるという考え方の例に，消費税の税率がある。所得の低い人ほど所得に占める消費税の割合が高くなる逆進性があり，所得の少ない人ほど負担感が大きくなる。

❸ (3)②介護保険制度は，高齢化を背景に2000年に導入された。
(4)**ア**の感染症対策は公衆衛生，**ウ**の児童福祉は社会福祉に含まれる。
(5)**ウ**の母子福祉は社会福祉に含まれる。公衆衛生は，国民の健康と安全を保つために行われる。感染症対策，公害対策，上下水道整備，廃棄物処理などがある。

p.94〜95 ステージ3 総合

❶ (1)A金融　B日本銀行
　C空洞
(2)**ウ**
(3)**イ**
(4)例預金利子率より貸し付け利子率を高くして，その差額を利益としている。
(5)**エ**
(6)①**イ**　②**ウ**
(7)（外国）為替相場〔為替レート〕
(8)**ウ・エ**

❷ (1)右図
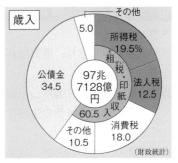

歳入　97兆7128億円
公債金 34.5／租税・印紙収入 60.5／その他 5.0／所得税 19.5%／法人税 12.5／消費税 18.0／その他 10.5（財政統計）

(2)例所得が多くなるほど，高い税率が課せられるしくみ。
(3)①公共事業関係費
　②国債費
　③地方交付税交付金等
(4)①**ウ**　②**ウ**
　③例年金を受け取る高齢者が増え，保険料を支払う現役世代の負担が重くなる。

解説

❶ (2)**ア**は交換，**イ**は価値尺度，**エ**は貯蔵という。
(3)通貨の大部分は預金である。支払いの手段には，現金だけでなく，預金からの振り込みがある。
(5)**ア**は銀行の銀行，**イ**は政府の銀行といわれる日本銀行のはたらきのこと。**ウ**は，国債の売買による公開市場操作のこと。**エ**の株式や債券の発行は，企業や国，地方公共団体が行う。
(6)財政政策は国，金融政策は日本銀行が行う。インフレは景気が過熱しているときに起こりやすいので，市場に資金を出回りにくくする。

❷ (1)所得税と法人税に色をぬる。
(3)②国債は国の借金なので，国債費が増えると政府が自由に使える一般歳出が減る。これを財政の硬直化という。
(4)①一般歳出に占める社会保障関係費の割合なので，33.7÷60.5×100で計算できる。②**ア**2016年の社会保障給付費は約120兆円である。**イ**最も割合が大きい費用は年金である。

p.96~97 ■ステージ**3** 資・思

❶ (1)Aウ　Bイ
　(2)例需要量が多くなり，需要曲線が右に移動

❷ (1)記号　ア
　　理由　例A国は，B国から小麦を輸入できるので，カメラの生産に労力を投入できるから。
　(2)例他国よりも競争力の低い産業を保護する

❸ (1)A 3000　B 1000
　(2)例円高のときに日本から輸出すると，外国での自動車の価格が高くなり，売れづらくなるから。

❹ (1)例国民所得に占める社会支出の割合が，他国と比べて高いから。
　(2)約15倍
　(3)例消費税は，所得にかかわらず同じ税率を負担するため，所得が低い人ほど負担が大きくなるから。

━━━━━━▶ 解 説 ◀━━━━━━

❶ (1)A供給量（生産量）が減ると，供給曲線は左へ移動し，価格は上昇する。Bの状況では，需要量が増えている。需要量が増えると，需要曲線は右に移動し，価格は上昇する。
(2)下の予想の場合トマトの需要量が増えるため，需要曲線は右に移動する。

❷ (1)A国は，カメラ1台をB国より少ない人数で生産できるため，B国より価格が安くなる。自由貿易を始めると，A国は安い小麦をB国から輸入するようになり，B国はカメラをA国から輸入するようになるため，A国はカメラの生産を増やし，B国は小麦の生産を増やすと考えられる。自由貿易のもと，それぞれの国が自国の得意な分野の生産をすることを（国際）分業という。
(2)A国のカメラのほうが競争力が高く，B国で安く売られることで，B国で生産したカメラが割高になる。A国のカメラに関税をかけることで，B国内でのA国のカメラの価格が高くなり，競争力の弱い自国のカメラも売れるようになる。このように，保護貿易は，競争力の低い自国の産業を守るために行われる。

❸ (1)円安のときは，日本から海外に旅行して買い物をすると不利になる。逆に円高のときは海外旅行に有利になる。
(2)円高のときは輸出が不利，輸入が有利になる。日本から海外に輸出すると，円安時に比べて現地での販売価格が割高になり，製品が売れにくくなる。現地で生産して販売することで，輸出するよりも売れやすくなる。

❹ (1)フランスやスウェーデンは，税負担率や社会保障負担率が大きいが，国民所得に占める社会支出の割合が大きく，社会保障が充実している。反対に，税や社会保障費は安いが社会保障が手薄な政府は小さな政府という。アメリカの政府は小さな政府にあたる。
(2)グラフから2019年度の国債残高は約900兆円であり，60.2兆円の税収の約15倍であることがわかる。
(3)消費税の税率は一定なので，所得に占める消費税の割合は，所得が低い人の方が大きくなる。これを逆進性という。

ポイント

■景気変動と政策をおさえる。
　好景気・不景気▶日本銀行は金融政策。政府は財政政策。
■財政の役割をおさえる。
　資源配分の調整▶個人や企業にまかせることができない事業を行う。社会資本の整備，警察，消防などの公共サービスの提供。所得の再分配▶所得の多い人と少ない人の経済格差を是正する。累進課税，社会保障制度。経済の安定化▶景気変動による失業やインフレ・デフレを防ぐ。公共事業，減税・増税。
■社会保障制度のしくみをおさえる。
　社会保障制度▶社会保険・社会福祉・公的扶助・公衆衛生。

なぞろう
重要語句

にっぽんぎんこう
日本銀行

ざいせいせいさく
財政政策

しゃかいしほん
社会資本

第4編 私たちと国際社会

●教科書の要点

① 持続可能性
② 国家主権
③ 領土
④ 排他的経済水域
⑤ 公海
⑥ 内政不干渉の原則
⑦ 北方領土
⑧ ソ連
⑨ 韓国
⑨ 尖閣諸島

●教科書の資料

(1) A 国後島
　　B 択捉島
　　C 色丹島
　　D 歯舞群島
(2) ロシア

●教科書チェック☆一問一答

① 持続可能な社会
② 日章旗〔日の丸〕
③ 君が代
④ 領空
⑤ 民族自決の原則
⑥ 公海自由の原則
⑦ 国際法
⑧ 国際協調
⑨ 竹島
⑩ 中国

ミス注意！

★領海と排他的経済水域…取りちがいに注意しよう。

領海	排他的経済水域
沿岸から12海里以内。領土・領空とともに国家の領域を構成。	海岸線から領海をのぞいて200海里以内の範囲。沿岸国が資源を利用できる。

★公海自由の原則…漢字に注意しよう。

○ 公海自由の原則	✕ 航海自由の原則
排他的経済水域の外側に広がる公海は，だれもが自由に航行や漁業ができる。	

●教科書の要点

① 国際連合
② 安全保障理事会
③ 国際司法裁判所
④ 地域統合
⑤ アジア太平洋
⑥ ASEAN
⑦ アフリカ
⑧ ヨーロッパ
⑨ 移民
⑩ 寛容

●教科書の資料

(1) A 国際司法裁判所
　　B 安全保障理事会
　　C 総会
(2) ① 国連教育科学文化機関〔UNESCO〕
　　② 世界保健機関〔WHO〕

●教科書チェック☆一問一答

① 国際連合憲章
② 総会
③ PKO
④ 拒否権
⑤ 地域統合
⑥ APEC
⑦ 東南アジア諸国連合
⑧ ユーロ
⑨ イギリス
⑩ 文化の多様性

ミス注意！

★ユネスコとユニセフ…取りちがいに注意しよう。

ユネスコ	ユニセフ
国連教育科学文化機関。UNESCO。教育，科学，文化などの活動を通じて世界平和に貢献するためにつくられた。	国連児童基金。UNICEF。世界の子どもたちの生きる権利と健やかな発育を守るためにつくられた。

★WHOとWTO…取りちがいに注意しよう。

WHO	WTO
世界保健機関。保健問題に関する国際協力を目的とする機関。	世界貿易機関。自由な貿易を進める国際機関。

❶ (1) 国家主権
　(2) 領海
　(3) 12
　(4) ア
　(5) 公海
　(6) a 国旗　b 国歌
❷ (1) ① 竹島　② 尖閣諸島
　　③ 択捉島
　(2) エ
　(3) A 江戸
　　B サンフランシスコ

なぞろう 重要語句 安全保障理事会　　国際司法裁判所

❸ (1)Aサンフランシスコ
Bニューヨーク　C平和
D安全保障理事会
E常任理事国　　F非常任理事国
(2)イ・キ
(3)拒否権
❹ (1)A EU　　B ASEAN
C USMCA
(2)A
(3)aイ・エ　　bア・ウ
(4)ウ

━━━━━━ **解説** ━━━━━━

❶ (4)排他的経済水域では，沿岸国以外の船や航空機の通行は認められているが，水産物や鉱産資源の採取は認められていない。

❷ (2)領海は海岸線から12海里以内，排他的経済水域は，海岸線から200海里以内の海域のうち，領海をのぞいた部分。領海と排他的経済水域の範囲なので，海岸線から200海里以内の面積を計算する。1海里＝約1.8kmとして，200×1.8より，半径360kmの円の面積となる。360×360×3.14は約40万km²。

(3)北方領土は，日本が江戸時代に調査し，領有を宣言していた。日本は，第二次世界大戦での敗戦後，1951年のサンフランシスコ平和条約で「千島列島を放棄する」とした。ロシアは「北方領土は日本が放棄した範囲である」と主張しているが，日本は「北方領土は放棄した千島列島に含まれず，日本の領土である」とし，返還を要求している。

❸ (1)第二次世界大戦前にあった国際連盟の本部は，スイスのジュネーブにおかれていた。

(2)B国連の安全保障理事会で常任理事国を務める五大国は，第二次世界大戦の戦勝国であったアメリカ・イギリス・フランス・ソ連（ロシア）・中国である。

❹ (4) 第二次世界大戦後，ユダヤ人がパレスチナに移住し，イスラエルを建国した。パレスチナに住んでいたアラブ系の住民が土地を追われたことから，周囲のアラブ諸国とイスラエルのあいだで中東戦争が起こった。

---

p.104～105 ステージ**1**

● **教科書の要点**
①地域紛争　　　　　②北朝鮮
③核兵器不拡散条約
④戦略兵器削減条約
⑤政府開発援助
⑥国際平和協力法
⑦自衛隊　　　　　　⑧南北問題
⑨発展途上国　　　　⑩南南問題

● **教科書の資料**
(1)ODA
(2)①ノルウェー
②アメリカ

● **教科書チェック☆一問一答**
①新しい戦争　　　　②テロ
③難民〔避難民〕
④核兵器不拡散条約〔NPT〕
⑤非核三原則
⑥平和維持活動〔PKO〕
⑦カンボジア　　　　⑧人間の安全保障
⑨BRICS（諸国）　⑩南南協力

ミス注意! ‥‥‥‥‥‥‥‥‥‥‥‥‥‥‥
★PKOとODA…取りちがいに注意しよう。

PKO	ODA
国連の安全保障理事会の決議により行われる，紛争を平和的に解決するための活動。停戦の監視，紛争の拡大防止，選挙の監視など。	政府開発援助。先進国の政府が発展途上国や国際機関に対して行う資金援助や技術協力のこと。

p.106～107 ステージ**1**

● **教科書の要点**
①石油　　　　　　　②再生可能エネルギー
③原子力　　　　　　④砂漠
⑤二酸化炭素〔CO₂〕
⑥海面
⑦京都議定書　　　　⑧発展途上国
⑨持続可能な開発目標
⑩将来

なぞろう
重要語句

ふん　そう　　きょう　と　　ぎ　ていしょ　　　じ　ぞく　か　のう　　　　かい　はつ　もく　ひょう
紛争　　京都議定書　　持続可能な開発目標

●教科書の資料

(1)①石炭

②再生可能エネルギー

(2)東日本大震災

●教科書チェック☆一問一答

①化石燃料　　　　②地球温暖化

③放射性廃棄物　　④酸性雨

⑤オゾン層　　　　⑥温室効果ガス

⑦国連人間環境会議

⑧パリ協定　　　　⑨SDGs

⑩17

ミス注意！

★京都議定書とパリ協定…取りちがいに注意しよう。

京都議定書	パリ協定
1997年に採択。先進国に温室効果ガスの排出量の削減を義務づける。	2015年に採択。先進国・発展途上国のすべての国に温室効果ガスの削減を義務づける。

p.108〜109 ■ ステージ2

❶ (1)A 冷戦

　B テロ

　C アフガニスタン

(2)①核兵器不拡散条約

　②戦略兵器削減条約

(3)PKO

(4)イ

(5)非核三原則

❷ (1)ODA

(2)A 4　　B 小さい〔低い〕

(3)南北問題

(4)南南問題

❸ (1)A 人口　　B 化石

　C 環境

(2)ウ

(3)X 原子力　　Y 天然ガス

(4)中国

(5)d イ　　e ア　　f エ

(6)X 持続可能

　Y SDGs

■ 解説 ■

❶ (1)A冷戦は，アメリカの率いる資本主義の陣営と，ソ連の率いる社会主義の陣営のあいだで起きた。Bアメリカで，イスラム過激派のテロリストが複数の旅客機をハイジャックし，ニューヨークの世界貿易センタービルなどを攻撃した。Cアメリカは，同時多発テロの首謀者をかくまっているとしてアフガニスタンを攻撃した。

(4)アはロシア，エは1980年代を中心にアメリカとのあいだで深刻化した。

❷ (3)発展途上国では，人口の増加に経済の発展が追いつかず，貧困や飢餓の問題が起こっている。乳幼児の死亡率が高く，平均寿命も短い。また，教育が普及しておらず，識字率が低い。

❸ (2)アフリカでは人口爆発が起きているが，地域紛争や干ばつなどで食料生産が追いつかない。

(3)X原子力発電は，温暖化の原因となる二酸化炭素の排出量が火力発電より少ないが，放射性廃棄物が発生する。2011年の東日本大震災で起きた原発事故の影響で，日本の原子力発電の割合は減少した。Y火力発電で使われる天然ガスは，石油よりは二酸化炭素の排出量が少ない。

(4)中国は経済発展がめざましく，それにともなって二酸化炭素排出量が増えてきた。

p.110〜111 ■ ステージ3 [総合]

❶ (1)①エ　　②ウ

　③ア　　④イ

(2)A ア　　B イ

(3)①国家主権

　②民族自決の原則

　③内政不干渉の原則

(4)ア

(5)例一国でも反対することで否決できる権利。

❷ (1)自衛隊

(2)京都（市）

(3)例もたず，つくらず，もちこませず

(4)政府開発援助〔ODA〕

(5)人間の安全保障

なぞろう　重要語句

核兵器不拡散条約　　南北問題　　南南問題

28

❸ (1)アジア・アフリカ
(2)イ
(3)①右図

（2016年）
再生可能エネルギー

石炭	石油	天然ガス	水力	
32.3%	9.3	42.2	7.6	6.9

（2018年「エネルギー白書」）　原子力 1.7

②ウ
③例発電にかかる費用に対して，発電量が少ない。

◀━━━━━ 解 説 ◀━━━━━

❶ (1)①ＰＫＯは安全保障理事会が行う。②「文化の多様性や異文化に対する理解を広め，心のなかに平和のとりでを築く」（ユネスコの理念）ためである。③ユニセフは子どもたちの生活の向上に取り組んでいる。④国際会議は国際協力の１つ。
(2)Ａ1945年から1960年の間に加盟国が増えている。1960年にアフリカで多くの国が独立したからである（アフリカの年）。Ｂ1980年から1992年のあいだに加盟国が増えている。ソ連が1991年に解体し，多くの国ができたからである。
(4)総会は毎年，全加盟国の代表者が集まって開かれる。議決は多数決で，各国が平等に１票をもつ。特別総会が開かれることもある。
(5)安全保障理事会は，５常任理事国と任期２年の10非常任理事国からなり，議決には５常任理事国を含む９か国以上の賛成が必要である。
❷ (2)1997年，地球温暖化防止京都会議が開かれ，京都議定書が採択された。
(5)「国家の安全保障」は，軍事や外交によって守られる。グローバル化が進展し，これまでの「国家の安全保障」だけでは，人々の安全と平和を確保できなくなってきた。
❸ (2)人口が増えると食料やエネルギーが必要になる。エが進むと人口は減少する。
(3)①石炭・石油・天然ガスに色をぬる。③発電量が天候などに左右されるという問題がある。

ポイント

■主権国家の意味をおさえる。
　国家▶領域・国民・国家主権をもつ。領域▶領土・領空・領海。排他的経済水域▶沿岸国が水域の資源を利用できる。
■国際協力のしくみをおさえる。
　国際連合▶総会。安全保障理事会。５つの常任理事国に拒否権。地域統合▶ＥＵ・ＡＳＥＡＮ・ＡＰＥＣ。
■国際社会の問題をおさえる。
　戦争▶地域紛争・テロ→軍縮・南北問題の解決。資源・エネルギー問題▶再生可能エネルギー。地球環境問題▶地球温暖化。

なぞろう
重要語句

せい	ふ	かい	はつ	えん	じょ		じ	えい	たい		にん	げん	の	あん	ぜん	ほ	しょう
政	府	開	発	援	助		自	衛	隊		人	間	の	安	全	保	障

定期テスト対策 得点アップ！予想問題

p.114 第1回

1
(1)高齢化率
(2)少子高齢化
(3)イ
(4)①イ　②エ
　　③ア　④オ
(5)①年中行事
　　②A節分
　　B端午の節句
　　C七五三

―――― 解説 ――――

1 (3)ア医療，介護，年金などの制度にかかるお金は増えるが，働く世代が減るため，制度を支えるお金が足りなくなることが心配されている。ウ少子高齢化で働く世代が減り，社会の活力が弱くなると，国や地方公共団体の収入は減ってしまう。
(4)④情報モラルと関連する情報リテラシーは，情報を正しく判断して利用・活用する力である。

p.115 第2回

1
(1)A社会的　　B個人
　　C平等
(2)核家族
(3)①慣習　②道徳
　　③法
2
(1)①対立　②合意
　　③イ
(2)イ
(3)契約

―――― 解説 ――――

1 (2)近年減少している，親・子・孫からなる家族は三世代世帯という。
2 (1)③公正の考え方には，手続きの公正，機会の公正，結果の公正がある。3組が参加していない状況は，手続きの公正をみたしていないといえる。
(2)ア全員一致が望ましいが，反対する人がいると，クラスのきまりを決めることができない。ウ先生が決めるのでは，クラスのきまりに対して生徒の合意があるとはいえない。

p.116 第3回

1
(1)立憲主義
(2)Aイ　　Bア
(3)権力分立
(4)基本的人権
(5)例憲法が最高法規に定められているから。
2
(1)大日本帝国憲法
(2)国民主権
(3)議会制民主主義〔間接民主制，代議制〕
(4)象徴
(5)国事行為
(6)A3分の2
　　B過半数
　　C国民

―――― 解説 ――――

1 (4)基本的人権の尊重は，憲法第11条に定められている。
(5)司法権を担う裁判所に違憲審査権がある。
2 (2)日本国憲法では国民主権が基本原則とされているが，大日本帝国憲法では天皇に主権があり，国民の権利は法律の範囲内でしか認められなかった。

p.117 第4回

1
(1)A永久　　B法　　C信条
(2)①平等権　②社会権　③自由権
(3)①同和
　　②男女雇用機会均等法
　　③ユニバーサル
(4)ア
(5)生存権
(6)エ
(7)イ
(8)参政権

―――― 解説 ――――

1 (6)アの選挙制度は参政権，イのバリアフリーは平等権，ウの教育の無償制度は社会権のうちの教育を受ける権利と関連する。
(7)ア・ウは請求権にあたる。

p.118 **第5回**

1 (1)公共の福祉
(2)新しい人権
(3)①自己決定権
②環境権
(4)子どもに普通教育を受けさせる義務・納税の義務
(5)世界人権宣言

2 (1)第9条
(2)①専守防衛
②文民統制〔シビリアンコントロール〕
(3)ＰＫＯ

▶ **解 説** ◀

1 (3)①インフォームド・コンセントは，病気の治療などの医療行為について説明を受け，理解したうえで自分の責任において選択すること。②環境アセスメントは，開発事業を行うときに自然への影響を事前に調査すること。

2 (1)日本の平和主義については，日本国憲法の前文と，第9条に定められている。
(3)ＰＫＯは，Peacekeeping Operations の略称。

p.119 **第6回**

1 (1)間接民主制〔議会制民主主義・代議制〕
(2)イ
(3)公職選挙法
(4)Ａ小選挙区制
Ｂ比例代表制
(5)例小選挙区制に比べて死票が少なく，国民の意見を反映しやすい。

2 (1)与党
(2)野党
(3)連立政権
(4)公約
(5)18歳
(6)世論
(7)無党派層

▶ **解 説** ◀

1 (2)制限選挙は，財産（納税額）や性別で選挙権が制限される選挙。
(4)衆議院議員の選挙は，Ａ・Ｂの選挙制度を組み合わせた小選挙区比例代表並立制。

p.120 **第7回**

1 (1)Ａ国権　　Ｂ立法
(2)二院制
(3)ア
(4)6年
(5)衆議院の優越
(6)委員会
(7)国政調査権

2 (1)国会議員
(2)議院内閣制
(3)イ
(4)総辞職

▶ **解 説** ◀

1 (3)**イ**の特別会は，衆議院解散後の総選挙後に召集される。**ウ**の臨時会は，内閣が必要と認めたとき，またはいずれかの議院の総議員の4分の1以上の要求があったときに召集され，補正予算や重要な課題を扱う。**エ**の緊急集会は，衆議院の解散中に緊急の必要があるとき，参議院で行われる。

2 (3)**イ**予算の議決は国会の仕事。内閣は，予算の作成を行う。

p.121 **第8回**

1 (1)最高裁判所
(2)例違憲審査についての最終的な決定権をもっているから。
(3)下級裁判所
(4)三審制
(5)イ
(6)ウ
(7)裁判員制度

2 (1)三権分立
(2)Ａ行政　　Ｂ司法
(3)a 選挙　　b 世論
c 国民審査

▶ **解 説** ◀

1 (5)検察官がいることから，刑事裁判と判断できる。検察官は，犯罪が発生したときに被疑者を訴えるかどうかを決め，容疑が固まると被疑者を被告人として裁判所に起訴する。
(6)**ア**原告は，民事裁判所に訴えた人。民事裁判の場合は，原告に訴えられた人を被告という。

31

解答と解説

p.122 第9回

1　(1)民主主義の学校

　(2)①イ・ウ

　　②ア・エ

　(3)ウ

　(4)条例

　(5)例議会は首長に対する不信任決議を行うことができる。

2　(1)地方交付税交付金

　(2)A自主　　B依存

　(3)直接請求権

　(4)50分の1

　(5)例有権者の3分の1以上の署名を集め，選挙管理委員会に提出する。

解説

1　(2)市（区）町村は，小中学校の設置・運営，消防業務のほか，介護や保育所などの福祉サービス，水道の整備や都市計画などを行っている。都道府県は，高校の設置・運営，警察業務のほか，広域医療などを担っている。

　(3)アエ都道府県知事と市（区）町村長は，住民から直接選挙で選ばれる。イ市（区）町村長と地方議会議員は，25歳以上であれば立候補できる。被選挙権が30歳以上なのは，都道府県知事。

p.123 第10回

1　(1)イ

　(2)エ

　(3)給与所得

　(4)①製造物責任法〔PL法〕

　　②クーリングオフ

　(5)小売業

　(6)流通の合理化

2　(1)Aア　　B下

　　C均衡価格

　(2)市場経済

　(3)例供給量が減るので，価格は上がる。

解説

1　(1)ア・エはサービスに対する支払いにあたる。

　(2)エ社会保険料は，税金と同様に国や地方公共団体に対して支払われる義務的な支出。

　(6)生産から販売までをすべて行う業態を製造小売業という。

p.124 第11回

1　(1)公企業

　(2)①資本　　②株式

　　③配当

　(3)ウ・エ

　(4)寡占

　(5)公正取引委員会

　(6)エ

2　(1)①イ　　②ア

　(2)デフレーション〔デフレ〕

　(3)労働組合

　(4)非正規雇用

　(5)イ

解説

1　(6)アのEPAは経済連携協定，イのFTAは自由貿易協定，ウは企業の社会的責任。

2　(1)(2)アの好景気のとき，消費や生産，賃金，雇用が増え，物価が上がる（インフレ）。イの不景気のとき，消費や生産が減り，倒産や失業が増え，物価が下がる（デフレ）。

　(5)アの終身雇用はかつての日本の雇用の特徴。ウの中途採用は増加している。

p.125 第12回

1　(1)間接金融

　(2)イ

　(3)中央銀行

　(4)①政府の銀行　　②銀行の銀行

　　③発券銀行

　(5)Aインフレーション〔インフレ〕

　　B国債　　C公開市場操作

2　(1)外国為替市場

　(2)外国為替相場〔為替レート〕

　(3)①ア　　②イ

　(4)イ

　(5)例外国に工場を移す企業が増えたから。

解説

1　(2)銀行は，お金を貸す場合の利子を，お金を預かった場合の利子より高く設定している。

　(5)景気が悪いときには，日本銀行は国債を買い，市場に出まわる通貨量を増やす金融政策をとる。

2　(4)ア円安になると，外国に輸出した製品の価格が安くなるので，輸出したときに売れやすくなる。

p.126 第**13**回

1 (1)Aウ　　Bイ　　Cア

(2)国債費

(3)イ

(4)累進課税（制度）

(5)逆進性

(6)①ウ

　②ア

　③イ

2 (1)イ

(2)環境庁

(3)環境基本法

◀━━━━━━━▶ 解 説 ◀━━━━━━━▶

1 (2)国債の利子の支払いや返済なので，歳出のグラフ内から選ぶ。

(3)**アエ**不景気のとき，公共事業関係費は増える傾向がある。国債の発行でまかなわれる公債金は，不景気のときの国債の発行で増える傾向がある。**ウ**好景気のとき，失業が減るため，社会保障関係費は減る傾向がある。

2 (1)**ア**四日市ぜんそくの被害地域は三重県の四日市市。**ウ**のイタイイタイ病の被害地域は，富山県の神通川下流域。新潟県の阿賀野川下流域で発生した公害病は，新潟水俣病である。

p.127 第**14**回

1 (1)国家主権

(2)Aウ　　Bイ　　Cオ　　Dア

(3)ウ

2 (1)ニューヨーク

(2)① b　　② c　　③ d

　④ g　　⑤ f

(3)**例**常任理事国がもつ，1国でも反対することで，決議を拒否できる権利。

(4)ロシア・イギリス・フランス

(5)持続可能な開発目標〔ＳＤＧｓ〕

◀━━━━━━━▶ 解 説 ◀━━━━━━━▶

1 (3)**ア**尖閣諸島は，中国が領有権を主張している。**イ**竹島は，韓国とのあいだで領土問題になっている。

2 (3)(4)拒否権をもつ5つの常任理事国は，第二次世界大戦の戦勝国(当時は米・英・仏・中・ソ連)で，国際連合の設立に中心的な役割を果たした。

p.128 第**15**回

1 (1)A新しい戦争

　B同時多発テロ

(2)難民

(3)①核兵器不拡散条約〔ＮＰＴ〕

　②非核三原則

(4)①温室効果ガス

　②パリ協定

(5)①原子力

　②東日本大震災

　③**例**かかる費用に対して発電量が少ない。

(6)南南問題

◀━━━━━━━▶ 解 説 ◀━━━━━━━▶

1 (4)②1997年に採択された京都議定書では，先進国に温室効果ガスの排出量の削減を義務づけたものの，中国やインドなどの経済が活発な国が削減義務を負わず，アメリカが条約を批准しないなどの問題があった。

(5)③再生可能エネルギーには，かかる費用に対して，発電量が天候に左右されるなどで安定しないなどの課題がある。